감금 없는 정신보건

인권기반 법제와 프로그램의 대개혁

장애우권익문제연구소 편

이용표 염형국 강상경 김도희 김문근 배진영 정유석

정제형 조미연 하경희 홍선미 공저

신정

이 저서는 법무법인 태평양의 지원으로 제작되었음

서/문

1995년 제정된 정신보건법은 실제 정신장애인감금법으로 작동하였다. 이 법은 인권적 절차가 미비한 채 강압적 치료를 합법화함으로써 급격한 정신병상 증가와 감금된 정신장애인의 양산을 가져다주었다. 이때부터 정신보건은 감금의 상징어가 되는 처지에 놓이게 되었다. 이러한 시대를 지나 2016년 정신건강복지법으로의 전부개정은 감금으로 점철된 정신보건에서 탈피하여 새로운 정신보건이 구축될 기회가 되리라는 기대를 가지게 했다. 왜냐하면 이전의 정신보건법이 가족들의 신청만 있으면 정신질환의 존재만으로도 강제입원이 가능하도록 규정하고 있었으나 정신건강복지법은 정신질환의 존재는 물론 자·타해위험도 함께 존재해야한다고 강제입원 요건을 강화하였기 때문이다. 그러나 법 개정 이후에도 정신의료기관이나 정신요양시설에 감금되어 있는 입원자의 규모는 큰 변화가 없다. 전체 입원자수에서 자의입원자의 비율이 표면적으로 증가하고 있을 뿐 입원자의 양적 규모는 유지되고 있다. 1995년 정신보건법 제정으로 시작된 대규모 감금은 상당히 견고하게 구조화되어 있어 강제입원 제도의 개선만으로 해결할 수 없을 뿐만 아니라 감금의 해소를 위해서는 상당한 대가를 지불해야하는 상황에 직면하고 있다.

정신건강복지법 개정 이후에도 지속되는 정신장애인의 감금 상황은 향후 정신보건정책의 방향에 시사하는 바가 크다. 즉, 강제입원 요건의 강화를 통하여 감금의 입구를 통제하는 전략으로는 감금을 해소시킬 수 없는 현 상황은 향후 정신장애인의 권익보호와 회복증진을 위한 전략 검토에서 중요한 의미를 가진다. 여기에서 현재 정신보건 상황이 더 나은 정신보건을 모색하는 데에서 가지는 시사점을 정리해보면 다음과 같다. 첫째, 강제입원은 정신장애인에 대한 대규모 감금의 시발점이지만 강제입원을 통제하는 법률개정이 감금상태에 있는 사람들을 지역사회로 복귀시키는 데에 미치는 영향은 매우 제한적이라는 것이다. 실제 정신장애인의 감금을 유인하는 체계는 20~30년의 세월을 거치면서 강제입원제도 자체뿐만 아니라 관련 제도에도 광범위한 영향을 미치고 있다. 예를 들어 기초생활보장제도는 정신의료기관 감금으로 다른 가족들이 부당한 이익을 가질 수 있도록 구조화되어 있다. 둘째, 권익보호를 강화하는 법률이 입법되었다고 하더라도 그것이 의도하는 정신장애인의 인권을 보호하기 위해서는 실체적으로 당사자들을 지원할 권익옹호체계가 동시에 수립되지 않으면 개정법은 명목화된다는 것이다. 실제 장기간 입원생활을 하고 있는 정신장애인이 개정된 법률을 인지하기 어려울 뿐만 아니라, 설사 인지한다고 하더라도 자신의 권익을 구체적으로 옹호할 방법이 주어지지 않는다면 제대로 작동할 수 없는 것이다. 셋째, 감금된 사람들의 지역사회로의 복귀는 주거, 직업, 일상적 돌봄 등과 같은 복지서비스를 확충하는 커뮤니티케어 정책과 함께 추진되지 않으면 실제적인 성과를 가져오기 어렵다는 것이다. 강제입원 요건의 강화는 정신장애가 있는 사람이 지역사회에 머물 수 있는 가능성을 높이지만 지역사회서비스나 돌봄이 부재한 상태에서는 단지 입원시간 연장에 불과할 수 있으며, 장기 입원자가 퇴원할 수 있는 여건을 조정하는 것은 아니다. 그렇기 때문에 기본적 삶의 조건을 형성하는 복지서비스를 어떤 내용으로 어떻게 확충하는가 하는 문제가 감금 없는 정신보건의 실현에 핵심이 될 수 있다.

'감금 없는 정신보건'은 이러한 문제의식을 공유한 사회복지 연구자와 법률가들의 의기투합에서 추진되었다. 그리고 이러한 문제의식을 구체화하기 위해 본서는 크게 3부로 구성하였다.

제1부에서는 정신장애인 감금의 문제와 그 구조의 형성과정을 조망하고 감금구조 해체를 위한 패러다임 전환의 방향을 모색하기 위해 정신장애에 대한 인식론적 문제를 정리하였다. 구체적으로 제1장에서는 강압적 치료방식에 의한 몸의 감금문제를 철학적 담론을 통해 검토하고 우리나라의 정신장애인 감금구조 형성과정을 정리하였다. 제2장에서는 감금 없는 정신보건으로 나아가는 새로운 정책패러다임을 모색하기 위하여 '질병'이면서 동시에 '장애'라는 정신장애의 인식론적 문제를 검토하고 인식론적 차이가 가져오는 정책적 접근의 문제를 살펴보았다.

제2부에서는 정신장애인 감금을 유인하는 제도를 구성하는 정신보건에서의 위기대응체계, 정신건강복지법상 입원제도, 강제입원에서의 자기결정권 문제 그리고 감금과 사회보장제도와의 관련성 등을 다루었다. 구체적으로 제3장에서는 정신장애가

있는 사람이 경험하는 위기와 응급상황에 대한 개념 구분이 없는 정신건강복지체계의 문제점을 분석하고 불요불급한 입원을 억제하기 위한 새로운 대응방안을 제안하였다. 제4장에서는 정신장애인 감금의 시발점이 되는 정신의료기관 입원제도의 문제점을 인권적 관점에서 검토하였다. 제5장에서는 입원과 관련된 정신장애인의 자기결정권 문제를 검토하고 강제입원자의 권리옹호를 위한 의사결정지원의 발전방안을 모색하였다. 제6장에서는 정신장애인 감금과 사회보장제도의 관련성을 돌봄부담의 탈가족화를 중심으로 검토하였다.

제3부는 감금 없는 정신보건을 위한 대안의 모색을 위해서 정신장애인 커뮤니티케어와 주거대안, 관련 법제와 프로그램 개혁 그리고 인권친화적 대안정신보건프로그램을 살펴보았다. 제7장에서는 감금 없는 정신보건을 위한 정신장애인 커뮤니티케어체계 구축방안과 주거지원의 대안을 모색하였다. 제8장에서는 정신장애인의 지역사회생활의 권리 실현을 위한 법제와 프로그램의 개혁방안을 권익옹호와 장애인복지법 제15조 폐지 이후 대체입법의 필요성을 중심으로 제안하였다. 제9장에서는 의료패러다임의 극복을 위한 구체적인 대안프로그램의 모색을 위해 정신약물에 대한 자기결정권을 기반으로 형성된 인권친화적 대안정신보건프로그램을 소개하였다.

본서가 정신보건정책과 장애인정책의 전환기에 맞추어 세상에 나올 수 있게 된 것은 법무법인 태평양의 후원 덕분이다. 지면을 빌어 감사말씀을 전한다. 그리고 장애우권익문제연구소 김성재 이사장님, 이성재 이사님, 노태호 소장님 그리고 김강원 국장님의 전폭적인 지원이 있어 가능한 일이었다. 또한 흔쾌히 출판을 허락해주신 도서출판 신정에도 감사드린다. 아무쪼록 본서가 인권과 당사자의 자유의사를 중심으로 하는 '감금 없는 정신보건'의 이념이나 실천방법을 구상하는 데에 조금이나마 도움이 되기를 바라면서 서문에 갈음하고자 한다.

위기에 처한 당사자가 병원에 갈 마음이 없다면 병원이 아닌 위기지원체계를 만들어야 한다.

2021. 2. 3.

저자 대표 이용표

차/례

1부

총론

Mental Health

1장
정신보건에서의 감금의 문제

이용표

1. 서론

서구 정신보건에서 정신장애가 있는 사람에 대한 감금은 오랜 역사를 가지고 있다. 유럽에서 16~18세기에 노역장을 중심으로 이루어졌던 대규모의 감금은 정신보건이라는 사회적 기제가 작동하기 이전이다. 푸코는 이 시기의 정신장애인 감금을 초기 자본주의의 노동력 확보문제와 관련하여 이해한다. 즉, 노동을 거부하거나 회피하는 이른바 가치 없는 빈민(undeserving poor)에 대한 억압기제로서 정신장애인 감금을 설명한다. 정신장애가 있는 사람들은 외형적으로 노동을 거부하거나 회피하려는 사람으로 보이기에 충분했을 것이다. 역사적으로 보면 이 시기의 감금은 정신병원 감금의 시발점이 된다. 즉, 정신장애에 관한 질병적 관점이 득세하는 19세기 이후의 정신장애인 감금은 노역장에 뿌리를 둔 것이다. 의학은 감금 장소의 명칭을 노역장에서 정신병원 혹은 요양원으로 바꾼 채 감금을 이어나갔다. 서구에서 정신장애인 대규모 감금은 16세기에 형성되어 20세기 중반까지 지속되었다.

Hudson(2016)은 정신장애인의 탈시설은 1950년에 시작되어 현재진행형인 추세이지만 21세기의 시점에서 보편적인 현상은 아니라고 하였다. 그는 2001년~2014년까지 161개국의 정신장애인 탈시설 관련자료를 분석하였다. 탈시설은 161개 국가 중 45.1%의 국가에서 진행 중이며, 정신병상은 매년 0.41%씩 감소하고 있다고 한다. 우리 역사에서 정신장애가 있는 사람들에 대한 감금은 서구와는 달리 최근의 일이다. 일제 강점기 이전까지 감금에 대한 기록은 찾아보기 어렵다. 일제 강점기에는 총독부의원에서 총독부에 정신병자감치법을 제정해야 한다는 건의를 했다는 기록이 남아있다(이부영, 1994). 이것이 우리나라에서 정신장애인의 감금과 관련된 최초의 공적 문서이다.

실제 우리 사회에서 정신장애인 감금은 오히려 1980년대 이후 확대되었다. 특히 정신보건법 제정 이후에는 매우 가파른 속도로 정신병상이 증가하였다. 우리 사회에서의 이러한 감금의 추세는 선발국가와는 역으로 교차된다. 즉, 20세기 후반부터 선발국가에서 정신장애인에 대한 인권적 고려나 정신약물의 보급에 따라 정신병상이 서서히 감소하고 있는 것과는 달리, 우리 사회에서는 21세기에 와서 대규모 감금이 정점을 찍었다. 이러한 사실은 정신보건정책에서 시사하는 바가 크다. 단순히 진화론적 관점에서 과학기술의 발전이 인간을 고통에서 해방시켜 줄 것이라는 낙관론적 전망을 대입시키기 어렵게 만든다. 즉, 정신약물과 같은 의료과학의 발전이 정신장애인의 감금을 해소하는 것은 아니라는 것이다.

이 글에서 먼저 다루고자 하는 문제는 사람의 몸에 대한 감금을 이해하기 위해서 몸에 대한 철학적, 사회학적 담론을 간략하게 정리하는 것이다. 이를 통해 몸에 대한 감금의 의미, 발생 구조, 그리고 결과를 성찰함으로써 감금 없는 정신보건을 모색하고 지향해야 하는 이유를 밝히고자 한다. 그리고 우리 사회에서 정신장애인 감금구조가 어떻게 형성되고 지속되고 있는지 규명하고자 한다. 이후에는 감금 없는 정신보건을 모색하기 위한 대안의 방향을 정리해 볼 것이다.

2. 몸에 대한 감금의 의미

1) 감금의 대상으로서의 몸

몸에 대한 감금은 보호를 이유로 하거나 처벌의 한 방법이다. 서양 근대철학에서 인간의 본질은 정신이며 몸은 단지 정신에 의해 작동되는 기계였다. 이러한 사유에서 몸의 감금은 대단한 일이 아닐 수 있다. 몸을 감금한다고 하더라도 정신은 감금할 수 없기 때문이다. 그러나 이러한 철학적 사유와는 달리 사람들은 몸의 감금이 단지 몸의 물리적 이동 억제나 신체적 고통에 그치는 것이 아니라는 것은 이미 오래 전부터 알고 있었다. 초기 자본주의 발전과정에서 확산되었던 노역장의 구조는 몸에 대한 억압을 통해 정신 개조가 가능하다고 믿었음을 보여준다. 즉, 푸코는 노역장의 감금장소는 계속 펌프질을 하지 않으면 익사하도록 설계되어 나태한 정신을 교정하려는 목적으로 운영되었다고 하였다(오생근, 1990). 실제 몸의 감금은 신체적 고통뿐만 아니라 정신적 황폐화를 가져온다. 즉, 감금은 신체적 억압을 통하여 정신적인 고통을 가중시킨다. 그 이유가 보호이든 처벌이든 상관이 없다. 주디 챔버린은 정신장애 당사자운동의 교본이 되고 있는 저서『우리 스스로(On my own)』에서 자신을 장기입원시키려 한다는 사실을 알게 되었을 때를 다음과 같이 회상하고 있다(Chamberlin, 1977).

> 난 나에 대한 사형선고가 내려진 것처럼 느껴졌다. 장기구금케어라는 그 의사의 말은 내 머리 속에서 불길하게 메아리쳤다. 내가 언제 여기를 나갈 수 있을까? 난 내가 세 명의 다른 환자들과 같이 쓰는 방으로 들어갔고 방법을 찾아보기 시작했다. 난 캐롤의 책상 서랍에서 거울을 찾았다. 난 그것을 부셨고 그중 한 조각으로 내 팔을 베기 시작했다. 내가 무얼 하고 있는지 알아보기 위해 누군가가 체크하기 한참 전의 일이었다. 난 격리실로 보내졌다. 내가 단지 그들에게 날 강제로 입원시킬 또 하나의 추가적인 이유를 제공하는 것뿐임을 이번엔 빠르게 깨달았다. 난 격리실 문을 통해 내가 화가 났었다는 것을 알고 있고, 날 진정시키는 것을 도와줄 신경안정제 쏘자라인을 원한다고 간호사에게 말했다. 난 쏘자라인이 날 차분하게 만들지 않는다는 것을 알았지만 여기에서 자신의 병을 인정하는 것이 좋은 행동으로 여겨진다는 것을 알고 있었다. 난 내가 내 자신을 죽일 수 있는 확실한 방법이 필요했고, 그 방법을 찾을 때까지 침착하게 행동하기로 마음먹었다. 그래서 난 주사에 저항하지 않았다. 난 격리실 바닥에 있는 매트리스에 누워 내가 이미 죽은 것이면 좋겠다고

소망했다.

정신보건제도는 보호와 치료를 이유로 감금을 정당화한다. 그러나 정신장애가 있는 사람들의 경험으로는 감금은 감금일 뿐이다. 적어도 당사자의 자기결정이 결여된 감금은 보호와 치료를 더욱 어렵게 만든다.

2) '몸'에 관한 철학적 담론과 감금의 의미

니체는 처음으로 몸에 대하여 철학적 의미를 부여하였다(김정현, 2019). 그는 몸을 중심으로 이성 혹은 의식 중심의 서양근대철학을 비판하고 그것을 극복하고자 하였다. 그에 있어서 몸은 '큰 이성'이고 의식이란 '작은 이성'에 불과하다. 즉, 니체가 몸에 철학적 의미를 부여함으로써 의식이나 이성 중심의 철학에서 벗어나 의식, 감정, 의지의 역동적 복합체로서 인간이 철학의 대상으로 서게 되는 계기를 마련하였다. 이후 니체의 몸 철학으로부터 출발한 현대의 몸담론은 근대성 비판이나 탈근대성을 중심으로 몸의 비판담론, 대항담론 등으로 발전하였다(김정현, 2019).

첫째, 몸의 담론은 서양의 이성중심주의를 비판한다. 데카르트의 코기토 명제로 상징되는 이성중심주의의 '사유하는 의식' 중심의 철학은 의식과 대상을 구분하고, 자아와 타자를 분리하며, 인간과 자연을 구분한다. 그리고 이러한 분리에 기반하여 대상 인식의 객관성과 논리성으로 절대적인 진리를 추구한다.

이러한 인식의 틀은 이분법적 세계관을 만든다. 이성중심주의에서 몸이란 정신을 담는 물리적 그릇 정도로 간주된다. 몸의 감금은 그릇에 대한 압류에 불과하다. 몸의 하찮은 것이며 그릇에 담긴 이성 혹은 자아가 본질이다. 그렇기 때문에 그릇에 대한 압류가 이성에 미치는 영향은 과소평가된다. 니체는 이성중심주의의 이러한 세계인식의 틀을 통렬하게 비판한다. 니체에게 삶이란 몸의 텍스트이며, 몸은 의식, 정서, 의지의 통합체이다(김정현, 2019). 사람은 의식뿐만 아니라 무의식이나 충동에 의해서도 움직이며 의지를 가진 존재이다. 의식 중심의 세계인식은 몸을 통해 세계와 접촉하고 상호교류하는 인간에게 있어 작은 일부이다. 몸의 비판담론은 감금이 몸으로 통합되는 인간의 의식, 정서, 의지를 압살하는 행위임을 암시한다. 감금은 정서적으로 불안과 공포를 자극하고, 의지로 표현되는 생명력을 억압함으로써 이성을 말살할 수 있다. 정신적 고통 속에 있는 사람에 대한 감금은 정서적 충격을 통해 정신장애를 오히려 가중시킬 수 있고 생명력을 퇴화시키고 이성적 판단을 더욱 흐리게 할 수 있다.

둘째, 몸의 담론은 인간중심주의에 대한 대항담론이다. 이성중심의 철학에 내포된 인간중심주의는 자연성의 억압과 관련되어 있다. 즉, 이성을 가진 인간은 우월한 존재이며 자연에 대한 억압을 통해 문명 발전의 기치를 내세운다. 인간중심주의에서 근대적 인간은 주체와 타자를 분리함으로써 타자는 정복의 대상이 된다. 타자에 대한 정복수단은 과학기술이다. 하이데거는 현대의 과학과 기술의 발달은 인간에게 도리어 위기를 가지고 왔는데, 그 이유는 인간이 기술의 본질에 대하여 올바른 통찰을 하지 못하고 존재를 망각하기 때문이라고 하였다(이유택, 2015). 즉, 현대의 과학기술은 생산력을 증진시키기 위해 탈은폐를 '몰아세운다(gestell)'[1]는 것이다(김향선, 2001). 과학기술의 '몰아세움'은 인간이 기술과 기계의 노예로 전락해 가면서도 스스로를 기술의 지배자라고 착각하게 만들고, 실제 진리의 발현을 차단하면서도 진리로 위장하고 나타날 수 있다고 경고하였다. 인간은 과학기술을 통해 자연을 정복하고 이제 그 인간 자체를 지배하는 방향으로 나아간다. 더욱이 이성중심주의는 과학에 의해 인식되고 대상화될 수 있는 것들만 존재로서 인식한다. 이를 하이데거는 '존재자의 대상화'라는 말로 요약한다.

하이데거는 정신병리학에 대하여 비판하고 있다. 그는 정신병리학이 정신적인 모든 것을 대상으로 표상하고 기획하려 한다고 경고하였는데, 이러한 태도는 인간의 실존적 문제를 측정가능한 것, 사물 혹은 생화학적 진행 등으로 환원하고 있다고 비판하였다(김재철, 2015). 그는 정신적 현상은 객관적인 사실이 아닌 하나의 해석일 뿐임을 강조하면서, 정신병리학은 인간에 대한 존재론적인 이해를 추구하기보다 그저 자연과학적-기술적 패러다임에 매몰되어 있다는 것이다. 그 결과 정신장애 당사자들은 정신의학이라는 거대한 기술 속에 들어가 있는 정신병리학으로 인해 대상화되고 감금과 약물을 통해 몰아세워져, 자신의 존재를

1) 하이데거에 따르면, 과학기술은 은폐되어 있던 것을 비은폐성으로 끄집어냄으로써 존재진리가 발생한다. 즉, 망치는 망치질을 통해 도구로서의 역할과 의미를 부여받는다. 현대의 기술은 더욱 많은 것들을 생산해 내기 위해 탈은폐를 '무리하게 요구'하게 되는데, 이것이 탈은폐를 '몰아세운다(gestell)'는 의미이다. 결과적으로 과학기술은 탈은폐를 몰아세움을 통해 인간을 기술의 노예로 전략시키는 존재자의 대상화가 나타난다.

사유해 볼 기회조차 누려보지 못한 채 살아가게 된다. 조현병은 당사자가 일반적인 인간들과 공유하지 못하는 세계를 가지는 특성이 나타나는데, 이성중심주의는 당사자들의 몸에 대한 감금이나 정신약물을 통해 같은 세계를 공유할 것을 강요한다. 기술은 또 다른 방식으로 존재를 침몰시키고 세계와의 관계를 제한할 수 있다. 이때 기술의 몰아세움은 통제와 지배의 몰아세움이다(김향선, 2001).

몸담론은 주체와 대상을 이분적으로 구분하는 인간 혹은 의식중심의 철학을 넘어서서 이성과 감정, 인간과 자연, 의식과 무의식의 조화를 추구한다. 몸은 이성과 감정, 의식과 무의식이 복합된 장소이며, 인간과 자연이 교류하는 토대이다. 즉, 몸은 이전에 분리되었던 것을 통합하는 근원적 생명이 자리잡고 있는 장소이다. 그러나 정신의학의 지식과 기술은 정신과 몸을 분리한다. 온전한 정신을 위해 몸을 감금한다. 이성을 회복하기 위해 이성의 토대가 되는 몸을 압류한다. 감금은 주디 챔버린의 경험에서 보았듯이 근원적 생명력을 소멸시킴으로써 어떠한 과학기술도 무의미하게 만들 수 있다. 몸담론은 몸에 대한 감금과 침습행위에 의한 몰아세움이 합리적 이성과 안정된 정서를 가져다줄 수 있는지 성찰을 요구하고 있다.

3) 몸의 사회적 의미와 감금의 문제

몸은 사회를 구성하는 동시에 사회에 의하여 구성되는 물질적 현상이다(천선영, 2003). 근대 이전 사회에서 몸은 정신에 복속된 도구로서 여겨졌다. 몸에 대한 규율은 실제적으로 정신을 훈육하는 것이었으며, 정신 수련은 몸을 통제할 수 있다고 믿었다. 즉, 정신장애가 있는 사람에 대한 감금도 몸을 통하여 정신을 온전하게 만들기 위한 시도였다. 근대 이후 이성중심주의의 정신이나 이성에 대한 강조는 몸을 욕망덩어리 정도로 보아 이성과 거리를 두는 이전 시대의 몸에 대한 사유와 유사하나, 이러한 사유의 흐름은 몸이 종교적 이념이나 정치적 지배로부터 해방되어 근대적 주체를 생성하는 기회를 제공하게 된다. 즉, 몸은 점차 이성으로부터 독립된 주체로 서게 된다(천선영, 2003). 몸은 종교적, 정치적 지배로부터 해방되어 감에 따라 스스로 통제 가능하고 가시적인 자아정체성 구성의 중요한 근거가 되었다. 몸이 점차 자신을 구성하고 사회를 구성하게 된 것이다. 현대 사회에서 몸의 사회적 재구성을 주도하는 것은 의과학이다. 인간 삶의 전반에서 의과학은 몸을 규율하거나 통제하는 기술과 담론의 지배적인 생산자가 되었다(천선영, 2003). 몸은 하나의 실체로서 존재하면서 동시에 의료적으로 규정되고 변화하는 대상이 되었다. 의과학은 물리적인 몸뿐만 아니라 인간의 행위나 심리적 특성까지 관찰의 대상으로 재구성하고 이를 생물학적 조건들과 결부시킨다. 이전 시대에 신학이나 철학의 영역에 있던 인간의 정신이나 영혼의 문제가 의과학의 대상이 되며 몸의 수선을 통해 개입할 수 있는 영역이 되고 있다. 이로써 정신의학은 정신장애가 있는 사람들의 몸을 감시하고 개입하는 일상적 권력이 되었다.

정신의학은 사회적 통제 및 억압의 도구가 되었다. 사회적 통념에 맞지 않는 행동은 의료적 전문성에 의하여 정신장애라는 진단이 내려진다. 정신장애의 진단은 단지 치료의 필요성을 의미하는 문제를 넘어 사회적 의미를 가진다. 진단을 받은 사람들은 정신병자라는 낙인이 부여된다. 낙인은 외부적으로 무능력하고 자신의 신상이나 재산에 관한 판단능력이 부족하며 위험한 사람이라는 이미지를 만들고, 사회적 견제나 배제를 가져온다. 또한 낙인은 자신 내부로 향하여 무능력하고 위험한 사람이라는 자기정체성을 형성한다. 정신과전문의들은 낙인을 부여할 권력을 가지며, 치료를 이유로 몸을 감금할 특권을 지닌다. 이러한 특권을 정당화하는 것은 정신의학의 기술과 지식이다. 정신의학에 의하여 형성된 대표적인 미국의 정신장애분류체계는 DSM이다. DSM은 수차례 개정되면서 점차 많은 행동적 문제들에 대하여 정신장애 진단을 부여한다. 어린이답게 활발하게 뛰어 다니지만 통제가 어렵다고 여겨지는 아동에게는 과잉행동장애라는 정신장애 진단명이 주어진다. 최근 DSM-5에서는 주의력결핍 과잉행동장애(attention-deficit/hyperactivity disorder: ADHD)의 필수진단항목이 줄어 아동의 행동이 의료적 문제가 되는 경우가 더욱 늘어날 것이다. 또한 애도기간 동안 주요우울장애를 진단할 수 없다는 배제기준이 삭제됨으로써 사랑하는 사람을 상실하게 됨으로써 일정기간 나타날 수 있는 우울도 질병이 될 수 있다. 노인들의 기억력 저하도 '경도신경인지장애(mild neurocognitive disorder)'로 쉽게 진단이 내려질 수 있다. 이제 정신장애는 정신의학의 지식에 의해 발견되는 것이 아니라 정신의학의 권력에 의해 발명되는 것이다. 인간의 행동에 대한 과도한 의료화(medicalizition) 경향이 나타나고 있다.

정신장애의 의료화에 대한 대표적인 비판은 생물학적 환원주의를 향한다. 생물학적 환원주의는 정신과 진단범주와 관련된 주관적 경험이 생물학·신경학적 기전과 일대일 관계에 있다는 것이다(Steingard, 2020). 이러한 관점은 DSM에 포함된 정신장애는 모두 뇌의 질병이라는 것이다. 그러나 푸코는 정신의학적 체계라는 것은 역경 속에 있는 사람에 대한 연민보다도 감시와 사회적 통제에 더욱 가깝다고 주장한다. 즉, 정신의학적 진단기준은 실재한다기보다 권력의 필요에 따라 창조된 지식체계일 수 있음을 시사한다(오생근, 1990). 토마스 사스도 정신보건의 실천에 관한 자유의지모델을 제시하면서 환자와 의사는 계약적으로 동등한 관계이며 치료라는 명목으로 정신장애인에 대한 사회적 통제를 강압하는 의료권력을 소멸되어야 한다고 주장하였다(Menzies, LeFrancois, & Reaume, 2013). 그에 따르면, 신체적 원인이 밝혀진 소수의 경우(신경매독, 뇌염)를 제외하면 정신장애에 대한 생의학적 실체는 존재하지 않으며, 정신장애라는 것은 정신의학자들이 자신의 전문적 지위를 유지하고자 자행하는 '신화' 혹은 '기만적 행위'에 지나지 않는다는 것이다. 그리고 국가는 일반적인 관행을 따르지 않거나 반규범적인 사람들을 배제하기 위한 수단으로 정신의학의 강압적인 행위들을 묵인하고 있으며 이는 정신의학을 뒷받침하는 권력으로 작동하고 있다고 한다.

정신장애의 치료에서 강압적 방법의 사용은 정신의학의 지식과 기술에 의하여 정당화된다. 인권적 쟁점에 되고 있는 정신장애인에 대한 강제입원은 몸의 감금상태를 확보하기 위한 수단이다. 이러한 강압적 방법이 사회적으로 정당화되고 있는 것은 두 가지 대중적 편견에 근거를 두고 있다. 첫째, 정신장애인은 자신의 병에 대하여 합리적인 판단을 할 능력이 결여되어 있어 자발적으로 치료받으려고 하지 않을 것이라는 통념이다. 둘째, 정신장애가 있는 사람들이 병적 상태가 심각해지면 강제적으로 격리하지 않을 경우 자신은 물론 타인들에게 위해를 가할 우려가 높다는 사회적 인식이다. 정신장애인의 판단능력과 관련해서는 그 자체가 강압적 방법을 정당화하는 근거가 될 수는 없다. 즉, 합리적 판단을 위한 정신능력의 문제는 UN장애인권리협약상의 의사결정지원과 같은 '정당한 편의' 제공의 문제이지 강압치료의 정당화와는 관련되지 않는다. 그것은 일반적인 개인이 가지는 자기결정문제이다. 즉, 사전의료지시서, 의사결정지원, 대리권 등의 다양한 방법으로 판단능력의 문제는 해결될 수 있다. 결국 정신장애인의 자타해위험이 강압적 치료의 정당성과 관련된 핵심적인 쟁점이 된다. 그러나 정신장애인의 위험성에 관해서는 대중적으로 위험행동에 대한 편견이 부풀려져 있을 뿐 근거가 없다. Swanson 등(2015)의 총기폭력사건과 정신질환과의 관계에 관한 역학조사를 검토한 결과 정신장애인은 모두 위험하다는 것은 근거가 없으며 대다수는 위험하지 않으며 정신장애와 공격성은 관계가 없다고 결론을 내렸다. 오히려 정신장애인은 가해자이기보다 폭력의 피해자가 될 가능성이 훨씬 높은 것으로 조사되고 있다(Desmarais et al., 2013). 인권적인 관점에서 본다면, 설사 정신장애가 있는 사람이 합리적인 판단을 내릴 수 있는 정신능력이 결여되어 있고 자신이나 타자에게 위해를 가할 개연성이 존재한다고 하더라고 몸에 대한 감금은 일반인과 동일한 법체계의 감독하에 이루어져 한다.

3. 우리나라 정신보건과 감금의 역사

1) 1980년 이전

삼국사기, 삼국유사, 고려사 등 역사서에는 현재 정신장애로 인식되는 개인의 사회심리적 혹은 행동적 현상을 광질(狂疾), 심질(心疾), 악질(惡疾) 등으로 기록하고 있다. 이때의 질(疾)이 질병을 의미한다는 측면에서 정신장애를 질병의 일종으로 보는 관점이 그 시기에도 존재하고 있었음을 알 수 있다. 다만, 그러한 현상의 원인을 금기를 침범한 처벌로 인식하였다는 점에서 현재의 질병관과는 상의하다. 치료의 방식도 인골, 인육이 사용되기도 하였으며 불교의식과 같이 종교적 의식이 행해지기도 하였다. 조선시대까지 정신장애인에 대한 공식적 감금제도나 기구가 발견되지 않는다. 조선시대의 기록으로는 정신병자는 근처에 있는 백성에게 돌보도록 하거나 난폭한 경우 동임에게 맡기도록 하였다.

조선총독부는 1911년 경성고아원을 인수하여 조선총독부의원을 설립하였다. 그리고 1913년에 정신병과를 설치한 것이 정신장애에 대한 서양의학 진료의 출발이었다. 조선총독부의원에는 약 50병상의 입원병상이 운영되었다. 조선총독부의원 제3회 연보(1914)에 따르면, 입원환자의 2/3 이상이 길거리에서 경찰에 의해 의원으로 이송되었는데 정신장애인의 관리와 치료를 위해 조선총독부에 '정신병자감치법'을 제정해야 한다고 건의하였다고 기록하고 있다(이부영, 1994). 이 기록이 정신장애인의 공식적 감금제도에 관한 최초의 기록이라고 할 수 있다.

일제강점기에는 사회교화와 민간의 사회복지참여를 명목으로 방면위원제도가 운영되었다(하상락, 1997). 방면위원의 역할 중 정신장애인에 대한 보호와 보건에 관한 지침이 포함되어 있다. 즉, 방면위원처리세목과 취급수속개요에는 정신병자는 부양자가 있는 경우 부양자가 보호하도록 하고 부양자가 없는 경우에는 행정관청으로 인도하여 조선총독부에 위탁수용한다는 내용이다. 그러나 위탁수용의 구체적인 내용은 존재하지 않는다. 다만 1917년 제정된 '행여병인구호자금관리규칙'에 의해 설치된 구호소에는 다수의 정신장애인이 다수 구호를 받았다는 기록이 있다. 이 시기에 정신장애인의 수용보호는 공식적으로 제도화되지는 않았으며 방임상태에서 신체적 질병이 중한 경우 구호소에서 보호를 받았던 것으로 추정된다.

해방 이후 1945년 청량리뇌병원을 필두로 1946년 서울의대 신경정신과 등의 정신의료기관이 설립되었으며, 6.25발발 후에는 전쟁으로 인한 정신장애인 발생에 따라 군의 병원에서도 정신과가 설치되었다. 그러나 정신과 입원병상은 절대적으로 부족한 상태였다. 1957년 조선일보 기사에 따르면, 전국의 정신병환자는 1만여 명으로 추산되나 수용치료가 가능한 인원은 약 250명에 불과하다고 당시 보건사회부의 관계자가 밝히고 있다. 이 시기의 정신장애인의 수용보호는 사회복지시설에서 시작되었다. 기록상 최초의 정신장애인 수용보호는 1949년 국립중앙각심학원에서 지적장애인과 함께 이루어졌다. 정신장애인을 수용보호하는 시설들은 6.25 이후에 공식적으로 설치되기 시작하였으나, 정신장애인만을 별도로 수용보호하는 기관들은 1980년대 이후이다. 1980년대 이전까지는 성인불구시설과 부랑인시설이 주된 정신장애인의 수용보호기관이었는데, 이 시설에는 다양한 장애를 가진 사람들이 함께 수용보호되었다. 수용보호인원을 보면 성인불구시설은 1963년 16개소 4,615명에서 1979년 30개소 5,226명으로 수용자가 조금 증가하였다. 그런데 1979년 정부의 통일주체국민회의 보고에 따르면, 30개소 중 22개 시설에 4천 명 정도의 정신장애인이 수용되어 있다고 하였다(곽병은 외, 2004). 사실상 신체장애자복지사업으로 분류되었던 성인불구시설에는 대부분 정신장애인이 수용되어 있었다. 한편 부랑아시설의 경우 1964년 말 수용자는 4,715명에서 1979년 말에는 2,865명으로 감소하였다(곽병은 외, 2004). 실제 시기 부랑아시설 수용자 중 정신장애인 비율에 관한 기록은 미비하다. 다만 부랑아시설의 수용자가 감소하면서 성인불구시설에서의 정신장애인 증가한 것은 시설 간 이동이 발생하였을 개연성을 보여 준다.

이 시기를 전체적으로 조망해 본다면, 1979년까지 우리나라의 정신병상은 2,000병상에 미치지 못했으며, 성인불구시설이나 부랑아시설은 치료적 기능이 제한적인 상태에서 약 5천 명의 정신장애인을 수용보호하고 있었다. 강압적 감금이라는 관점으로 보면 정신의료기관은 병상수가 적어 강압적 장기입원이 힘든 상태였으며, 부랑아시설은 일시보호기능을 하고 있어 감금과는 거리가 있었다. 다만 1980년대 정신요양시설로 전환되는 성인불구시설의 경우 이후 감금의 제도적 단초가 되었다고 볼 수 있다.

2) 1980년대: 정신보건법 시행 이전

우리 사회에서 정신장애인의 강압적 감금의 제도적 틀이 형성된 시기는 1980년대이다. 먼저 이 시기에 장애자복지법(1982년)이 제정되면서 정신장애인이 장애인범주에서 제외됨에 따라 정신장애인을 별도로 수용하는 정신요양시설이 만들어진다. 이 시설은 별도의 근거법이 없이 사회복지사업법의 사회복지사업의 범주에 정신질환자의 사회복귀에 관한 사업을 추가함으로써 제도화되었다. 이러한 제도적 변화는 1990년까지 정신요양시설의 급속한 팽창을 가져왔다. 1982년 26개소 5,420명이던 수용자 수는 1990년 74개소 17,432명으로 단기간에 3배 이상 증가하였다. 그러나 이러한 정신요양시설 수용자 증가는 감금의 서막에 불과하였다. 1983년부터 이전에 신경정신과로 양성되었던 전문의제도가 신경과와 정신과로 분리되면서 정신과전문의 배출이 급속히 증가하였다. 이러한 정신과전문의 배출의 증가는 1990년대 이후 정신장애인 감금을 주도하게 되었다. 1990년 정신의료기관의 병상은 11,557병상으로 정신요양시설보다 적었으나 정신보건법 시행 직전인 1996년에는 21,513병상으로 증가하였다. 1980년대와 정신보건법 시행 직전인 1996년까지의 시기는 1980년대 정신요양시설에 의해 주도되던 정신장애인 감금이 정신의료기관으로 대체되는 시기라고 하겠다.

이 시기의 정신장애인 수용이 어떻게 이루어졌는지 보여주는 중요한 사건이 있다.[2] 올림픽을 목전에 둔 1987년 부산 형제복지원에서 수용자 1명이 직원의 구타로 사망하고 35명이 시설에서 탈출하는 사건이 발생하였다. 이 사건은 당시 우리 사회가 정신장애가 있는 사람들을 어떻게 처우했는지 드러나는 계기가 되었다. 1975년에 제정된 내무부 훈령을 근거로 1987년까지 영장도 없이 구금되었으며, 이 기간 동안 2~3만 명의 사람들이 형제복지원에 감금되었다. 한 예로 1984년 9월 당시 14살이던 박○○씨는 집을 나와 부산 용두산공원에서 낮잠을 자고 있었다. 이때 한 승합차에서 사람들이 내려 신분증을 보여줄 것을 요구했다. 미성년자여서 주민등록증이 없다고 하니, 그를 차 안으로 밀어넣어 형제복지원으로 데려갔다는 것이다. 물론 잡혀간 사람들 중에는 정신장애를 가지지 않은 사람들도 있었지만,자신을 방어할 능력이 없는 정신장애인은 지속적으로 가혹행위, 성적학대, 노동력 착취 등에 시달리며 기약 없는 감금을 이어갔다. 이 기간 동안 무려 513명이 사망했지만 그 원인을 밝혀지지 않고 있다.

3) 정신보건법 시대: 1997년 이후

정신보건법 시대는 우리 사회의 정신장애인 감금이 정점을 찍은 시기이다. 정신보건법은 관행적으로 이루어지던 강제입원을

---

2) 다음백과. 형제복지원 사건. https://100.daum.net/encyclopedia/view/47XXXXXXXX21

제도화하고 그 권력을 정신과전문의에게 전적으로 양도하였다. 그 결과는 법 시행 초기부터 폭발적인 정신의료기관의 병상수 증가가 나타났다. 다음의 〈표 1-1〉은 2001년부터 정신건강복지법 시행 직전 해인 2016년까지 정신의료기관 및 정신요양시설 입원/입소자수의 입원유형별 분포이다. 이 기간 동안 입원유형별 변화를 살펴보면, 2001년부터 2007년까지는 자의입원이 전체 입원으로 10%에도 미치지 못하였다. 즉, 10명 중 9명 이상이 강제적으로 감금을 당하였다. 2016년에 와서 자의입원이 35.6%로 2001년에 비해 증가하였으나 여전히 대부분은 강제입원(64.4%)으로 정신의료기관 및 정신요양시설에 들어갔다. 이러한 강제입원은 지속적인 병상 증가의 가장 중요한 요인이었다고 볼 수 있다.

〈표 1-1〉 정신보건시설 입원 · 입소자 입원유형별 분포

(단위: 명, %)

구분	계	자의 입원	보호의무자에 의한 입원			시장 · 군수 · 구청장에 의한 입원	응급 입원
			가족	시장 · 군수 · 구청장	기타[3] 입소		
2001	60,079 (100.0)	4,041 (6.7)	39,167 (65.2)	16,871 (28.1)	–	–	–
2002	61,066 (100.0)	3,946 (6.5)	40,263 (65.9)	16,857 (27.6)	–	–	–
2003	64,083 (100.0)	4,182 (6.6)	41,853 (65.9)	17,293 (26.3)	755 (1.2)	–	–
2004	65,349 (100.0)	5,024 (7.7)	44,024 (67.4)	15,618 (23.9)	683 (1.0)	–	–
2005	67,895 (100.0)	6,036 (8.9)	45,958 (67.7)	15,316 (22.6)	585 (0.9)	–	–
2006	70,967 (100.0)	6,534 (9.2)	49,935 (70.4)	13,919 (19.6)	579 (0.8)	–	–

2007	70,516 (100.0)	6,841 (9.7)	51,028 (72.4)	11,961 (17.0)	686 (0.9)	–	–
2008	68,110 (100.0)	9,387 (13.8)	50,425 (74.)	7,476 (11.0)	822 (1.2)	–	–
2009	74,919 (100.0)	12,087 (16.1)	50,575 (67.5)	11,154 (14.9)	851 (1.1)	176 (0.2)	76 (0.1)
2010	75,282 (100.0)	15,271 (20.3)	51,714 (68.7)	7,027 (9.3)	910 (1.2)	251 (0.3)	109 (0.1)
2011[4]	78,637 (100.0)	16,833 (21.4)	53,533 (68.1)	6,853 (8.7)	1,045 (1.3)	323 (0.4)	50 (0.1)
2012	80,569 (100.0)	19,441 (24.1)	53,105 (65.9)	6,737 (8.4)	1,013 (1.3)	230 (0.3)	43 (0.1)
2013	80,462 (100.0)	21,294 (26.5)	51,132 (63.5)	6,320 (7.9)	1,401 (1.7)	262 (0.3)	53 (0.1)
2014	81,625 (100.0)	24,266 (29.7)	49,792 (61.0)	6,235 (7.6)	1,159 (1.4)	147 (0.2)	26 (0.0)
2015	81,105 (100.0)	26,064 (32.1)	47,245 (58.2)	6,432 (7.9)	1,200 (1.5)	131 (0.2)	43 (0.1)
2016	79,401 (100.0)	28,285 (35.6)	43,643 (55.0)	6,021 (7.6)	1,300 (1.6)	94 (0.1)	58 (0.1)

출처: 국립정신건강센터(2017). 국가정신건강현황 3차 예비조사 보고서. p. 126.

다음의 〈표 1-2〉는 정신보건시설 입원·입소자 재원기간(중앙값) 변화추이를 보여준다. 정신의료기관 및 정신요양시설 입원자 및 입소자의 재원 기간은 2000년 277일에서 2016년 303일로 완만한 증가추세를 보이고 있다. 특히, 정신요양시설의 장기입소 문제가 심각하다. 2016년 기준 정신요양시설 입소자의 평균 재원 일수는 3,931일, 즉 약 11년이나 되고, 계속 증가 추세에 있다. 2016년 기준으로 정신요양시설 다음으로 사립정신병원 282

3) 국립법무병원에 입원한 감호치료 대상자 등.

4) 2011년부터 노숙인 시설 입소자 제외.

일, 공립정신병원 277일, 병원 정신과 198일 순으로 입원 기간이 길다. 실제 정신의료기관의 장기입원은 이보다 훨씬 심각하다. 공식통계는 평균값이 아니라 중앙값을 보여주고 있어 정신의료기관 장기입원의 문제가 은폐되어 있다. 실제 국민일보의 보도[5]에 따르면 2020년 기준 정신의료기관에의 누적 입원일수가 10년(3650일)이 넘는 사람의 수는 14,890명에 달한다.

〈표 1-2〉 정신보건시설 입원 · 입소자 재원기간(중앙값) 변화추이

(단위: 일)

구분	2000	2001	2002	2003	2004	2005	2006	2007	2008	2009	2010	2011	2012	2013	2014	2015	2016
계	277 (9개월 7일)	288 (9개월 18일)	287 (9개월 17일)	261 (8개월 21일)	267 (8개월 27일)	267 (8개월 27일)	257 (8개월 17일)	236 (7개월 26일)	233 (7개월 23일)	246 (8개월 6일)	248 (8개월 8일)	251 (8개월 11일)	247 (8개월 7일)	262 (8개월 22일)	281 (9개월 11일)	288 (9개월 18일)	303 10개월 3일)
정신의료기관 소계	166 (5개월 16일)	168 (5개월 18일)	165 (5개월 15일)	156 (5개월 6일)	159 (5개월 9일)	159 (5개월 9일)	160 (5개월 10일)	155 (5개월 5일)	158 (5개월 8일)	161 (5개월 11일)	166 (5개월 16일)	170 (5개월 20일)	161 (5개월 11일)	176 (5개월 26일)	197 (6개월 17일)	207 (6개월 27일)	226 (7개월 16일)
정신요양시설	2,787 (7년 8개월 27일)	2,321 (6년 5개월 1일)	2,665 (7년 4개월 25일)	2,455 (6년 8개월 25일)	2,521 (6년 11개월 1일)	2,867 (7년 10개월 12일)	2,630 (7년 2개월 15일)	2,914 (7년 11개월 29일)	2,870 (7년 10개월 15일)	3,231 (8년 10개월 11일)	3,364 (9년 4개월 4일)	3,539 (9년 8개월 14일)	3,693 (10년 1개월 13일)	3,655 (10년 5일)	3,617 (9년 11개월 2일)	3,655 (10년 5일)	3,931 (10년 11개월 1일)

출처: 국립정신건강센터(2017). 국가정신건강현황 3차 예비조사 보고서. p. 130.

〈표 1-3〉은 연도별 정신병상 수 현황을 나타낸다. 2016년 현재 우리나라의 전국 정신보건시설의 정신병상수(정신요양시설은 정원수)는 총 96,924병상으로 2003년 대비 약 3만 개의 정신병상이 증가하였다. 2016년 정신병상의 전체 구성비를 살펴보면, 사립정신병원이 43.4%로 가장 많은 비중을 차지하고 있으며, 병원정신과 25.5%, 정신요양시설 14.0% 순으로 나타났다. 전체 정신병상에서 정신의료기관 병상수가 차지하는 비율은 약 86%

5) 국민일보(2020.5.26.). "정신병상 1만5,000명... 정부통계 60배".

로 정신요양시설에 비하여 절대적으로 많다.

〈표 1-3〉 연도별 정신병상 수 현황

(단위: 개소, 병상, %)

구분		기관수	병상(정원)수	정신의료기관 병상 구성비	전체 구성비
2003년 합계		1,176	66,468	–	100.0
2004년 합계		1,228	67,793	–	100.0
2005년 합계		1,325[6)]	73,015	–	100.0
2006년 합계		1,431	79,131	–	100.0
2007년 합계		1,558	82,862[7)]	–	100.0
2008년 합계		1,659	83,937	–	100.0
2009년 합계		1,705	86,703	–	100.0
2010년 합계		1,765	89,559	–	100.0
2011년 합계		1,816	93,932	–	100.0
2012년 합계		1,863	98,428	–	100.0
2013년 합계		2,015[8)]	96,965	–	100.0
2014년 합계		2,069	97,515	–	100.0
2015년 합계		2,144	97,526	–	100.0
2016년 합계		2,214	96,924	–	100.0
정신의료기관	정신의료기관 소계(A+B)	1,515	83,405	100.0	86.0
	국립정신병원	6	3,026	3.6	3.1
	공립정신병원	12	3,821	4.6	3.9
	사립정신병원	164	42,021	50.4	43.4
	소계A	182	48,868	58.6	50.4
	종합병원정신과	197	5,644	6.8	5.8
	병원정신과	140	24,683	29.6	25.5
	정신과의원	996	4,210	5.0	4.3
	소계B	1,333	34,537	41.4	35.6
정신요양시설		59	13,519	–	14.0
계		2,214	96,924	–	–

출처: 국립정신건강센터(2017). 국가정신건강현황 3차 예비조사 보고서.

과도한 강제입원이 행해졌던 정신보건법 시대에는 그에 따른 인권적 문제가 다양하게 발생하였다. 국가인권위원회의 진정사건에는 정신의료기관 입원자들의 진정이 가장 많았다. 그리고 2006년에는 정신병원피해자인권찾기모임이 결성되어 인권유린을 당한 피해자들이 정신보건법 개정과 위법한 정신과의사를 대한 법적 처벌을 촉구하는 서명운동을 전개하였다. 그 사건 중에는 가족 내의 종교적 갈등이 발생하자 배우자를 강제입원시킨 사례와 재산분쟁 때문에 가족을 강제로 입원시킨 사례가 언론보도를 통해 알려졌으며, 정신보건법상의 강제입원조항의 문제점이 사회적으로 드러나게 되었다. 결국 정신보건법상의 강제입원조항은 2016년 헌법재판소의 헌법불일치판결을 받았다.

4) 정신건강복지법 시행(2017년)

이전 정신보건법은 강제입원을 보편화하면서 정신병상의 급격한 증가와 장기입원, 입·퇴원 및 치료과정에서의 인권침해라는 문제를 도정하였다. 실제 이러한 문제가 정치적 쟁점이 되지는 못했다고 하더라도 전문가들은 지속적으로 문제를 제기하고 있었다. 정신보건법은 1995년 제정되고, 1997년 시행된 이후 2016년 정신건강복지법으로 개정되기 전까지 4차례에 걸친 개정이 이루어졌으며, 그 방향은 첫째, 강제입원과 관련한 환자 권리보

---

6) 2005년부터 기관수에서 광역정신건강증진센터 추가함.

7) 2007년부터 사회복귀시설은 정신병상수 추계에서 제외함.

8) 2013년부터 보건소의 기본형 정신건강증진사업을 추가함.

장의 개선 둘째, 지역사회 케어를 위한 제도적 기반 마련 등이었다(신권철 외, 2014). 즉, 권리보장을 위해 입원제도에서 퇴원중지제도 폐지, 보호입원 등의 입원요건의 강화 등이 이루어졌으며, 지역사회케어체계를 마련하기 위해 정신보건센터 신설, 외래치료명령제 도입, 사회복귀시설 종류의 확대 등이 이루어졌다. 그러나 4차례의 개정에도 불구하고 개정법은 강제입원 비율이나 장기화된 입원상황을 개선하는 데에 거의 실효성이 없었다.

이러한 문제들이 지속되는 가운데 2010년 이후 정신의료기관에서의 인권문제와 함께 정신장애인에 대한 복지지원 배제가 새로운 문제로 부각되었다. 즉, 모든 장애유형 중 가장 기초생활보장 수급자 비율이 가장 높고 감금 생활하는 사람의 수가 가장 많은 정신장애인의 문제를 인권문제와 더불어 복지의 부재문제로 인식하게 되었다. 이러한 흐름에서 장애인복지법상의 장애인 범주에 속하지만 그 적용을 일부 제한하는 법률적 근거가 되고 있는 장애인복지법 제15조가 주요 이슈로 부각되었다. 정책혁신을 주장하는 사람들이 정신장애인 감금은 인권보장의 강화만으로 해소될 수 있는 문제가 아니라 지역사회에서의 생존의 근거를 마련할 수 있는 복지지원이 중요한 정책적 문제임을 인식하게 된 것이다. 이와 같은 시대적 상황에서 정신장애인의 복지지원 문제의 흐름을 간과한 채 발의된 정부의 정신보건법 전부개정안 입법예고(2013년)는 아이러니하게도 정신장애인의 복지문제가 정책의제로 설정되는 전기를 마련해 주었다(이용표, 2017).

구체적인 입법과정을 살펴보면, 2013년 5월 23일 정부는 '정신보건법 전부개정안'을 입법예고하였다. 개정안의 골자는 (1)

정신질환 이력으로 인한 불이익을 완화하기 위하여 정신질환의 범위를 축소(안 제3조)하고, (2) 정신보건센터의 명칭을 정신건강증진센터로 변경하여 그 기능을 강화(안 제10조~제18조)하고, (3) 국립정신연구기관의 설립 근거를 마련하는 것이다. 그리고 (4) 기존에 인권침해 소지가 있어 문제가 되고 있던 비자발적 입·퇴원제도와 관련하여 비자발적 입원요건을 입원치료의 필요성과 자·타해 위험성 요건을 모두 충족하는 것으로 개선(안 제36조)하는 것이다. 이 개정안은 일부수정을 거쳐 2014년 1월 16일(의안번호 1909081호) 국회에 제출되었다. 그러나 정부가 입법예고한 개정법률안은 정신장애인의 복지 지원문제를 담지하지 못하고 추진됨에 따라 당사자단체와 인권단체의 저항이 나타났다. 그리고 이를 계기로 결성된 '정신장애인지역사회생존권연대'[9]는 개정안에 대한 반대성명을 발표하였다.[10] 주요 반대이유는 개정안이 정신건강증진을 위한 의료적 대책만을 내세우면서 지역사회에서의 정신질환자들의 생존기반이 되는 복지서비스에 대한 대안을 제시하기 않았기 때문에, 사실상 개정법률안은 정신질환자들이 지속적으로 병원에 머물 수밖에 없는 환경을 유지시키고 있다는 것이다(이용표, 2017). 이후 '정신장애인지역사회생존권연대'는 여러 단체와 연대를 통하여 '정신장애인 권리보

---

9) '정신장애인지역사회생존권연대(이하 생존권연대)'는 정신보건법 전부개정안에 반대하는 대한정신보건가족협회, 한국정신장애인연합, 한국정신장애연대(KAMI), 한국장애인단체총연맹, 한국장애인단체총연합회, 한국장애인복지학회 등 6개의 단체로 구성되었다.

10) 비마이너(2013. 7. 8.). 정신장애인지역사회생존권연대 공식출범. http://beminor.com/detail.php?number=5592

장과 복지지원에 관한 법률'의 입법운동 추진을 위해 '정신장애인복지지원법추진공동행동(이하 공동행동)'을 결성하였다. 그리고 공동행동은 2014년 12월 2일 입법토론회를 통하여 '정신장애인 권리보장 및 지원에 관한 법률(안)'을 제안하였으며, 수차례 공청회를 통하여 일부 수정이 이루어진 후 2015년 7월 24일 김춘진 의원 등 13인의 발의로 국회 보건복지상임위원회에 상정되었다. '정신장애인복지지원 등에 관한 법률'(이하 정신장애인복지지원법, 의안번호 16215)은 정신보건법이 지역사회 사회복지서비스로서 사회복귀시설 이용만을 규정하고 의료적 지원에 중점을 두고 있었던 것과 비교한다면, 고용 및 직업훈련 지원, 평생교육 지원, 문화·예술·여가·체육 활동 지원, 소득보장, 지역사회 거주·복귀 지원, 심리·사회적 재활지원 등 구체적인 복지지원 내용을 포함한다.

'정신장애인복지지원법'에 대한 정부의 의견[11]은 (1) 정신장애인의 인권보호를 위해서는 입원중심의 정신장애인 제도를 개선할 필요가 있으며 지역사회복귀를 위한 복지지원 강화가 필요하다는 점에서 법안의 제정 취지에는 동감하나, (2) 장애의 고착성으로 인하여 계속적 치료가 필요하기 때문에 병원과 지역사회를 넘나드는 보건과 복지의 통합적 접근이 필요하여 치료적 접근과 사회통합을 위한 지원체계를 이원화하는 것은 신중한 검토가 필요하고, (3) 정신보건법에 따른 정신보건센터가 설치·운영되고 있어 새로운 전달체계를 구축하는 것은 현실적 어려움이 있으며

11) 보건복지부는 2015년 8월 24일 정신장애인복지지원법에 대한 의견을 "정신장애인복지지원에 관한 법률안 검토"라는 문서로 국회에 보고하였음.

동법안의 제정 취지는 정신보건법 관련 규정 보완을 통해 달성 가능할 것으로 판단된다는 것이었다.

국회 보건복지위원회 법안심사소위원회는 정신장애인복지지원법에 대한 정부의 의견을 고려하여 정부가 발의한 정신건강증진법안, 김춘진 의원 등이 발의한 정신장애인복지지원법안, 최동익 의원 등이 발의한 정신보건법 일부개정 법률안 그리고 이명수 의원 등이 발의한 정신보건법 일부개정 법률안 등 4건 법률안을 병합하여 이른바 '정신건강증진 및 정신질환자복지서비스지원에 관한 법률안'을 대안으로 마련하였으며, 마침내 2016년 4월 임시국회에서 의결되었다. 이 법안이 의결될 수 있었던 정치적 상황은 다음의 네 가지로 나누어 볼 수 있다(이용표, 2017). 첫째, 정신보건법상 보호의무자에 의한 입원제도가 위헌법률심사의 대상이 되어 헌법재판소에서 심판 중이어서 법률 개정의 사법적 압박이 있었다. 둘째, 19대 국회 보건복지위원회는 '발달장애인 권리보장 및 지원에 관한 법률'을 심사한 경험이 있어 정신장애인 복지문제를 설득하기 위한 좋은 여건이 조정되어 있었다. 셋째, 두 법률안의 병합법률안은 당시 정부는 신규입법을 극도로 자제하는 분위기였기 때문에 통과를 위한 차선책이 될 수 있었다. 넷째, 그동안 당사자 활동이 부재했던 정신건강영역에서 당사자와 인권활동가들이 연합한 공동행동 활동가들의 등장은 입법운동에 탄력을 부여하였다. 즉, 이 시기에 와서 정신장애인 당사자와 인권활동가들은 정책혁신주도자로 등장하게 되었으며, 이전의 정책적의 흐름을 정치에 연결하는 데에 결정적 역할을 수행하였다.

정신건강복지법은 정신장애인복지지원법안의 다양한 복지지원에 관한 내용이 반영되지 못했다고 할지라도 입원과정에서의 인권옹호체계를 강화하고, 복지서비스의 근거규정을 마련한 성과가 있었다. 개정법은 강제입원의 요건을 자·타해위험의 존재와 입원을 요하는 정신질환의 존재를 동시에 요구하고, 입원적합성심사위원회(제46조)라는 이중의 통제장치를 마련하여 강제입원과정에서의 인권보호장치를 마련하였다. 그리고 정신질환자에 대한 고용 및 직업재활(제34조), 평생교육(제35조), 문화·예술·여가·체육활동(제36조)·주거(제37조), 가족에 대한 정보제공과 교육(제38조) 등에 관한 복지지원의 법적 근거를 확보하였다.

이러한 법개정은 이전의 무분별한 감금을 해소하고 정신장애인들이 지역사회에서 인간다운 생활을 영위할 수 있을 것이라는 기대를 가지게 하였다. 그러나 개정법이 시행된 이 후에도 기대하였던 변화는 보이지 않는다. 개정법은 2017년 6월부터 시행되었는데, 이때부터 2018년 4월까지 정신의료기관 입원환자수는 66,688명에서 66,523명으로 145명(0.2%)이 감소했을 뿐이다.[12] 입원에 대한 통제를 강화하는 법개정 이후에도 정신장애인 감금상황은 개선되지 못하고 있다.

12) 보건복지부 정신건강정책과 2018년 5월 25일자 보도자료.

4. 정신장애인 감금구조의 형성과 작동[13)]

정신장애인을 감금하는 구조는 단지 정신보건제도나 복지서비스의 문제가 아니다. 근본적으로는 정신장애인을 무능력하고 위험한 사람으로 보는 사회적 관념이 감금을 조장하고 용인하도록 함으로써 구조적 문제를 발생시킨다. 그리고 이러한 관념은 정신장애인 당사자의 내부를 관통하면서 자신을 무능력하게 여기거나 스스로를 관리하는 데에 어려움을 겪는 사람으로 위축시킬 수도 한다. 이러한 문제는 결국 사회적 자원할당에 영향을 미쳐 다른 장애인에 비하여 복지서비스의 부재구조 속에서 당사자를 더욱 고립시킬 수도 있다. 실제 감금구조를 해소하기 위해서는 이러한 문제들이 함께 논의되고 정책적 방안들이 마련될 수 있도록 해야 한다. 그렇지만 여기에서는 정신장애인 감금과 정신보건정책이나 관련 사회보장제도의 관련성을 우선적으로 검토해 본다. 왜냐하면 정신장애인의 몸을 규율하고 통제하는 정신의학의 담론이 정신보건 및 사회보장제도에 직접적으로 투영되어 있기 때문이다. 현대사회에서 인간의 몸에 대한 담론의 지배적 생산자는 의과학이며, 정신의학은 정신적 문제를 몸의 문제로 해석하는 담론을 지속적으로 생산하면서 정신보건과 복지프로그램을 지배한다. 그리고 정신의학이 생산하는 지배적 담론은 대중의 관념과 정신장애인 당사자의 자아의식에 영향을 미치고 사회적 자원의 배분을 결정하며 감금의 악순환 고리를 만든다. 본 절에서

---

13) 이 내용은 이용표, 강상경, 배진영(2021). 인권과 대안을 위한 정신건강복지론. 이엠실천의 제3장의 일부 내용을 출판사의 허락을 얻어 수정, 보완한 것임.

는 지배담론에 의해 형성된 정신보건법시대와 정신건강복지법시대의 정신장애인 감금구조를 구체적으로 살펴본다.

1) 정신보건법 시대의 장기감금 유인구조

먼저 정신병상이 급속히 확산되면서 정신장애인에 대한 장기감금구조가 형성되었던 정신보건법 시대(1997년~2016년)의 정신장애인 관련제도를 분석해 보면 4가지 감금의 구조적 요인이 드러난다. 첫째, 권익옹호제도가 부재한 용이한 입원구조이다. 이전 정신보건법의 보호의무자에 의한 입원은 보호의무자인 가족이 신청하거나 가족이 없는 무연고자의 경우 기초 지방자치단체의 장이 신청을 하고 입원예정 병원의 정신과전문의가 입원치료의 필요성을 판단하는 구조이다. 이러한 구조에서 기업식 운영

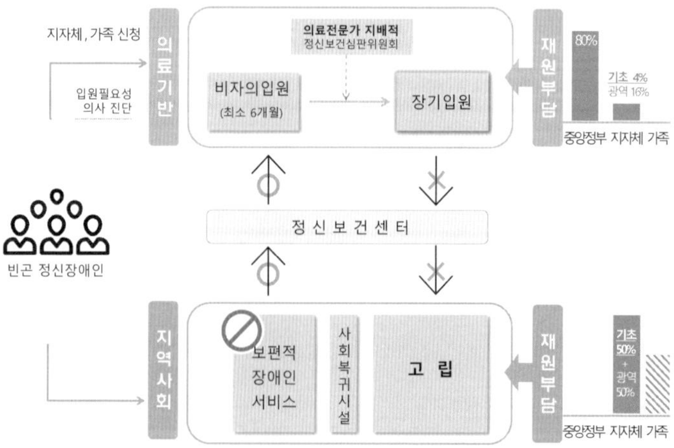

[그림 1-1] 정신건강복지법 이전의 장기감금 유인구조

구조하의 정신의료기관이 입원을 거부할 이유는 없다. 당사자의 입원에 대한 의사결정을 지원할 어떠한 장치도 보이지 않는다. 둘째, 입원을 촉진하는 정신보건센터의 업무구조이다. 지역사회의 정신보건센터는 대부분 정신의료기관이나 그 운영법인에 위탁·운영되고 있다. 중증 정신질환자 관리사업은 주로 사례관리라고 명명되는 방식으로 진행되는데 의뢰횟수는 중요한 성과지표이다. 실제 병원으로부터 정신보건센터를 거쳐서 지역사회자원으로 연계되는 경우는 드물지만, 반대로 지역사회 거주자를 병원으로 입원의뢰하는 실적이 대부분이다. 정신보건센터가 확대되면서 정신병상이 급증하게 된 원인으로 볼 수 있다. 셋째, 지역사회에서의 보편적 장애인서비스 배제구조이다. 보편적 장애인서비스의 경우 직업재활시설 이용을 제외하면 정신장애인은 이용할 수 없다. 단지 양적으로 매우 부족한 정신재활시설 이용만 가능하다. 공동생활가정과 같은 주거를 제공하는 시설은 일반 장애인공동생활가정과는 달리 이용기간이 제한되어 있다. 이러한 장애인서비스에서 정신장애인을 배제시키는 근거는 장애인복지법 제15조가 제공하고 있다.[14] 넷째, 지자체·정신의료기관·가족의 결탁을 형성시키는 재원부담구조이다. 지방자치단체와 가족들은 입원치료에 대한 부담이 거의 없는 구조이다. 기초생활수급자의 입원 의료급여는 중앙정부에서 80%를 분담하며 가족은 부담이 없다. 이에 비해 지역사회서비스의 경우 중

14) 장애인복지법 제15조는 제2조에 따른 장애인 중 「정신건강복지법」과 「국가유공자 등 예우 및 지원에 관한 법률」 등 대통령령으로 정하는 다른 법률을 적용 받는 장애인에 대하여는 대통령령으로 정하는 바에 따라 이 법의 적용을 제한할 수 있다고 규정하고 있다.

앙정부의 부담 없이 지방자치단체가 부담하며, 지역사회서비스를 이용하지 않는 경우 가족이 전적으로 돌봄의 부담을 진다. 그런데 기초생활수급권자인 가족들은 가족이 정신요양시설로 입소하는 경우 그 생계비와 장애수당 등이 보장시설인 정신요양시설로 지불되는 반면, 정신의료기관에 입원하는 경우 생계비 일부와 식비, 장애수당을 대신 수령하여 사용할 수 있는 경제적 유인이 생긴다. 즉 가족들이 정신의료기관 입원을 선호할 수 있는 경제적 유인이 생긴다. 위의 [그림 1-1]은 이러한 정신장애인 장기구조를 간략하게 설명하고 있다.

2) 정신건강복지법에 의한 구조적 변화

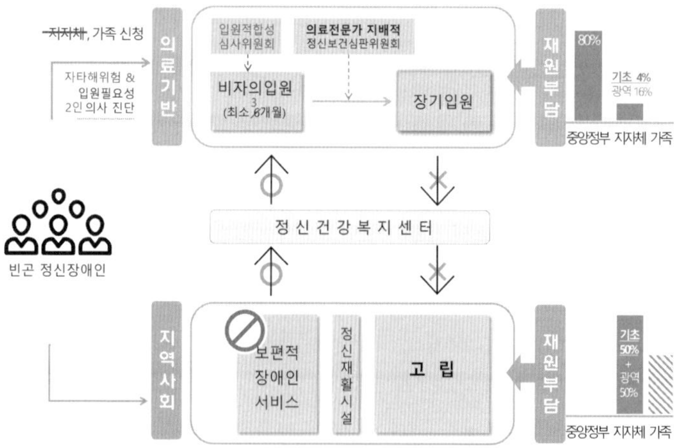

정신건강복지법은 기초생활수급자인 정신질환자의 제도적 장기감금 유인구조를 어떻게 변화시켰는가? 개정된 정신건강복지

법이 정신장애인의 장기 감금을 유인하는 (1) 권익옹호제도가 없는 용이한 입원구조, (2) 이러한 입원구조를 고착시키는 정신보건센터의 업무구조, (3) 지역사회에서의 보편적 장애인서비스 이용 배제 그리고 (4) 지자체·정신의료기관·가족의 결탁을 형성시키는 재원부담구조 등을 어떻게 변화시켰는가 하는 것이 향후 정신장애인의 감금구조를 해소하기 위한 노력에 중요한 쟁점이 될 것이다. 이전 정신보건법의 보호의무자에 의한 입원의 요건을 강화하여 자·타해위험과 입원 필요성을 모든 충족하고 소속을 달리하는 2명의 정신과전문의의 일치된 소견으로 강제입원을 시킬 수 있으며, 강제입원 직후 입원적합성심사위원회가 다시 적합성을 심사하도록 하였다. 그리고 가족이 없는 무연고자의 경우 기초 지방자치단체의 장이 신청하던 제도를 폐지하여 공공후견법인이 보호의무자가 되도록 하여 의사결정을 지원하도록 하였다. 또한 비자의입원자에 대한 절차보조제도도 시범사업을 진행 중이다. 그러나 정신질환자의 특수성에 입각한 권익옹호제도가 마련되어 있지 않고 절차보조제도나 정신요양시설 공공후견은 시범사업의 형태이며 아직 법적 근거가 없다.

결론적으로 본다면, 정신건강복지법은 네 가지의 감금구조 중 권익옹호제도가 없는 용이한 입원구조에 대한 일부 개선이 이루어졌다. 그렇지만 입원구조의 개선에도 불구하고 감금구조의 뚜렷한 변화를 보이지 못하고 있다. 입원적합성심사제도는 서면심사에 의존하면서 대면심사가 매우 제한적이라는 비판을 받고 있다. 입원구조를 제외한 감금구조에 대해서는 보편적 장애인서비스에서 정신장애인을 배제시키는 장애인복지법 제15조는 2021

년 12월에 폐지되었지만 향후 정신장애인을 어떻게 장애인복지 체계에 통합할 것인지 불분명한 상황이다.

5. 감금 없는 정신보건으로 가는 길

우리나라 정신보건에서 일상화되어 있는 정신장애인에 대한 감금은 한 개인의 몸과 영혼을 압류하는 사건이다. 정신보건이 형성한 구조는 정신장애가 있는 사람을 철저히 타인으로 만들었고, 현재까지도 그들이 겪는 고통을 옹호하는 시스템도 발전시키지 못해 오고 있다. 감금에 대항하여 말할 권리, 몸을 침습하는 치료에 대하여 정보를 제공받을 권리 등에 관한 논의의 출발도 최근의 일이다. 이와 반대로 일반인들이 정신장애가 있는 사람을 감금으로 밀어내는 기제는 아주 일상적인 영역에서 작동한다. 정신장애인 관련사건이 언론에 보도되면 온통 정신장애인을 감금해야 한다는 댓글이 쏟아져 나온다. 우리나라에서 공식적 범죄통계에서 정신장애인이 일반인보다 더 위험하다는 근거는 없다. 오히려 정신장애인이 일반인 범죄의 희생양이 될 가능성이 더 높다. 그럼에도 불구하고 댓글로 분출되는 사회적 광기는 정신장애를 경험한 사람들에게 더욱 감금에의 공포를 만든다. 이러한 사회적 광기의 근저에는 정신장애를 몸의 오작동에 연유한 개인적 불행이라는 정신의학담론과 기술이 위치한다. 하이데거는 인간이 기술의 본질에 대한 올바른 통찰을 못하기 때문에 과학기술의 발달이 오히려 위기를 가지고 올 수 있음을 경고하였다. 우리 사회는 급속한 변화와 경쟁 속에서 발생하는 인간의 정신적 문제에 관한 성찰이 좀 더 필요해 보인다. 정신적 문제에 따뜻한 돌봄보다 정신의학이나 심리학이 제공하는 기술에 지나치게 의존함으로써 하이데거가 말하는 존재자의 대상화에 매몰되어 있다. 정신의학은 인간의 정신적 문제를 몸의 고장으로 여기면서 치료의 논리로 감금을 옹호하고 의과학의 권력으로 정당화된다. 이러한 담론은 의료체계에 국한된 문제가 아니다. 정신장애를 이유로 공공부조를 받고 있는 사람은 정신약물을 복용하고 있음을 입증해야만 수급권을 유지할 수 있으며, 사회서비스 이용자의 자격도 같은 방식으로 부여된다. 정신의학은 푸코가 예견한 일상적 권력이 되어 정신장애인의 전반적인 삶을 지배한다.

우리 사회에서 정신장애인 감금이 거침없이 확산된 시기는 1980년대 이후이다. 1980년 이전까지는 정신의학의 지식과 기술을 가진 전문인력이 절대적으로 부족한 상황이었다. 1980년대에 들어 정신과 전문의 양성제도가 신경정신과에서 독립하면서 인적 자원이 급속히 증가하기 시작하였다. 정신의학의 전문적 기술과 지식이 확산되면서 우리 사회에 나타난 변화는 정신장애인 다수가 장기적으로 감금되고 절대적으로 빈곤한 집단이 되는 것이었다. 선발국가들은 1950년대 이후 감금을 해소하는 정책을 추진하고 있는 반면, 우리 사회는 1980년대부터 감금을 확대하고 있다. 서구에서는 정신약물의 발전이 감금을 해소하는 동인이었던 반면, 우리 사회에서는 정신약물의 보급에도 불구하고 감금은 강화되고 있다. 하이데거의 말처럼 인간의 정신적 문제에 대한 성찰이 없이 과학기술에 인간을 내맡기며 몰아세워지는 것은 아닌가? 현대사회에서 의과학적 지식의 몸에 대한 배타적 독점권과 권력화는 몸을 매개로 정신적 문제까지 확장되고 있다. 과학기술의 몰아세움은 몸의 감금이 가져다주는 정신적 고통에 눈을 가리고 감금을 통한 과학기술의 적용에 매몰되게 만든다. 인간의 정신적 고통에 대한 공감과 따뜻한 돌봄은 비과학적인 행위가 되었다.

감금 없는 정신보건체계를 수립하기 위해서는 정신장애에 관한 의료모델을 대체할 새로운 실천모델이 요구된다. 이전에 정신장애에 관한 사회적 요인에 초점을 두는 사회복지모델이 주장되었으나 우리 사회에서 큰 동력을 얻지 못했다. 그러나 최근 정신장애인 당사자의 존엄성을 중심으로 하는 인권모델이 사회복지모델을 흡수하면서 등장하고 있다. 정신건강복지실천에서 인권모델은 UN장애인권리협약에 기반을 두고 장애인단체의 지지를 얻고 있다. 본서는 정신보건의 현실과 새로운 인권모델의 발전 가능성이라는 인식기반을 토대로 하여 감금 없는 정신보건을 모색하기 위한 기획이다. 이러한 목적에 따라 본서는 먼저 정신장애에 대한 인식론적 문제를 정리하고, 입·퇴원제도, 정신건강위기지원체계, 사회보장제도 등과 정신장애인 감금문제의 관련성을 분석한다. 그리고 감금의 대안으로서 의사결정지원, 커뮤니티케어와 주거, 비약물 대안정신보건프로그램을 검토하고 관련 법제와 프로그램의 개혁방안을 제안한다.

참고문헌

국립정신건강센터 (2017). 국가정신건강현황 3차 예비조사 보고서.

곽병은, 김금열, 김진미, 서정화 (2004). 사회복지시설의 정신장애인 수용의 변천에 관한 연구. **지역사회정신보건, 봄호.**

김재철 (2015). 정신의학과 하이데거의 대화. **현대유럽철학연구**, 39, 31-73.

김정현 (2019). 몸담론의 현재적 지형과 철학적 의미. **니체연구**, 35, 113-139.

김향선 (2001). 하이데거의 기술철학. **철학연구**, 52, 79-102.

신권철, 박귀천, 김진, 홍남희, 양승엽 (2014). 정신보건법상 입·퇴원제도 개선방안. 보건복지부.

이용표 (2017). 정신건강증진 및 정신질환자 복지지원에 관한 법률 입법과정에 관한 평가와 과제: 다중흐름모형의 적용을 중심으로. **한국사회복지교육**, 38, 139-161.

오생근 (1990). **미셸 푸코론.** 한울.

이부영 (1994). 일제하 정신과 진료와 그 변천-조선총독부의원의 정신과 진료(1913-1928)를 중심으로-. **의사학**, 3(2), 147-169.

이유택 (2015). 하이데거의 과학 비판. **현대유럽철학연구**, 38, 155-183.

천선영 (2003). 몸의 현재적 의미에 대한 사회학적 고찰: 몸에 대한 의과학적 지식의 독점권과 권력화를 중심으로. **사회과학연구**, 11, 185-259.

하상락 편 (1997). **한국사회복지사론.** 박영사.

Chamberlin, J. (1977). *On our own.* 이지은 역. National Empowerment Center.

Desmarias, S. L., Van Dorn, R. A., Johnson, K. L., Grimm, K. J., Douglas,

K. S., & Swartz, M. S. (2013). Community violence perpetration and victimization among adults with mental illness. *American Journal of Public Health, 104*(12). 2342-9.

Hudson, C. G. (2016). A Model of Deinstitutionalization of Psychiatric Care across 161 Nations: 2001-2014. *International Journal of Mental Health, 45,* 135-153

LeFrançois, B. A., Menzies, R., & Reaume, G. (2013). *Mad Matters*. Canadian Scholars' Press.

Steingard, S. (2020). **비판정신의학: 논쟁 그리고 임상적용**. 장창현 역. 건강미디어협동조합.

Swanson, J. W., McGinty, E. E., Fazel S., & Mays V. M. (2015). Mental illness and reduction of gun violence and suicide: bringing epidemiologic research to policy. *Ann Epidemiol, 25*(5), 336-376.

2장
정신장애는 질병인가 장애인가?

❙ 강상경

인간은 사회적 존재이다. 인간의 인식(perception)은 인간이라는 종(種)의 고유한 유전적 특성에 따라 생물학적으로 결정되는 부분도 있지만, 사회적 존재로서 인간의 특정 대상이나 사안에 대한 인식의 상당 부분은 출생 후 어떤 환경에서 성장하는가에 따라 구성되는 특징이 있다(강상경 외, 2021). 특정 대상이나 사안에 대한 인간의 "인식"에 따라 그 대상이나 사안에 대한 그 사람의 인지적 반응, 정서적 반응, 행동적 반응 등이 다양하게 나타난다(Fiske, Gilbert, & Lindzey, 2010). 우리 주변의 ○○식당 한 군데를 예를 들어보자. A라는 사람은 주변인들로부터 ○○식당에 대해서 긍정적인 얘기만 들었고 개인적 경험도 나쁘지 않아서 ○○식당에 대한 인식이 긍정적이라고 가정하자. ○○식당에 대한 인식이 긍정적일 때 A가 ○○식당이라는 자극이 있을 때, 해당 식당에 대한 긍정적 인식의 결과로 나타나는 정서적 반응도 긍정적일 것이고, 이에 따른 행동적 반응은 필요할 때 방문해서 식사하고자 하는 접근 행동으로 나타날 확률이 높다. 반대로 B라는 사람이 같은 ○○식당에 대해서 가지고 있는 인식이 부정적일 때, B의 ○○식당에 대한 정서적 반응은 부정적일 것이고 이로 인해 행동적 반응은 회피행동으로 나타나 가능하면 방문하지 않으려고 할 확률이 높다.

정신건강과 관련된 영역에서도 이러한 현상은 나타난다. 법 제정에 관여하는 입법가(국회의원)들의 정신건강에 대한 인식은 이들이 입법 활동을 할 때 정신건강 관련된 입법과정에서 행동으로 나타난다. 즉 입법가의 정신건강 인식이 어떠한가에 따라 도출되는 법의 성격이 달라질 수 있다. 정신건강에 대한 입법가의 인식이 질병 관점일 때는 법의 초점이 질병의 치료 및 예방에 초점을 둔 보건의료적 색채가 강한 법이 도출될 확률이 높다. 정신건강에 대한 입법가의 인식이 장애 관점일 때는 질병의 치료나 예방을 넘어서 장애완화를 위한 사회환경적 접근까지 강조하는 법이 도출될 수 있다. 만약 입법가의 인식이 인권지향적인 회복관점일 때는 장애완화 및 사회통합을 위한 사회보장서비스 선택의 자기의사결정을 강조하는 회복지향 인권접근을 강조하는 법이 도출될 수 있다.

위에서 입법가를 예로 들어 살펴보았지만, 인식이 행동을 경정하는 이러한 현상은 법을 집행하는 행정공무원, 서비스를 전달하는 의사, 간호사, 사회복지사, 심리사 등의 전문가뿐 아니라 당사자나 가족에게서도 찾아볼 수 있다. 정신건강에 대한 인식이 치료모델 관점인 공무원이나 전문가의 정신건강에 대한 행동적 반응은 치료 및 예방에 초점을 둘 것이고, 정신건강에 대한 인식이 사회적 모델에 기반한 공무원이나 전문가의 행동적 반응은 치료와 예방을 넘어 정신건강 및 관련 서비스 사회환경적 안전망 확충까지 연결될 것이다. 인권 지향적인 회복관점의 정신건강 인식을 가진 공무원이나 전문가는 치료와 예방 및 사회안전망 확충에서 한 걸음 더 나아가 치료 및 회복 과정에서 자기의 사결정권 및 인권 존중을 어떻게 보장할 것인지 고민하게 될 것이다.

당사자나 가족의 정신건강에 대한 인식도 이들의 서비스 선택 행동에 영향을 준다. 치료모델 관점에서 정신건강을 인식하는 당사자나 가족은 정신건강에 문제가 생겼을 때 먼저 치료나 예방 서비스를 찾을 확률이 높고, 사회적 관점에서 장애를 상대적으로 이해하는 당사자나 가족들은 장애로 인한 부적응 양상을 최대한 줄이기 위해 사회환경 개선 및 사회보장시스템 확충을 요구하는 행동을 할 것이다. 인권지향 회복관점에서 정신건강을 이해하는 당사자나 가족은 인프라 확충에서 한 걸음 더 나아가 당사자의 사회통합과 삶의 질 향상을 위한 인권 존중 실천까지를 요구할 것이다. 지금까지 논의된 이해관계자들의 정신건강 문제에 대한 인식과 접근 관점 및 인식에 따른 반응을 정리하면 다음 〈표 2-1〉과 같다(강상경, 2021).

〈표 2-1〉 이해관계자의 정신건강 문제 인식과 반응

정신건강 문제 인식	접근 관점	반응 접근
정신질환	질병모델	정신질환 치료 및 예방
	재활모델	정신질환 치료 및 예방과 기능회복을 위한 재활서비스
정신장애	사회모델	치료, 예방, 재활서비스 및 사회안전망 구축
	인권모델	치료, 예방, 복지, 사회안전망 확충 및 인권옹호

이처럼 이해관계자들의 정신건강 인식이나 정신건강에 대한 태도가 그들의 정신건강 관련한 다양한 정서적 행동적 반응 및 접근과 연결된다. 정신건강을 질병 모델 관점에서 바라보는 인식은 치료나 예방적 반응으로 연결되고, 인권모델 관점에서 바라보는 인식은 정신건강의 치료, 예방을 넘어 복지를 통한 재활서비스 및 사회안전망 확충과 더불어 자기의사결정 존중을 강조하는 인권옹호 반응을 초래하게 된다. 따라서 정신건강에 대한 바람직한 접근을 조성하기 위해서는 이해관계자를 포함한 대중의 정신건강에 대한 인식개선이 선행되어야 한다. 본 장의 목적은 정신건강에 대한 바람직한 접근을 형성하기 위해 정신건강에 대한 인식개선이 선행되어야 한다는 점을 염두에 두고, 정신건강 인식의 영향요인과 결과요인을 중심으로 정신건강에 대한 인식론적 검토를 기반으로 인식개선의 조건으로 정신건강 패러다임 전환의 필요성에 대해서 논의하고자 한다.

이러한 목적을 달성하기 위해 본 장은 다음과 같이 구성된다. 제1절에서는 WHO 등 국제적 관점에서 정의되고 있는 정신건강 정의를 기반으로 본 장에서 논의하는 정신질환과 정신장애에 대한 개념적 정의를 한다. 제2절에서는 UN의 WHO 중심의 국제적 기준의 정신건강 패러다임 변화와 이에 따른 정신건강의 개념 및 접근의 특징적 변천 과정을 살펴본다. 제3절은 국제적 기준 대비 우리나라의 정신건강 패러다임 변화와 정신건강 인식 및 접근의 특징적 변화에 대해서 고찰을 한다. 제4절에서는 2절과 3절의 논의를 기반으로 우리나라 정신건강 서비스 현황에 대한 고찰을 통해 우리나라 정신건강 정책실패의 원인 분석을 사회적 인식 중심으로 분석한다. 제5절에서는 정신건강 인식의 선행요인들을 제도적 환경체계인 외재적, 내재적, 매개적 요인들을 중심으로 살펴보고, 제도적 환경체계와 인식개선 간의 선순환적 관계에 대한 이해를 바탕으로 인식개선 전략을 논의한다.

1. 관련 개념

1) 건강의 개념

국립국어원(2021)의 표준국어대사전에 따르면 "건강(健康)"은 '정신적으로나 육체적으로 아무 탈이 없고 튼튼함. 또는 그러한 상태'로 정의된다. 모든 개념이 그러하듯이 건강의 개념도 절대적인 정의가 있는 것이 아니라 시대의 사회문화적 특성을 반영하여 구성되는 것이기 때문에 명확히 한마디로 정의하는 것이 한계가 있다. 전통적인 건강의 개념은 질병이 없는 상태 또는 허약하지 않은 상태로 정의되었다. 하지만 질병의 유무는 의학 기술의 발전이나 사회변화에 따라 재구성되는 것이고 허약의 정도도 사회문화적 특성을 반영하여 구성되는 것이기 때문에 질병 유무나 허약 유무로 건강을 정의하지는 않는다. 대한임상건강증진학회(2021)에 따르면 세계보건기구(World Health Organization: WHO)는 1948년에 "건강은 단순한 질병이나 허약함이 없는 상태가 아니라 신체적, 정신적, 사회적으로 완전한 안녕상태(Health is a state of complete physical, mental, and social well-being and not merely the absence of disease or infirmity)"라고 정의하고 있다. 즉, 건강이란 단순한 생존추구를 의미하는 개념이 아니라 일상생활에 적절하게 잘 대처할 수 있는 능력을 의미하는 것으로 신체적 역량뿐 아니라 개인의 정신적 사회적 대처 능력을 포함하는 다차원적 개념이다. 이러한 측면에서 정신건강은 신체적 건강이나 사회적 건강과 독립적으로 존재하는 것이 아니라 상호 유기적으로 연관된 개념으로 이해할 수 있다.

2) 정신건강의 개념

국립국어원(2021)의 표준국어대사전에 따르면 "정신건강(精神健康)"이란 '큰 고민거리나 걱정거리가 없어 마음이 바르고 평안한 상태'를 의미한다. 협의에서 정신건강은 심리적 또는 정신적 측면의 건강을 의미하지만, 위에서 살펴본 것처럼 광의의 건강은 신체적, 심리적, 사회적 측면 등 다양한 측면의 안녕상태 또는 적응 능력을 의미하는 것으로, 이러한 맥락에서 정신건강은 신체 건강이나 사회적 건강과 상호연관하에서 결정되고 구성되는 것이다. 세계보건기구에 따르면 정신건강은 '정신질환이나 정신장애가 없는 상태를 넘어서 자신의 잠재력을 실현하고 공동체에 유익하도록 기여할 수 있는 상태'를 의미한다. 이러한 맥락에서 정신건강은 신체, 심리, 사회적 건강을 의미하는 것으로, 개인의 신체, 심리, 사회적 안녕상태를 포함하여 개인을 둘러싼 환경체계의 안녕상태를 의미하는 것으로 이해할 수 있다. 이러한 정신건강의 개념을 생태체계이론[1]의 관점에서 관련된 개인체계 및 환경체계 요인들을 중심으로 도식화하면 다음 [그림 2-1]과 같다(강상경, 2021).

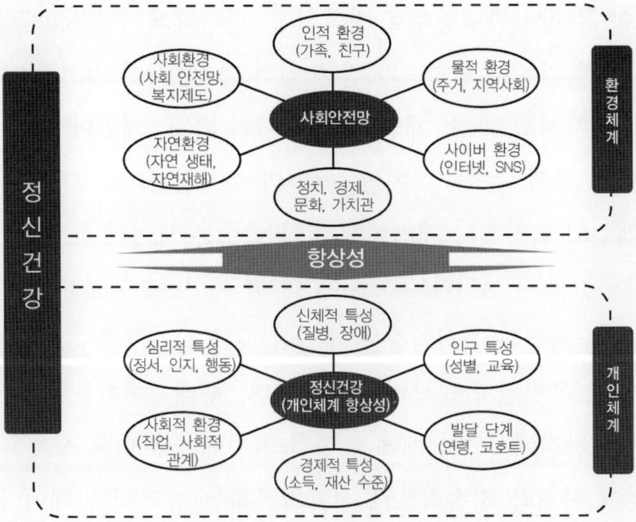

[그림 2-1] 정신건강의 개념

생태체계이론 관점에서 정신건강에 영향을 주는 요인들은 개인체계 요인과 환경체계 요인들로 구성된다(Bronfenbrenner, 1979). 개인체계 구성요인들은 개인의 정서, 인지, 행동과 같은 심리적 특성, 신체질병이나 장애와 같은 신체적 특징, 직업이나 사회적 관계와 같은 사회적 특징, 소득이나 재산수준과 같은 경

---

1) 생태체계이론은 생태이론과 체계이론의 합성어로 환경 속의 인간을 상호작용하는 역동적 체계로 이해하는 관점. 개인체계는 신체 및 심리(인지, 정서, 행동)적 요인들의 상호작용체계이자 동시에 가족, 지역사회, 국가 등 환경체계의 구성요인으로 개인체계와 환경체계 요인들 간에는 항상성 유지 및 회복을 위한 지속적 상호작용이 존재하고 이러한 상호작용이 개인 및 환경체계 변화 및 유지의 원동력으로 이해됨(강상경, 2021).

제적 특징, 성별이나 교육수준과 같은 인구사회학적 특징, 연령이나 코호트 등의 발달단계 특징 등 다양한 요인들을 포함한다. 개인체계 차원에서 정신건강은 이러한 개인체계 요인들 간의 항상성이 유지된 안녕상태로 정의된다. 환경체계 구성요인들은 개인이 속한 가족이나 친구와 간은 인적 환경, 사회 안전망 복지제도와 같은 사회 환경, 개인이 속한 자연 환경, 개인이 속한 사회의 정치, 경제, 문화, 가치관, 개인의 주거환경이나 지역사회 환경, 개인이 속하거나 개인에게 영향을 주는 사이버 환경 등 다양한 요인들로 구성된다(Germain, 1979; Karls & Wandrei, 1994). 환경체계 차원의 정신건강은 개인이 속한 환경체계 요인들 간의 항상성이 유지된 안녕상태를 의미한다. 생태체계이론의 환경 속의 인간 관점에서 개인체계 요인과 환경체계 요인은 상호독립적인 것이 아니라 지속적으로 상호작용하는 유기적 관계이다. 따라서 생태체계이론 관점에서 정신건강을 정의하면 개인체계요인과 환경체계요인 간의 건강한 항상성이 유지되고 자신의 잠재력을 실현할 수 있는 신체, 심리, 사회적 안녕상태로 정의된다.

3) 정신질환의 개념

국립국어원(2021)의 표준국어대사전에 따르면 "정신질환(精神疾患)"이란 '정신의 이상으로 생기는 질환'으로 정의된다. 정신질환의 개념은 위에서 살펴본 생태체계 관점에서 살펴본 정신건강 영역 중에서 심리적 또는 신체적(생리적) 문제로 인해 나타나는 질병으로 볼 수 있다. 이러한 정신질환의 개념을 도식화하면 다음 [그림 2-2]와 같다. 신체적 차원에서 정신질환은 신경화학 물질의 과다분비 또는 결핍으로 인한 생리적 항상성이 파괴된 상태로 정의될 수 있다. 심리적 차원에서 정신질환은 개인이 인지적으로 느끼는 심리적 상태가 항상성이 깨어진 상태를 의미한다. 심리적 차원에서 정신질환은 개인이 느끼는 과도한 우울 증상, 불안 증상, 정신증적 증상으로 인해 항상성이 파괴된 상태를 의미한다. 정신질환의 특징은 신체적 심리적 항상성이 깨어져서 증상은 나타나지만, 이러한 증상이 반드시 개인 차원이나 환경 차원의 기능 저하를 초래하지는 않는다는 점이다. 유사한 수준의 신경화학 물질 과다분비 현상을 보이거나 비슷한 수준으로 우울 증상을 느끼는 두 사람을 예를 들면, 증상의 특성이나 수준이 유사하다면 동일 정신질환을 진단할 수는 있지만, 동일 정신질환이 있다고 해서 반드시 유사한 수준의 일상생활 기능 저하로 연결되는 것이 아니다.

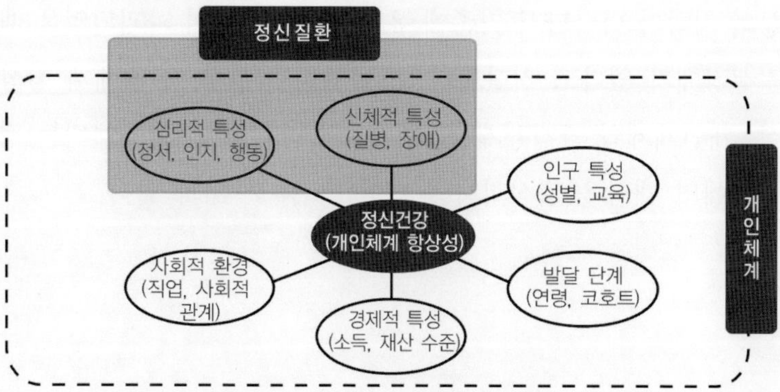

[그림 2-2] 정신질환의 개념

4) 정신장애의 개념

국립국어원(2021)의 표준국어대사전에 따르면 "정신장애(精神障礙)"란 '사물을 판별하거나 의사를 결정할 능력이 불완전한 상태'로 정의된다. 정신장애는 위에서 살펴본 정신건강의 개념에서 개인체계 항상성 파괴, 환경체계 항상성 파괴, 및 개인체계와 환경체계 간 항상성이 파괴된 상태를 의미한다(이용표 · 강상경 · 배진영, 2021). 신체적 신경화학 물질의 불균형으로 인한 정신과적 증상이나 심리적 과정에서 인지한 정신과적 증상으로 인한 개인체계 항상성 파괴나 환경체계 항상성이 파괴되어 일상생활 기능 저하가 나타날 때 정신장애가 있다고 정의된다. 정신건강 전문가들이 사용하는 "정신질환의 진단 및 통계편람(Diagnostic and Statistical Manual of Mental Disorders: DSM-5)(APA, 2013)"의 정신장애 분류는 이러한 정신장애의 정의를 따르고 있다. 즉 DSM-5 상의 모든 정신장애는 정신과적 증상과 이로 인한 기능상의 저하가 나타나서 기존에 유지되던 항상성이 파괴되었을 때 정신장애가 있다고 진단한다. 개인체계 항상성, 환경체계 항상성, 개인체계와 환경체계 간 항상성의 파괴로 인해 초래되는 정신장애의 개념을 도식화하면 다음 [그림 2-3]과 같다.

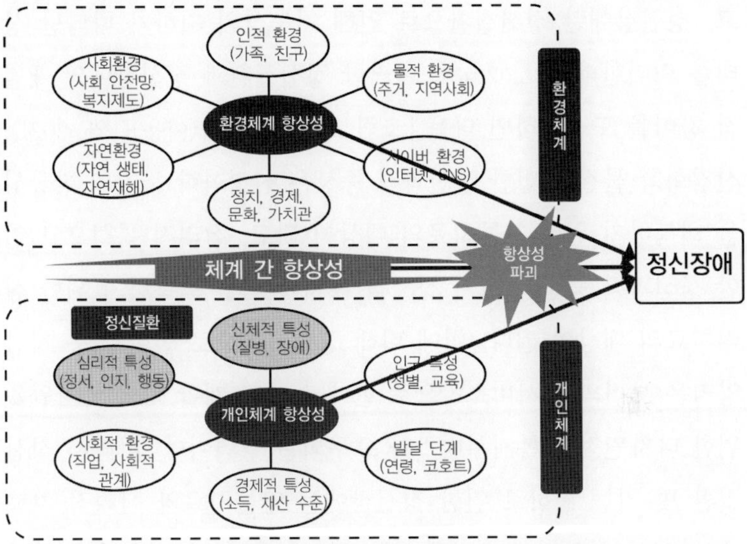

[그림 2-3] 정신장애의 개념

5) 정신질환과 정신장애

지금까지 건강의 개념, 정신건강의 개념을 살펴보고, 정신질환과 정신장애의 개념에 대해서 살펴보았다. 현재 우리 사회에서는 여러 가지 원인[2)]들로 인해 정신질환과 정신장애의 개념을 혼용하고 있지만 엄밀한 의미에서 정신질환과 정신장애는 차별화되는 개념이다. 위에서 살펴본 것처럼 정신질환이란 신체적 심리적 차원에서 발생하는 정신과적 증상이 있는 상태를 의미하

2) 정신건강복지법에서는 정신질환으로 정의되고 있고, 장애인복지법에서는 정신장애로 정의하고 있어서 혼란이 가중되는 측면이 있음. 정신건강복지법상의 정신질환자는 장애인등록을 하지 않은 사람들도 포함하지만, 장애인복지법상 정신장애인의 대상은 정신질환으로 인한 기능 저하의 심각성으로 장애 등록을 한 사람들을 칭함.

고, 정신장애란 정신질환으로 인해 기능상의 저하가 나타난 상태를 의미한다(APA, 2013). 이러한 정신질환과 정신장애의 개념적 차이를 도식화하면 다음 [그림 2-4]와 같다(이용표 외, 2021). 신경화학 물질로 인한 정신과적 증상은 신경화학 물질의 항상성을 회복하기 위한 약물치료의 대상이 되고, 심리적 특성으로 인한 정신과적 증상은 인지 정서적 대처 능력을 회복하기 위한 심리치료의 대상이 된다. 이에 비해 정신질환으로 인한 기능 저하 영역은 보건의료 서비스만으로 한계가 있고 재활 및 회복지원을 위한 다차원적인 복지서비스가 요구되는 영역이다. 따라서 정신질환 및 기능 저하로 인한 정신장애는 약물치료와 심리적 치료에 더해서 저하된 일상생활 기능을 회복하거나 지원하기 위한 다차원적인 재활 및 회복지원 서비스가 요구되는 영역이다. 따라서 정신장애는 보건의료서비스와 회복지원을 위한 복지서비스 모두를 요구하는 보건·복지서비스의 대상이다.

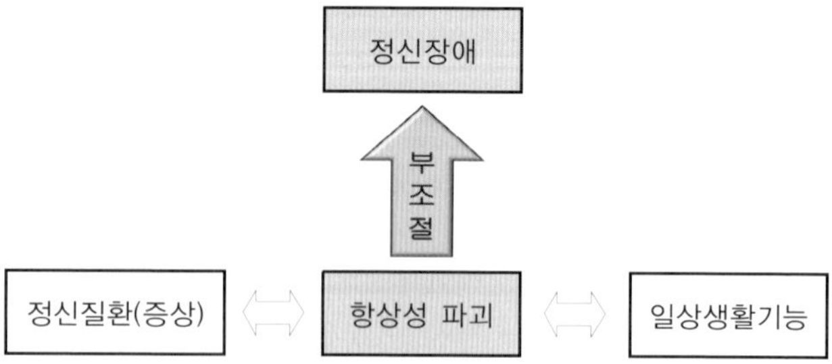

[그림 2-4] 정신질환과 정신장애

2. 국제적 기준의 정신건강 패러다임 변화

인권과 관련된 역사적 흐름은 시민권을 강조하던 시대에서, 공민권을 강조하던 시대를 거쳐, 사회보장권을 강조하는 시대로 변화해 왔다. 인권의 변화에 발맞추어 사회복지의 개입목표도 자유권적인 치료에서 출발하여 예방 및 재활 목표를 지나 현대 사회에 이르러서는 당사자의 인권과 회복을 개입의 목표로 강조하고 있다. 이러한 인권 및 개입목표 변화의 연속선상에서 정신장애를 바라보는 관점도 자유권적 소극적 관점에서 사회권적인 적극적 관점으로 변화를 거듭해 오고 있다. 즉 정신장애는 불변하는 절대적 개념이 아니라 특정 사회의 문화적 특성에 따라 구성되는 상대적이고 가변적인 개념이다. 따라서 정신건강을 바라보는 관점의 변화에 따라서 사람들의 정신장애에 대한 인식도 변화를 거듭하고 있다. 정신건강 관련한 국제적 기준의 변화를 중심으로 한 국제적 환경변화와 정신건강에 대한 인식 변천 과정은 다음 [그림 2-5]와 같이 도식화할 수 있다(강상경 외, 2020).

International Classification of Diseases(ICD) 분류체계는 질환과 관련된 가장 오래된 분류체계 중의 하나이다(WHO, 2021). 1954년 ICD-7부터 WHO에서 발간을 담당하게 된다. ICD가 유일한 분류체계이던 시절의 정신건강에 대한 기본관점은 치료모델이었다. 치료모델 관점에서 정신장애는 정신질환을 의미한다. 따라서 정신질환에 대한 주요 접근은 치료 및 예방이다. 치료모델 관점에서 정신장애인은 치료와 예방의 대상이 된다.

관점(모델)	치료모델	재활모델	사회모델	인권모델
국제적 기준(WHO)	ICD (1954) (International Classification of Diseases)	ICIDH (1980) (International Classification of Impairments, Disabilities, and Handicaps)	ICF (2001) (International Classification of Functioning)	CRPD (2006) (Convention on the Rights of Persons with Disabilities)
주요 특징	**정신장애:** 정신질환 **주요 접근:** 정신질환 치료 **정신장애인:** 치료의 대상	**정신장애:** 정신질환으로 인한 손상 및 사회적 불리 **주요 접근:** 손상에 대한 치료와 사회적 불리에 대한 재활 **정신장애인:** 재활의 대상	**정신장애:** 체계요인 간 항상성 저하로 구성되는 상대적 개념 **주요 접근:** 치료, 재활, 사회보장 인프라 구축을 통한 항상성 회복 **정신장애인:** 사회통합의 주체	**정신장애:** 항상성 저하 상태(항상성 저하 판단 주체는 당사자) **주요 접근:** 치료, 재활, 사회안전망, 등을 통한 회복지원 **정신장애인:** 회복의 주체

[그림 2-5] 국제적 기준 변화에 따른 정신건강 관점의 변화

1980년에 채택된 International Classification of Impairments, Disabilities, and Handicaps(ICIDH)가 질환 관련한 국제적 기준으로 작동을 하면서 정신건강에 대한 기본관점은 재활모델로 변화하였다(WHO, 1980). 재활모델 관점에서 정신장애는 정신질환으로 인한 기능 저하로 초래되는 손상 및 사회적 불리로 정의된다. 따라서 정신장애에 대한 주요 접근은 손상에 대한 치료와 사회적 불리에 대한 복지서비스 지원을 통한 재활이다. 재활모델 관점에서 정신장애인은 재활의 대상으로 인식된다.

2001년에 채택된 International Classification of Functioning(ICF)

기준에서 정신장애에 대한 인식은 사회모델 관점이다(WHO, 2001). ICF 기준인 사회모델 관점에서 정신장애는 개인체계의 심신 구조 및 기능 손상으로 인한 신체적 심리적 질환 그 자체로 장애가 유발되는 것이 아니라, 개인체계 내적 요인과 환경체계 요인 및 요인들 간의 항상성이 저하된 상태로 정의된다. 즉, 질환 당사자의 활동(activity)과 관련된 환경적 실행상황이나 개인적 능력, 당사자의 사회참여(social participation)와 관련된 환경적 실행상황이나 개인적 능력 등의 생태체계 맥락적 차원에서 정신장애는 상대적으로 규정되는 것이다. 사회모델 관점에서 정신장애에 대한 접근은 치료 서비스와 재활서비스를 포함하여 당사자가 경험하는 장애를 당사자 관점에서 완화 시켜줄 수 있는 사회안전망과 같은 사회보장 인프라 구축이 포함된다. 사회모델 관점에서 정신장애인은 사회통합의 주체로 인식된다.

2006년에 채택된 Convention on the Rights of Persons with Disabilities(CRPD) 기준의 정신장애에 대한 인식은 인권모델 관점이다(UN, 2006). 인권모델 관점에서 정신장애의 개념은 개인체계 내적 요인들과 환경체계 요인들과 이들 간의 항상성 저하의 결과로 정의된다. 정신장애를 항상성 저하로 규정하는 것은 사회모델과 같다. 하지만 사회모델에서는 항상성 저하 판단의 주체가 구체적이지 않지만, 인권모델은 항상성 저하 판단의 주체를 당사자 우선으로 하고 있다. 인권모델 관점에서 정신장애에 대한 접근은 항상성 회복의 주체인 당사자의 회복지원이 중심을 이룬다. 회복관점을 지향하는 국제기준 관점은 정신건강 문제를 정신질환으로 이해하는 것이 아니라 정신장애로 인식하고 있다.

3. 우리나라 정신건강 패러다임 변화

위에서 살펴본 국제적 정책환경의 변화들로부터 우리나라도 자유로울 수 없다. 반영 정도의 차이는 있지만, 국제기구가 채택하는 기준들이 직간접적으로 국내 정신건강 정책형성에 영향을 주었다. 1995년 정신보건법 제정 이전까지 시기는 국제적 기준에서 보면 치료모델 시대에 해당한다. 이 시기는 정신건강 관련법이 없었고 전달체계도 거의 없었지만 이전의 국제적 정책환경 변화 기준들인 ICD, ICIDH, MI 원칙 등의 영향을 받아 1995년 정신보건법이 제정되는 배경이 되는 시기이다. 정신보건법 제정 이후 정신건강복지법 전면 개정되는 2016년까지는 "정신보건법" 시기로 재활모델을 추구하였다. 하지만 서비스 제공기관 수 및 재원일 수에서 미루어 짐작할 수 있듯이 이 시기에도 병원 기반 의료모델 성격이 강하게 남아 있었던 시기였다. 정신보건법 시기에 WHO에서 2001년에 ICF가 채택되고 2006년에 CRPD가 채택되었지만, 우리나라는 정신보건법 기반 서비스가 진행되고 있는 시기여서 장애의 사회적 개념이나 인권관점 서비스가 국내 서비스 전달체계에 반영되지 못하였다. 하지만 정신보건법 시대의 이러한 국제적 기준의 변화는 2016년에 정신건강복지법이 전면 개정되는 밑거름이 된다.

1995년 이전	⇒	1995년 ~ 2016년	⇒	2016년 이후
ICD (1954) ICIDH (1980) MI 원칙(1990) ↓ 정신보건법 제정 (1995)	⇒	ICF (2001) CRPD (2006) CRPD 비준 (2008) ↓ 정신건강복지법 전면 개정 (2016)	⇒	1차 정신건강 5개년 계획 (2016) 정신건강복지법 시행 (2017) 정신장애인 공공후견제도 (2017) 제2차 정신건강 5개년 계획 (2021)
치료모델[1]		재활모델[2]		사회모델+인권모델[3]

1) 치료모델: 정신장애는 정신질환, 개입목표는 치료, 서비스 중심은 병원과 요양시설, 장소는 병원 중심 접근
2) 재활모델: 정신장애는 정신질환, 개입목표는 재활, 의료서비스와 지역사회 복지서비스 중심, 장소는 병원과 지역(하지만 우리나라 정신보건법 제정을 통한 이념적 지향에도 불구하고 실패한 것으로 평가됨)
3) 사회모델+인권모델: 정신건강복지법에 ICF 이념과 CRPD 이념을 반영하려고 노력. 정신장애인 사회적 장애, 개입목표는 회복, 의료+복지+인권중심 회복지원서비스 중심, 장소는 모든 생태체계

[그림 2-6] 국제적 기준 변화에 따른 우리나라 대응

위에서 살펴본 것처럼 국내 요인에 기인하는 정신건강 영역의 변화도 있지만, 국제사회의 정신건강 패러다임 변화와 이로 인한 정책환경 변화 양상이 우리나라 정신건강 영역의 변화 발전에 영향을 준 부분도 크다. 다음 [그림 2-7]은 우리나라 국내적 정신건강 패러다임의 변화를 시대순으로 나열하고 각 시기 전개 과정의 주요 특징을 정리한 것이다(강상경, 2013). 우리나라도 OECD 국가들과 유사하게 소극적 인권개념에 부합하는 치료모델에서 적극적 인권 기반 회복을 지향하는 사회모델 및 인권모델 방향으로 발전해 왔다. 하지만 법, 제도, 인식의 차이로 패러다임 전개의 구체적 시기와 세부적인 내용은 국제사회의 전개 과정과는 차이가 있다.

<table>
<tr><th rowspan="2">관점
(모델)</th><th rowspan="2">치료모델
(1995년 이전)</th><th rowspan="2">재활모델
(1995~ 2016년)</th><th>사회모델</th><th>인권모델</th></tr>
<tr><th colspan="2">회복모델 지향(2016년 이후)</th></tr>
<tr><td>국제기준
(WHO)</td><td>ICD (1954)
ICIDH (1980)</td><td>ICIDH (1980)
MI 원칙(1990)</td><td>ICF (2001)</td><td>CRPD (2006)</td></tr>
<tr><td>국내 전개 과정</td><td>• 공적 정신건강 정책 거의 없던 시기
• 치료(의료) 모델
• 입원, 요양, 보호 위주 접근</td><td>• 정신보건법 (1995) 제정
• 치료모델 + 재활모델 지향
• 지역사회정신보건 지향 접근
• CRPD 비준 (2008)</td><td colspan="2">• WHO에서 ICF(2001)와 CRPD(2006)가 채택되고 우리나라가 2008년에 CRPD를 비준하였지만, 법이나 정책은 이러한 이념을 반영하지 못하고 있다가 2016년 정신건강복지법 개정으로 반영 시도함.
• 정신건강복지법 전면 개정(2016)
• 제1차 정신건강 5개년 계획(2016)
• 정신장애인 공공후견제도 시행(2017)
• 제2차 정신건강 5개년 계획(2021)</td></tr>
<tr><td>주요 특징</td><td>• 정신장애: 정신질환
• 주요 접근: 정신질환 치료(의료) 모델 기반한 입원, 요양, 보호 등 격리 위주 접근
• 정신장애인: 입원, 요양, 보호 등 격리의 대상</td><td>• 정신장애: 정신보건법에서는 정신질환 중심
• 주요 접근: 정신질환의 치료재활 관련된 보건의료서비스 위주. 정신장애로 인한 사회적 불리에 대한 접근은 미흡
• 정신장애인: 정신질환 치료 및 재활의 대상</td><td colspan="2">• 정신장애: 국제적 기준으로는 정신장애가 항상성이 저하된 상태로 규정되어야 하지만, 우리나라 정신건강복지법상에서는 정신질환으로 개념화되고, 장애인복지법상에서는 정신질환으로 인해 장애등록을 한 상태로 정의됨. ICF의 장애의 상대적 개념이나 CRPD의 이념이 반영되지는 못함.
• 주요 접근: 국제적 기준으로는 치료, 재활, 사회안전망 등을 통한 회복지원이 중심이 되어야 하지만, 사회적 인식 부족으로 아직 치료 및 재활을 위한 보건의료서비스 위주의 접근이 주를 이루고 있고, 회복지원을 위한 복지서비스는 부족한 상황임.
• 정신장애인: 이념적으로는 사회통합의 주체이지만 정책 및 서비스의 현실은 아직 치료와 재활의 대상에 머무르고 있음.</td></tr>
</table>

[그림 2-7] 우리나라 정신건강 패러다임 변화 및 관점의 전개 과정

우리나라에서 정신보건법이 제정되던 1995년 이전 시기는 "치료모델" 시기로 볼 수 있다. 국제사회에서는 ICD나 DSM과 같은 분류체계가 형성되던 1950년대부터 치료모델 관점의 의료서비스 중심의 정신건강 전달체계가 형성되었지만, 우리나라에서는 정신보건법이 제정되던 1995년까지는 정신건강 영역에 대한 정부의 공식적인 관심이나 참여는 거의 없었다. 민간 영역에서 정신과 병원과 의원들이 형성되고 병원 중심으로 전달되는 의료중심의 정신건강 서비스가 주를 이루어 왔다. 국가 차원의 공식적 개입이 없었기 때문에 정신장애인의 인권이나 회복 차원의 접근이라기보다는 입원 및 요양 명목으로 정신장애인을 사회로부터 격리 수용하는 접근 방식이 주를 이루었다. 입원병원 침상의 한계를 대신하기 위해서 민간에서 자생적으로 발생한 정신요양시설은 인권 문제 등으로 화두에 오르기도 했지만, 우리나라 최초의 민간 영역 정신건강 서비스 전달체계로 입원과 요양보호 위주의 서비스를 제공해 오고 있다.

우리나라 정신건강 서비스 전개 과정의 두 번째 시기는 정신보건법이 제정된 1995년부터 정신건강복지법으로 전면 개정된 2016년까지를 정신보건법 시기로 분류할 수 있고, 이 시기 대표적인 접근법은 재활모델이다. 대대적인 탈시설화와 지역사회정신보건 운동과 함께 1991년의 MI 원칙 채택으로 국제사회의 정신건강 접근의 큰 방향은 치료모델에서 재활모델로 변화하게 된다. 우리나라도 이러한 변화의 영향을 받아 1995년에 최초로 정신보건법을 제정하였다. 법의 이름에서 미루어 짐작할 수 있듯이 정신보건법은 치료모델 관점의 보건의료 영역에 초점을 두고 있지만, 지역사회 정신보건을 지향하고 있다는 점에서 법 제정 이전과 비교할 때 한층 진보한 것으로 평가된다. 정신보건법은 전통적인 정신병원 중심의 의료서비스 기관 이외에 지역사회 정신건강센터와 사회복귀시설 같은 지역사회기관 설립을 가능하게 함으로써 입원·요양 위주의 정신보건 서비스를 넘어선 지역사회정신보건 인프라가 확충될 수 있는 법적 근거를 마련하였다는 점에서 의의가 있다. 정신보건법 제정으로 지역사회 정신보건 전달체계 구축과 복지서비스 지원을 통한 재활모델을 추구하기는 하였지만, 정신보건법이 시행된 후 오히려 입원 병상 수가 증가하고 재원 기간이 증가하는 등 지역사회정신보건 이념에 반하는 현상이 반복적으로 나타났다.

2001년에 국제사회에서는 ICF(International Classification of Functioning)가 채택되어 장애의 상대적 개념과 장애해결을 위한 사회적 책임이 강조되기 시작하였다. 또한 2006년에는 UN 장애인권리협약(Convention on the Rights of Persons with Disabilities)이 채택되었고 우리나라는 2008년에 이 협약에 비준하였다. 하지만 당시 우리나라는 아직 정신보건법 시대에 머물러 있었기 때문에 ICF 또는 CRPD 이념을 우리나라 정신보건 서비스 정책 과정에 반영하는 것이 한계가 있었다. 2008년 CRPD 비준 이후에도 2016년 정신건강복지법으로 전면 개정되기 이전까지 우리나라 정신건강 기본관점은 재활모델이었다고 평가된다.

2016년 이후를 정신건강복지법 시기로 분류할 수 있다. 2016년 전면 개정된 정신건강복지법은 그간의 국제사회 정책 동향을 반영하여 ICF 관점이나 CRPD 이념을 선언적으로나마 반영하고 있다. 개정된 법의 이름에서 볼 수 있는 것처럼 그 이전의 치료 및 재활모델 관점의 한계에서 벗어나 정신장애인의 인권과 회복을 위한 복지서비스 확충의 당위성을 개정법인 '정신건강복지법'에 선언적으로 반영하였다. 정신건강복지법으로 전면 개정이 가능했던 것은 국내 분위기 성숙과 더불어 국제사회 기준 및 변화 동향과 무관하지 않다. 2006년 채택된 CRPD를 2008년에 우리나라가 비준함으로써 CRPD는 국내법에 준하는 효력을 가지게 되었다. 하지만 당시 민법에는 금치산·한정치산제도[3]가 잔존하고 있는 등 우리나라 법체계 및 정책 과정의 다양한 영역이 비준한 CRPD 기준을 충족하기까지는 여러 가지 측면에서 한계가 있었다. 이러한 점을 극복하기 위해 2011년 민법을 개정하고 2013년 시행하였다. 이러한 일련의 변화는 발달장애인, 지적장애인, 인지장애인, 정신장애인 등 CRPD 관련된 장애인 대상의 법이나 제도 변화를 가져오게 된다. 특히 CRPD 비준 이후 국제기구에서 우리나라 정신건강 서비스 현황 점검을 하였고, 그 결과 장기입원 문제가 지적되고 개선 권고를 받게 된다. 이러한 일련의 문제를 해결하기 위해서 국가 차원에서는 2016년 정신건강복지법을 전면 개정하고 2017년에 시행하기에 이른다.

하지만 정신건강복지법 시행 자체만으로 우리나라 정신건강 서비스 영역의 변화는 쉽게 일어나지 않았다. 그 이유는 정신건강복지법이 복지서비스 관련된 규정을 추가로 포함하였지만, 관련 규정이 권고 수준이고 강제조항이 아니라서 시행령이나 시행

3) 의사결정 장애인에 대해 법률행위를 금지하거나 제한하는 제도로 민법개정과 함께 폐지되고 후견제도로 재편됨.

규칙으로 연결되지 못하여 구체적인 정책변화로 연결되지 못하였기 때문이다. 결론적으로 정신건강복지법상에서는 정신장애인을 회복 주체로 지역사회통합증진을 추구하고자 하지만 법의 불충분성과 사회적 인식 부족 때문에 아직 우리나라는 지역사회 정신건강 서비스 인프라가 절대적으로 부족하고 보건의료서비스 중심의 정신건강 서비스 기조가 지속되고 있다. 우리나라 정신건강 현황을 통해서 살펴본 바처럼 우리나라 정신건강 서비스 관련 정책은 아직 정신건강 문제를 정신장애로 인식하는 것이 아니라 정신질환으로 인식하고 있다.

4. 비판적 고찰

1) OECD 국가 대비 우리나라 현황

제2절에서 국제사회의 정신건강 관점 변화 및 서비스 변화과정을 살펴보았고, 제3절에서 우리나라의 정신건강 관점 변화 및 서비스 변화과정을 살펴보았다. 이상에서 살펴본 것처럼 우리나라 정신건강 관점의 변화는 국제사회 관점 변화를 따라서 변화해 가고 있지만, 법 및 정책형성 및 운영과정의 한계로 인해 국제사회가 지향하는 이념적 기준을 국내 상황에 그대로 실현하지는 못하고 있다. 즉 정신건강복지법은 이념적으로 사회모델과 인권모델을 지향하고 있지만, 정신건강복지법에 규정된 복지서비스 관련 조항의 강제성 부족으로 실제 회복관점에서 사회모델

과 인권모델이 지향하는 정신장애인의 지역사회 독립생활과 사회통합의 목표와는 괴리되는 부분이 있다.

국제사회의 현황과 우리나라의 현황을 평균 병상 수와 재원 기간을 중심으로 비교 분석하면 다음 [그림 2-8]과 같다(강상경 외, 2020). OECD 국가들의 경우 평균 병상 수가 2012년에 인구 1,000명당 0.71개였는데 2018년에는 0.68개로 소폭 낮아졌지만, 우리나라 평균 병상 수는 2012년에 인구 1,000명당 0.91개였는데 2018년에는 1.26개로 약 38.5% 증가하였다(보건복지부 국립정신건강센터 · 건강보험심사평가원 · 한국보건사회연구원, 2020).

OECD 국가들의 평균 재원 기간은 2012년에 약 31.26일이었는데 2018년에 31.85일로 크게 변화하지 않았지만, 우리나라의 경우 2012년 재원 기간이 116.8일이었는데 2018년에는 176.4일로 약 51% 증가하였다. 즉 OECD 국가의 경우 평균 병상 수나 재원 기간이 큰 변동 없이 안정세를 유지하고 있는데, 우리나라의 경우는 정신건강복지법이 제정되고 시행된 이후에도 증가세가 멈추지 않고 있다.

입원 병상 수의 지속적 증가와 재원 기간의 증가에서 볼 수 있는 것처럼 정신건강복지법 전면 개정 이후에도 우리나라 정신보건 서비스의 지향점은 치료모델 관점을 크게 벗어나지 못하고 있다. 우리나라의 정신건강 서비스 현황이 치료모델의 한계를 크게 벗어나고 있지 못하다는 것은 정신건강 서비스 기관의 비교를 통해 확인할 수 있다.

〈평균 병상 수〉

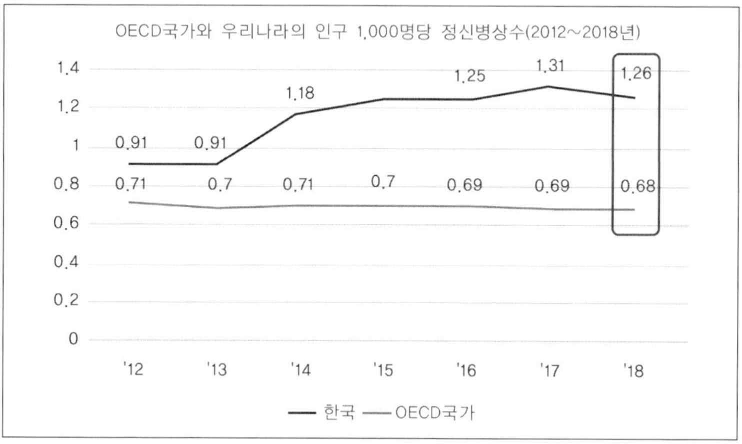

〈평균 재원기간〉

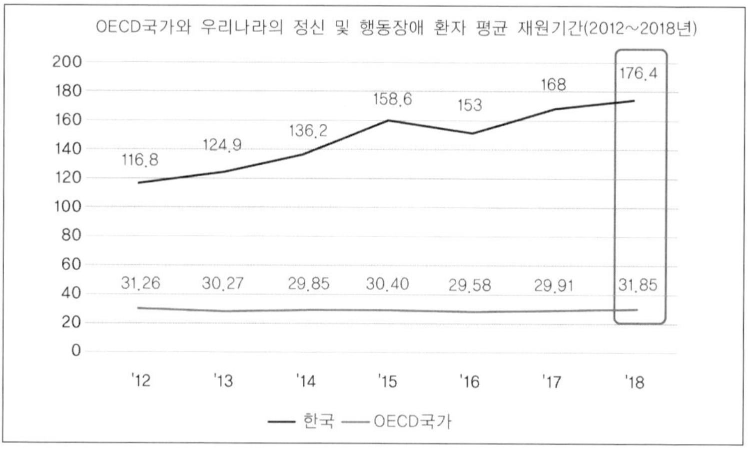

[그림 2-8] OECD 국가평균과 한국 현황의 비교

다음 [그림 2-9]의 좌측 막대그래프는 2018년 기준 우리나라 의료기관의 수와 지역사회 서비스를 담당하고 있는 정신재활시설 수를 비교하고 있다. 2018년에 우리나라 정신의료기관 수는

1,670개소인 반면 복지서비스를 제공하는 지역사회 정신재활시설의 수는 348개에 불과하였다. 의료기관 수가 재활시설 수에 비해 약 4.8배 많았다. 정신건강복지법 시행 이후에도 우리나라 정신건강 서비스 현실은 아직도 의료중심 모델을 벗어나지 못하고 있다. 의료기관과 정신재활시설의 이러한 불균형이 의미하는 바는 정신건강 문제에 접근하는 국내 시각이 아직 정신질환 관점에 입각하고 있고 정신건강 문제를 사회적 장애로 인식하고 인권관점에서 회복지향 서비스가 필요한 대상자로 인식하는 경향은 아직 상대적으로 매우 부족한 상태라는 것을 보여준다.

[그림 2-9]의 우측의 사분면 그래프는 2020년 현재 지역사회 정신재활시설을 이용하고 있는 당사자들의 서비스 욕구와 충족도의 관계를 비교 분석한 것이다(강상경 외, 2021). 우측 상단 사분면인 '지속-유지 영역'은 당사자의 서비스 욕구 수준도 높고 충족도 수준도 높은 영역을 의미한다(정은희 · 강상경, 2021). 좌측 상단 사분면의 '집중노력 영역'은 당사자의 서비스 욕구 수준은 높지만, 서비스 충족도 수준이 낮아서 향후 집중적으로 서비스 확충이 필요한 영역을 의미한다. 좌측 하단 사분면인 '점진개선 영역'은 당사자의 서비스 욕구 수준도 낮고 충족도 수준도 낮아서 점진적 개선이 필요한 부분을 의미한다.

〈의료와 복지의 불균형〉

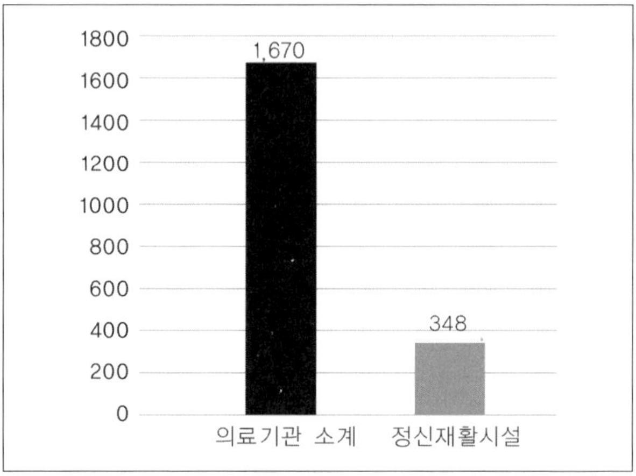

〈당사자의 서비스 욕구와 충족도 불균형〉

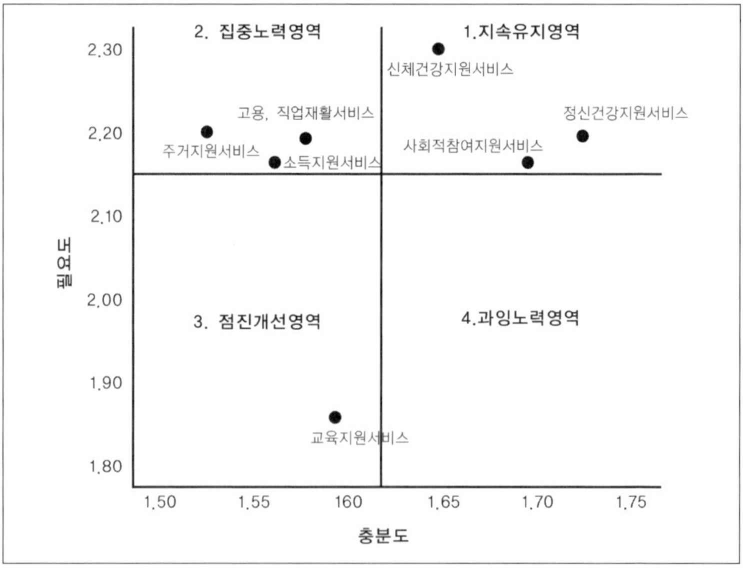

[그림 2-9] 국내 정신건강 서비스 현실

[그림 2-8] 우측 그래프에 나타난 것처럼, 우측 상단에 분포해 있는 신체건강 서비스와 정신건강 서비스의 경우는 지역사회 당사자들의 서비스 욕구 수준도 높지만 충족도 수준도 높아서 현재와 같은 상황을 유지해 나가는 것이 필요한 영역으로 분류된다. 이러한 현상이 나타난 가장 큰 이유는 아마도 욕구 수준이 높아도 전국민의료보장제도의 영향으로 표출된 욕구를 해결하기 위한 서비스 공급이 충분히 가능하기 때문으로 이해된다. 반면 고용지원서비스, 직업재활서비스, 주거지원서비스 등 지역사회 통합 및 회복을 위해서 필요한 서비스의 경우 당사자들의 욕구 수준은 높게 나타났지만, 충족도는 낮게 나타나 향후 집중적으로 노력해야 하는 영역으로 분류되었다. 즉 현재 우리나라 정신건강 서비스 전달체계는 당사자들의 지역사회 통합 및 회복을 지향하는 CRPD이념을 실현하는 데 한계가 있다고 판단된다. 이러한 현상은 정신건강복지법 시행 이후에도 우리나라 정신건강 서비스 정책은 장애 관점 접근보다는 질환 관점 접근이 주를 이루고 있고, 국제적 기준들이 지향하는 이념을 반영하지 못하고 있다는 것을 보여준다.

2) 정책실패의 원인

정신건강복지법은 전 국민 정신건강 증진과 정신장애인을 위한 복지서비스 확충을 목표로 하고 있다. 정책의 기본이 되는 법에서 이렇게 천명하고 있음에도 불구하고 우리나라 정신건강 서비스 현주소가 치료모델이나 의료모델 수준에 머무르는 이유가 무엇일까? 여러 가지 이유가 있을 수 있지만 가장 큰 이유는 정신건강 관련 입법, 행정 과정에 참여하는 관계자나 정신건강 서비스 전달에 직간접적으로 참여하는 이해관계자들을 포함한 국민의 정신건강 인식 때문이다. 즉, 정책실패의 원인은 우리나라 정신건강 문제에 대한 인식이 정신장애 관점이 아니라 정신질환 관점에 머무르고 있기 때문이다.

사회복지사를 포함하여 의사, 간호사, 심리사 등 소위 정신건강 전문가의 인식이 이들의 정신건강 문제해결을 위한 접근 행동에 미치는 영향에 대해서 고찰해 보자. 당사자의 정신건강 문제를 정신질환 관점에서 인식하는 전문가는 당사자를 위해 정신질환의 치료나 예방과 관계되는 약물 서비스나 의료서비스 중심의 행동적 반응을 보이고, 의료서비스 제공이나 연계를 중심으로 하는 개입을 할 확률이 높다. 반면 당사자의 정신건강 문제를 정신장애 관점에서 인식하는 전문가는 정신건강 서비스 제공이나 연계할 때 정신질환 치료와 관계되는 서비스뿐 아니라 질환으로 인해 저하된 기능회복을 위한 재활 및 회복지원 복지서비스까지 고려하게 된다. 따라서 장애 관점에서 정신건강 문제를 이해하는 전문가는 질환의 치료나 예방과 관계되는 약물 서비스나 의료서비스를 넘어서 지역사회 독립생활과 사회통합을 위해 필요한 회복지원과 관련된 각종 복지서비스를 연계하는 행동적 반응을 보일 것이다.

이러한 전문가의 행동적 반응은 정신건강과 관련된 법의 입법 과정에 참여하는 입법전문가나 법을 집행하는 행정전문가의 행동적 반응에서도 나타난다. 1995년 우리나라 정신보건법 시대의 정신건강에 대한 관점은 질병모델이었다(강상경, 2013). 따라서 정신보건법 입법과정에 참여하였던 입법전문가들도 질병모델 관점에서 정신건강 문제를 인식하였다. 그 결과 정신보건법은 정신질환 치료 및 재활과 관계되는 서비스까지만 고려하고 있고, 정신질환으로 인해 저하된 기능회복을 위해 필요한 재활이나 복지서비스에 대한 고려는 부족하였다.

정신건강에 대한 인식이 이러한 행동적 반응으로 연결되는 현상은 행정전문가에게서도 찾아볼 수 있다. 정신건강 문제를 정신질환으로 인식하는 행정전문가는 서비스 전달체계 구축이나 인력 및 재정 계획을 할 때 정신질환의 치료 및 예방과 관계되는 의료서비스 위주의 행동적 반응을 나타낼 것이다. 반면 정신장애로 인식하는 행정전문가는 치료를 위한 의료서비스를 넘어선 기능회복을 위한 회복 및 복지서비스 제공까지를 고려하는 행동적 반응을 나타낼 것이다.

이상에서 살펴본 입법 관계자, 행정가 및 정신건강 전문가 사이에서만 인식에 따른 이러한 행동적 반응이 일어나는 것이 아니다. 당사자나 가족 사이에서도 정신건강 대응 행동은 가족이나 당사자의 정신건강 문제에 대한 인식에 따라 결정된다. 정신질환 인식을 가진 당사자의 행동적 반응은 의료서비스 이용이 중심이 될 것이고, 정신장애 인식을 가진 당사자의 행동은 의료서비스 이용과 더불어 기능회복을 위한 복지서비스 이용 행동을 함께 나타낼 것이다. 당사자 가족의 정신질환 인식이 강할 경우 정신건강 문제가 있는 가족 구성원을 의료서비스 중심으로 의뢰하는 행동적 반응이 나타나고, 정신장애 인식이 강한 가족의 경우 의료서비스와 복지서비스를 함께 연계하는 행동적 반응을 나타낼 것이다.

이상에서 살펴본 것처럼 주체의 정신건강 문제에 대한 인식은 해당 주체의 행동적 반응을 초래하는 결정적 요인이다. 즉 주체가 정신건강 문제를 정신질환으로 인식하는 경우 의료서비스 중심의 행동적 반응이 초래되고, 정신장애로 인식하는 경우 의료서비스를 넘어 복지서비스 이용 및 환경체계 확충 행동을 초래하게 된다. 이러한 이해관계자의 정신건강 인식에 따른 서비스에 대한 인식과 후속적인 행동적 반응을 정리하면 다음 〈표 2-2〉와 같다(강상경, 2021).

〈표 2-2〉 이해관계자의 정신건강 인식과 반응

이해 관계자	정신건강 인식	초점 서비스	행동적 반응
입법전문가	정신질환	의료서비스	의료서비스 확충과 관계된 입법 행동
	정신장애	복지서비스	복지서비스 확충과 관계된 입법 행동
행정전문가	정신질환	의료서비스	의료서비스 전달과 관계된 행정 중심
	정신장애	복지서비스	복지서비스 전달과 관계된 행정 중심
정신건강 전문가	정신질환	의료서비스	의료서비스 중심의 전문적 개입 행동
	정신장애	복지서비스	복지서비스 중심의 전문적 개입 행동
당사자	정신질환	의료서비스	의료서비스 중심의 서비스 이용 행동
	정신장애	복지서비스	복지서비스 중심의 서비스 이용 행동
가족	정신질환	의료서비스	의료서비스 중심의 서비스 연계 행동
	정신장애	복지서비스	복지서비스 중심의 서비스 연계 행동

우리나라 정신건강 서비스에 대한 비판적 고찰을 통해 우리나

라 정신건강 서비스가 아직 의료중심적으로 구성되어 있고 상대적으로 복지서비스 인프라가 매우 미약하다. OECD 국가와 비교할 때 우리나라 입원 병상 수가 많고 평균 재원 기간이 길다는 것은 국내 정신건강 서비스가 국제적 기준에 맞지 않게 아직 의료서비스 위주로 이루어져 있다는 것을 보여준다. 정신건강복지법이 국제사회의 정책환경 변화를 반영하여 전면 개정된 것임을 생각할 때 이러한 의료서비스 중심현상은 우리나라 정신건강 정책의 실패를 의미한다. 그렇다면 이러한 정책실패의 원인은 무엇일까? 즉 ICF 관점이나 CRPD 이념을 표방하고 있는 정신건강복지법이 제정되고 시행된 이후에도 이러한 현상이 나타나는 이유는 무엇일까?

이에 대한 대답은 위 〈표 2-2〉에 정리된 것처럼 이해관계자들의 정신건강 인식의 한계 때문이다. 정신건강복지법에 반영된 정신건강 패러다임이 회복관점을 지향하고 있음에도 불구하고 아직 우리나라 정신건강 서비스가 의료중심인 이유는 이해관계자의 정신건강 인식 수준이 치료모델 관점에 머물러 있어서 개정된 법이 지향하는 바를 실현할 수 있을 정도의 적극적 행동이 뒤따르고 있지 못하기 때문이다. 우리나라 정신건강 서비스 문제를 개선하기 위해서는 문제가 있는 법 개정도 필요하지만, 무엇보다 중요한 것은 법이 도출되기까지 입법과정에서 이를 허용한 국민과 이해관계자들의 정신건강 인식을 개선하는 것이 급선무이다. 즉 인식개선을 통해 정신질환 인식에 기반한 것이 아니라 정신장애 인식에 기반한 법, 정책, 서비스 전달체계, 운영체계가 형성될 수 있도록 해야 한다. 정신건강 문제에 대한 현시점의 국제적 기준이 되는 장애인식은 ICF 장애 개념이다(WHO, 2001).

ICF 관점에서 장애란 신체적·정신적 질병이나 외상으로 인한 신체, 심리, 사회적 기능 저하가 초래되었을 때 사회환경 및 개인내적 지지체계의 부재로 기능 저하를 경험하게 되는 상태이다. ICF 장애의 특징은 장애를 신체적 심리적 질환에 국한하지 않고, 이로 인한 기능 저하와 기능 저하를 회복할 수 있는 사회안전망 유무까지를 포함하는 상대적 개념이라는 점이다. ICF 장애 관점에서는 절대적 장애란 있을 수 없고 장애는 환경체계의 사회안전망이 얼마나 잘 구축되어 있는가에 따라서 결정되는 상대적 개념이다. 즉, ICF 장애 개념은 정신질환 관점의 장애, 기능 저하 관점의 장애, 사회안전망 상태에 따라 상대적으로 결정되는 사회적 장애 등 다양한 스펙트럼의 장애의 관점을 포괄적으로 반영하고 있다.

ICF 장애 개념이 2001년에 국제기구에서 채택되었고, 2006년에 국제기구에서 채택된 CRPD를 2008년에 비준했음에도 불구하고, 우리나라 정신건강 서비스 현실은 이러한 국제적 기준들이 제시하는 이념을 반영하지 못하고 있다. 지금까지 살펴본 것처럼 이러한 이념을 정책 및 서비스에 반영하지 못한 가장 큰 이유 중의 하나는 정신건강 문제에 대한 인식이다. 즉, 대중뿐 아니라 전문가나 이해관계자들의 정신건강 문제에 대한 인식이 국제적 기준인 ICF 적인 장애의 사회적 상대적 개념을 수용하지 못하고, 정신질환 관점에 머무르고 있다. 이러한 장애인식은 정신건강 관계법, 정책, 전달체계, 운영체계에 그대로 반영되어 정신질환 치료 서비스 중심으로 발전되고 있고 상대적으로 회복지향 복지서비스 확충은 이루어지지 못하고 있다. 결론적으로 우리나라 지역사회 복지서비스 인프라 확충의 실패 원인은 국민과 이해관계자들의 인식이 질병모델에 머물러 있기 때문이다. 따라서 우리나라 문제점을 개선하기 위해서는 국민과 이해관계자들의 정신건강 문제에 대한 인식이 개선되어야 한다.

5. 결론

2013년 국제기구에서 우리나라 정신건강 서비스 현황을 점검하였다. 당시 국제기구의 권고사항은 첫째, 입원 기간이 지나치게 길어서 인권침해 우려가 있어서 지역사회 중심 체계를 구축하라는 것, 둘째, 국민의 우울 및 스트레스 인지율과 자살률이 높은데 입원 병상 수는 OECD 평균 이상이지만 국민을 위한 심리·정서 지원 서비스는 거의 없어서 국민 대상 심리지원 서비스 체계를 구축하라는 것, 셋째, 이러한 접근을 전담하는 범정부 차원의 관리체계와 리더십을 형성하라는 것 등이었다(Kim & Yang, 2013). 국제기구 권고를 한마디로 요약하면 입원·요양 위주의 정신건강 의료서비스는 줄이고 지역사회 중심의 정신건강 서비스 체계 구축이라고 할 수 있다. 하지만 권고가 있는지 10년이 다 되어 가고 정신건강복지법이 시행된 지금까지도 우리나라 정신건강 서비스는 치료·재활 위주의 의료서비스가 중심이고 지역사회 복지서비스 시스템은 매우 취약하다.

정신건강복지법의 이름에서 짐작할 수 있듯이 개정법이 이념적으로 복지서비스 확충을 지향하고 있음에도 불구하고 정신건강 서비스 현실이 바뀌지 않는 이유는 무엇일까? 법에서 지향하는 바가 행동으로 실현되지 못하는 가장 큰 이유는 인식의 한계에 있다. 정신건강 인식도 조사 결과에 따르면(국가 정신건강 현황보고서, 2019), 우리나라 국민의 1/3 정도는 정신질환자의 정상적인 생활 영위가 불가능한 것으로 인식하고 있고, 정신질환자 이용시설이 동네에 들어오는 것을 반대하는 국민이 60%를 상회한다. 입법 관계자, 행정 관계자, 정신건강 전문가, 당사자나 가족 등의 이해관계자들도 국민의 한 사람으로서 이러한 부정적 인식의 영향을 받을 수밖에 없다. 본 장에서 살펴본 것처럼 정신건강 문제를 정신질환으로 인식하는지, 정신장애로 인식하는지에 따라 이해관계자나 대중의 행동적 반응이 달라지기 때문에, 정신건강복지법 이념이 실현되기 위해서는 정신건강 문제에 대한 부정적 인식과 사회적 편견 해소가 관건이다. 결론적으로 정신건강 인식개선 전략에 대해서 논의하면서 본 장을 마무리하고자 한다.

1) 정신건강 문제에 대한 인식의 선행요인과 결과에 대한 이해

정신건강 문제에 대한 인식개선 전략을 논의하기 위해서는 정신건강 인식에 영향을 주는 요인들과 인식의 결과적 반응에 대한 이해가 선행되어야 한다. 정신건강 문제에 대한 인식은 한 사회의 사회·경제·문화적 토대의 영향을 받는다. 구체적으로 정신건강 문제에 대한 인식은 한 시대의 외재적, 내재적, 매개적 요인들의 역동 및 상호작용의 결과로 구성된다(강상경, 2021). 아래 〈표 2-3〉은 한 사회의 정신건강 인식 및 관점에 영향을 주는 외재적, 내재적, 매개적 영향요인들과 인식의 결과로 초래되는 적응적 반응의 관계를 도식적으로 표현한 것이다.

〈표 2-3〉 정신건강 문제 인식 영향요인 및 결과적 반응

인식 영향 요인		정신건강 인식 및 관점				인식의 결과 및 반응
외재적 요인[1)] 내재적 요인[2)] 매개적 요인[3)]	⇨	신체적 문제	**치료모델**	정신질환 (질병관점)	⇨	의료서비스 중심
		심리적 문제				심리서비스 중심
		사회적 문제	**사회모델**	정신장애 (회복관점)		사회보장 인프라 중심
		인권 문제	**인권모델**			인권옹호 중심

1) 외재적 요인: 소득수준, 사회안전망, 사회보장체계, 가치관 등 – 사회·문화·정치·경제적 요인, 국민의 복지 인식, 국민의 장애인식 등의 요인들
2) 내재적 요인: 관련 법, 정책, 제도, 정신장애서비스 전달체계, 재정, 인력, 예산, 등 – 관련법의 용어(예, 정신질환 vs. 정신장애), 관련 법에 규정된 서비스 범주(예, 치료·재활·회복), 관련법에 규정된 정신장애 관련 조항 등(예, 정신장애인 사회복지사 배제 조항), 재정구조, 인력구성, 등의 요인들
3) 매개적 요인: 이해관계자들 특히 당사자 및 가족의 인식, 요구, 등 – 가족 및 당사자를 포함한 이해관계자들의 인식(예, 치료·재활·회복)과 인식에 부합하는 서비스 확충과 인권보장에 대한 이해관계자들의 요구

정신건강 문제에 대한 인식은 자유권에서 사회권적 개념으로 변화해 왔다. 정신건강 문제에 대한 인식의 국제적 기준도 치료모델 관점의 정신질환 인식에서 사회모델과 인권모델 관점의 정신장애 인식으로 변화해 왔다. 이러한 인식변화는 인식의 토대가 되는 외재적, 내재적, 매개적 요인의 변화와 그 맥락을 같이

한다. 즉 한 사회의 경제적 토대가 형성되고, 국가적으로 정신건강 재정, 인력, 예산 등 정신건강 전달 및 운영체계가 확립되고, 당사자와 가족을 포함한 이해관계자들의 인식이나 욕구가 표출되는 등 다양한 요인들 간의 역동적 상호작용의 결과로 한 사회의 정신건강 문제에 대한 사회적 인식은 구성된다. 대중이나 이해관계자의 정신건강 문제에 대한 인식은 정신건강 문제해결을 위한 반응 행동을 결정하기 때문에 정신건강 문제에 대한 인식 및 부적절한 인식에 대한 개선은 성공적 정신건강 개입을 위한 필요조건이다.

현재 국제사회의 표준적 정신건강 문제에 대한 접근 관점은 사회모델과 인권모델에 기반한 회복관점 접근이다. 〈표 2-3〉에 요약된 것처럼 회복관점에서는 정신건강 문제를 정신장애로 인식한다. 정신건강 문제를 정신장애로 인식하는 것은 정신장애의 원인을 개인의 신체적 심리적 요인으로 국한해서 이해하는 것이 아니라, ICF의 상대적 장애 개념 측면에서 개인의 손상을 예방 또는 지원하지 못하는 환경적 원인을 함께 강조한다. 정신건강 문제의 원인을 개인적 측면과 환경적 측면으로 이해하는 정신장애 인식은 문제해결 과정에서 개인체계에 초점을 둔 개입과 환경체계 인프라 개선에 초점을 둔 개입을 병행하는 결과로 연결된다.

정신건강 문제에 대한 이러한 회복관점의 정신장애 인식은 개인체계 중심의 정신질환 인식이 초래할 수 있는 낙인의 위험성도 완화할 수 있다. 정신건강 문제의 원인을 개인의 신체적 심리적 요인으로 이해하는 정신질환 인식은 질환의 원인과 책임을 개인 수준으로 환원하여 정신질환에 대한 사회적 낙인을 확대재생산할 위험성이 있다. 정신건강 문제의 원인을 개인적 요인뿐 아니라 사회적 요인으로 이해하는 장애의 상대적 모델 관점에서는 정신건강 문제에 대한 책임은 개인뿐 아니라 사회에도 있다. 즉 국가는 국민의 정신건강 욕구 충족을 위한 사회안전망이나 사회보장체계를 확립해야 할 책임이 있음에도 불구하고 정신건강 서비스 인프라를 확충하지 못하여 국민의 사회보장권을 침해한 공동 책임이 있다. 정신건강 문제에 대한 이러한 사회적 관점의 이해는 정신건강 문제의 책임을 개인뿐 아니라 사회적으로 환원함으로써 정신질환 당사자에 대한 사회적 낙인을 완화하고, 나아가 국가적 책임을 강조함으로 사회적 인프라 확충의 원동력이 될 수 있다.

2) 인식개선을 위한 접근 전략

현재 국제사회의 정신건강 문제에 대한 인식기준은 사회모델과 인권모델에 기반한 회복관점 접근이다. CRPD에 반영된 것처럼 회복관점 접근의 목표는 정신건강 문제에 대한 목표를 당사자의 지역사회 독립생활과 사회적 통합에 두고 있다. 이러한 미션이 달성되기 위해서는 신체적·심리적 질환을 치료하기 위한 치료 및 재활서비스에서부터 당사자의 회복을 지원하기 위한 정신건강 서비스의 사회적 인프라와 자기의사 결정을 위한 인권옹호 인프라가 전제되어야 한다. 그렇다면 국제사회에서는 이러한 회복관점 접근이 시도되고 있는데 우리나라는 왜 아직 의료나 재활서비스 범주를 벗어나지 못하고 있을까? 본 장의 논의를 통해서 도출한 대답은 우리나라의 정신건강 문제에 대한 인식이 아직 치료모델 관점을 벗어나지 못하고 있기 때문이다. 이러한 한계를 극복하기 위해서는 인식개선이 선행되어야 한다.

'환경 속 인간'의 인식은 환경체계와 지속적 상호작용을 통해서 구성되고, 인간의 인식은 다시 환경체계 변화의 원동력이 된다. 즉 생태체계 관점에서 환경체계와 인간의 인식은 상호작용하므로, 제도와 환경은 사람의 인식을 만들고 사람의 인식은 제도와 환경을 만드는 선순환 관계다(강상경, 2021). 이러한 선순환의 관계를 도식화하면 다음 [그림 2-10]과 같다.

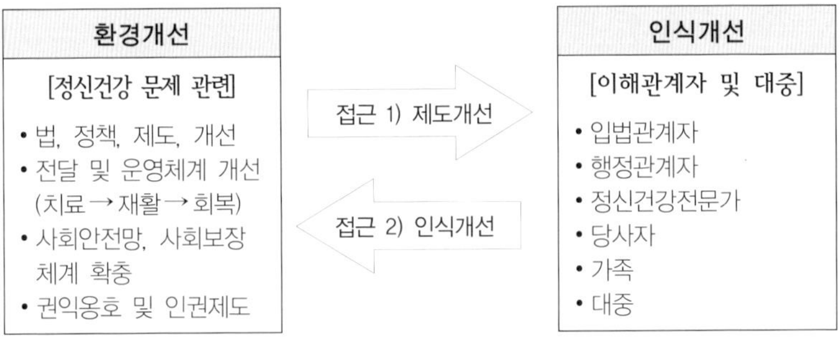

[그림 2-10] 인식개선을 위한 접근 전략

이해관계자의 인식개선은 이들이 생활하고 있는 환경을 회복지향적으로 개선하는 것과 설득 커뮤니케이션을 통한 이해관계자들의 인식개선이 병행되어 환경체계와 개인의 인식 간 선순환 관계가 일어날 때 가장 효과적이다. 우리나라 현황에서 인식개선의 방향성은 국제적 기준의 정신건강 문제에 대한 인식을 우리 사회에 확산하는 것이다. 정신건강 문제에 대한 국제적 인식은 치료모델, 재활모델, 사회모델을 거쳐 현재 인권모델에 기반한 정신장애인의 지역사회 독립생활 및 사회통합을 통한 회복을 지향하고 있다. 따라서 우리나라 인식개선의 목표도 국제사회의 기준에 부합하는 사회모델과 인권모델 관점의 정신건강 문제에 대한 인식으로 변환해야 한다.

국제사회의 기준은 정신건강 문제를 개인체계 중심의 신체적 심리적 손상인 정신질환으로 이해하는 범주를 넘어섰다. ICF의 영향으로 정신건강 문제를 개인적 차원의 신체적 심리적 손상으로만 이해하는 것이 아니라 정신건강 문제 발생을 예방하거나 회복하는 데 자원이 될 수 있는 사회보장체계와 같은 환경체계 인프라 불완전성을 함께 고려하는 상대적 정신장애 관점으로 변화하였다. CRPD 채택 이후에는 정책이나 서비스의 구축 및 이용 과정에서 당사자의 참여와 자기의사결정을 존중하는 인권모델이 가미되어, 현재 국제사회의 정신건강 문제에 대한 인식은 "인권모델에 기반한 사회적 정신장애" 관점에 기반하고 있다. 인권모델에 기반한 사회적 정신장애 인식개선의 궁극적 목표는 정신장애인의 지역사회 독립생활과 사회통합이다. 목표를 달성하기 위해서는 치료모델과 재활모델을 넘어서 정책환경이 사회모델과 인권모델 관점을 수용하여 전달체계와 운영체계를 인식에 부합하게 개선하는 것이 필요하다. 인식개선을 위해서는 몇 가지 고려 사항이 있다.

첫째, 먼저 법적 환경체계가 인식개선에 긍정적 영향을 주고 있는지에 대한 점검이 필요하다. 먼저 우리나라의 법체계가 국제사회가 지향하는 회복관점을 반영하고 있는지에 대한 검토가 필요하다. 현재 많은 논의가 진행되고 있는 것처럼 장애인복지법 15조의 정신장애인 배제 문제, 정신장애인 사회복지사 배제를 비롯하여 현재 다양한 법에 명시되어 있는 정신장애인 사회적 배제, 등은 우리나라 법체계 자체가 회복 지향적이지 않은 것을 보여준다. 법의 사회적 영향력을 생각할 때 이러한 불합리한 법 조항은 불필요한 사회적 선입견과 낙인을 재생산하고 확산할 위험이 있다. 인식개선을 위해서는 먼저 이러한 불합리한 법 조항에 대한 개정이 선행되어야 한다.

둘째, 정신건강 전달체계 및 운영체계가 회복관점을 반영하고 있는지에 대한 검토가 필요하다. 우리나라 정신건강 전달체계는 의료서비스 전달체계가 지역사회 서비스 전달체계에 비해 과도하게 형성되어 있다. OECD 평균보다 많은 병상 수나 국제적 평균보다 훨씬 긴 입원 기간이 우리나라가 상대적으로 얼마나 의료서비스 위주로 형성되어 있는지를 보여준다. 이러한 불균형적 서비스 전달 및 운영은 이용자나 대중의 지역사회서비스 이용 기회를 원천적으로 제한하고, 상대적으로 의료서비스 접촉 경험을 높여서 의료서비스 중심의 정신건강 인식을 재생산할 위험이 있다. 인식개선을 위해서는 지역사회 서비스 인프라가 확충되어 의료서비스와 지역사회 복지서비스 간 균형을 이루어야 한다.

셋째, 환경개선을 위한 제도개선 노력과 함께 이해관계자들과 대중을 대상으로 한 인식개선 노력이 병행되어야 한다. 정신건강 전문가들조차도 사회구성원의 일원으로 우리 사회의 지배적인 정신건강 문제에 대한 인식의 영향을 받는다. 정신건강 전문가들의 정신건강 문제에 대한 인식이 치료모델이나 재활모델에 머물러 있을 때 정신건강 전문가들이 연결하는 서비스는 치료서비스나 재활서비스의 범주를 넘어설 수 없다. 이러한 현상은 입법 관계자나 행정 관계자에게서도 나타나고 당사자나 가족의 서비스 접근 과정에서도 반복된다. 따라서 이해관계자들을 대상으로 한 정신건강 인식개선이 필요하다.

특정 대상이나 사안에 대한 인식에 따라 해당 객체에 대한 인지 주체의 정서적, 행동적 반응이 다르게 나타난다. 정신건강 문제를 어떻게 인식하는가에 따라서 정신건강 문제에 대한 인식 주체의 정서적, 행동적 반응도 다양하게 나타난다. 정신건강복지법상에서는 정신건강 문제를 정신질환으로 인식하고 있다. 정신건강 문제를 정신질환으로 인식하는 것은 질병모델이나 재활모델 관점이다. 정신건강복지법상에 나타난 정신건강에 대한 접근이 대부분 보건의료적 접근인 이유는 아마도 우리나라 정신건강 문제에 대한 인식이 치료모델이나 재활모델 관점에 머물러 있기 때문이다. 치료모델이나 재활모델 관점에서 정신건강 문제는 정신질환으로 인식되고, 정신질환에 대한 접근은 치료, 예방, 재활 중심이다. 하지만 국제사회의 기준은 회복관점을 지향하고 있다. 우리나라도 정신장애인의 지역사회 독립생활과 사회통합을 추구하기 위해서는 국제사회 기준인 회복관점 지향을 목표로 하는 정신건강 인식개선이 필요하다.

참고문헌

강상경 (2013). 한국 정신보건서비스의 전개 과정. 서울: 서울대학교출판문화원.

강상경, 유창민, 전해숙 (2021). 인간행동과 사회환경. 서울: 학지사.

강상경 (2021). 정신건강 인식개선의 필요성. 제1차 인식개선협의체 발표 자료.

강상경, 제철웅, 김문근, 하경희, 김낭희, 정은희, 박재우, 장창현, 이정하, 김성연, 전해숙, 한광현, 박종은, 김경희 (2020). 정신재활시설 운영 · 이용실태 및 이용자 인권실태조사. 국가인권위원회.

강상경, 정은희 (2021). 정신재활시설 이용자의 복지서비스 요구도 분석: IPA 활용.

국립국어원 (2021). 표준국어대사전. 문화체육관광부. (다운로드 2021년 5월 31일: https://stdict.korean.go.kr/main/main.do).

대한임상건강증진학회 (2021). 일반건강상식. (다운로드 2021년 5월 31일: https://www.healthpro.or.kr/health/viewC.php?cat=3&number=84).

보건복지부 국립정신건강센터, 건강보험심사평가원, 한국보건사회연구원 (2020). 국가 정신건강현황 보고서 2018.

이용표, 강상경, 배진영 (2021). 인권과 대안을 위한 정신건강사회복지론. 서울: EM.

APA (2013). *Diagnostic and Statistical Manual of Mental Disorders* (5th ed.). Washington DC: American Psychiatric Publishing.

Bronfenbrenner, U. (1979). *The Ecology of Human Development*. Cambridge, MA: Harvard University Press.

UN (2006). Convention on the RIghts of Persons with Disabilities (CRPD).

(다운로드 2021년 5월 31일: https://www.un.org/development/desa/disabilities/convention-on-the-rights-of-persons-with-disabilities.html)

Fiske, S. T., Gilbert, D. T., & Lindzey, G. (2010). *Handbook of Social Psychology* (5th eds.). New Jersey: John Wiley & Sons Inc.

Germain, C.B . (1979). *Social Work Practice: People and Environment.* New York: Columbia University Press.

Karls, J., & Wandrei, K. (1994). *Person in Environment System.* Washington D.C.: NASW Press.

Kim, T. H., & Yang, Y. J. (2013). Korean Translation of Mental Health in Korea: OECD Review and Recommendations 2013 Summary, *Korean Journal of Family Practice, 3*(3), 236-239.

WHO (1980). International Classification of Impairments, Disabilities, and Handicaps. (다운로드 2021년 5월 31일: https://apps.who.int/iris/handle/10665/41003).

WHO (2001). International Classification of Functioning, Disability and Health. (다운로드 2021년 5월 31일: https://www.who.int/standards/classifications/international-classification-of-functioning-disability-and-health).

WHO (2021). International Classification of Diseases. (다운로드 2021년 5월 31일: https://www.who.int/standards/classifications/classification-of-diseases).

2부

입퇴원제도 개혁을 위한 대안

3장
지역사회 위기지원체계 구축: 불필요한 입원은 어떻게 억제될 수 있는가?

❙ 정유석, 배진영

1. 도입

정신의학 영역은 다른 의학의 영역에 비해 불필요한 입원이 많이 발생한다. 다른 질환의 진단에 비해 정신과 진단은 주관적 성향이 강하며, 정신질환의 심각도를 객관적으로 판단하는 것 또한 어려워 동일한 진단끼리도 입원 기간이나 치료 수준이 천차만별이다. 입원 기준이나 과정도 일관적이지 않아, 입원이 결정되는 과정에서 환자의 욕구보다는 병원이나 치료자의 의학적 관점의 차이가 더 큰 영향을 미치기도 한다(이영문, 2019).

이와 같은 정신의학의 특수성이 정신장애인의 불필요한 입원을 발생시키기도 하지만, 더욱 확장된 시각에서 바라보면 정신장애에 대한 일반적인 관념이 더욱 중요하게 작용한다. 실제 정신장애에 대하여 의료적인 처치를 우선으로 하는 관행이 위기상황에 놓인 정신장애인에게 더욱 다각적인 서비스를 제공하는 것을 방해하고 있다. 즉, 위기에 있는 정신장애인은 의사결정능력이 상실되었고 위험하며 다루기가 어렵기 때문에 당사자의 의사와 관계없이 사회에서 분리해야 한다는 일반의 관념이 불필요한 입원을 사회적으로 용인하는 토대가 되고 있는 것이다.

실제 우리나라에서 운영되고 있는 위기지원체계를 살펴보면 이러한 관행이 잘 드러난다. 국립정신건강센터(2018a)에서는 현장매뉴얼을 통해 응급상황에 대한 대응방법을 제시하고 있는데 여기서는 '정신과적 질환이 급성기 상태로 발현되거나 악화되어 환자 본인 또는 타인의 안전과 건강에 위협되는 상황', 즉 응급상황에 대한 개입만 다루고 있으며 응급개입의 내용은 모두 입원으로 귀결된다. 또한 '폭력적이거나 반복적이진 않지만, 급성적이고 심한 스트레스'를 호소하는 자타해위험이 없는 위기의 경우에도 '입원이 가능할 수 있으며 외래를 이용한 치료를 권유'하도록 명시되어 있다. 그 밖의 '중간위기', '낮은 위기', '위기상황이 아님'으로 분류된 경우에는 정신건강 관련기관에 연계 및 상담을 안내하고 전화상담, 내소상담, 가정방문 등 다양한 방법의 개입이 필요하다고 언급되고 있지만, 입원이나 외래치료 이외에 위기를 지원하는 다양한 개입방법이 무엇인지 그리고 서비스 제공의 주체가 누구인지 불명확하다. 실제 지자체에서는 지역사회에서 발견된 응급 및 위기 사례를 정신건강복지센터에 연계하도록 되어 있다. 그리고 정신건강복지센터에서는 이렇게 연계된 사례에 대해 위기관리를 제공하는데, 그에 대한 제공 서비스 역시 즉각 입원을 권유하거나 상황 종료 시까지 접촉을 지속하여 입원하도록 유도하는 것(국립정신건강센터, 2018b)에 불과하다.

현재 시스템의 위기대응매뉴얼은 앞서 설명한 것처럼 위기가 발생하면 모든 경우 정신의료기관에 입원의뢰를 최우선적으로 고려하도록 제시하고 있다(이용표·박인환, 2020). 이러한 시스템에서 정신과적 위기가 발생하였을 때 당사자를 입원시키는 것 이외에 어떠한 방도가 없으므로, 입원을 시키지 않는 경우 돌봄 및 옹호의 부담은 동거하는 가족이나 친척에게 모두 이전된다. 일부 가족들은 정신건강복지법 개정 이후 입원 요건이 강화됨으로 인해 강제입원이 어려워져 돌봄 부담이 더욱 커졌다고 호소한다. 그러나 가족의 돌봄 부담이 커진 것이 강제입원 요건의 강화에 있기보다 여전히 위기지원체계가 부재한 것에 있다고 바라보는 것이 적절할 것이다.

2. 위기의 개념

우리나라 정신보건현장에서는 오랫동안 정신과적 '위기', '응급', '재발', '급성' 등의 개념을 서로 혼용해 왔다. 그중에서도 '위기'와 '응급'은 가장 자주 혼용되는 개념들이다. 우리나라 위기지원체계에서 정의하고 있는 응급과 위기에 대한 정의를 살펴보면 다음과 같다.

> **정신과적 응급**이란 '사고, 행동, 기분 그리고 사회적 관계의 급성 장애를 말하며, 정신과적 질환이 급성기 상태로 발현하거나 악화되어 환자 본인 혹은 타인의 안전과 건강에 위협이 되는 상황'을 의미한다.
>
> –국립정신건강센터(2018a). 정신과적 응급상황에서의 현장대응안내 2.0.

위기관리의 대상

- 즉각적인 위기개입이 없으면 자타해의 위험이 심각하다고 판단되는 경우
- 당장 입원치료가 필요한 경우
- 24시간 이내에 긴급하게 서비스가 제공되어야 하는 경우

–국립정신건강센터(2018b). 지역사회 정신건강 표준 사례관리 매뉴얼.

응급정신질환자란 정신질환으로 인한 부상이나 그 밖의 위급한 상태로 인하여 즉시 필요한 응급처치를 받지 아니하면 생명을 보존할 수 없거나 자타해 위험 등으로 심신에 중대한 위해가 발생할 가능성이 있는 환자 또는 이에 준하는 사람을 말한다.

정신건강 위기대응체계란 정신질환, 극심한 정신적 스트레스 등에 처한 사람 및 응급정신질환자에게 제공하는 서비스를 말한다.

–국가법령정보센터. 경기도 정신건강 위기대응체계 구축에 관한 조례.

국립정신건강센터에서는 '응급'을 정신질환의 급성기 상태로 인하여 자타해 위험이 발생한 상황이라고 정의한 반면, 유사한 시기에 발간한 다른 매뉴얼에서는 긴급한 개입이 없으면 자타해 위험을 초래하게 되어 즉시 입원치료가 필요한 경우를 '위기'라고 명명하고 있다. 경기도 조례에서는 응급정신질환자를 정신질환으로 인한 위급상태로 자타해의 위험에 처한 사람으로 정의하면서 위기대응체계의 대상을 응급정신질환자 이외 극심한 정신적 스트레스에 처한 사람도 포함하고 있다. 경기도의 경우 정신질환으로 인한 자타해의 위험상황 이외에도 위기대응의 대상을 확장하고 있으나 극심한 정신적 스트레스에 처한 상황이 무엇이고 이 경우 응급정신질환자와 차별적인 보호가 있는지에 관해서는 구체적으로 제시하고 있지 않다. 결국 즉시입원이라는 응급

정신질환자에 대한 대응을 적용하게 되는 결과를 가져오게 되는 것으로 볼 수 있다.

Callahan(1994)은 이러한 개념의 혼용을 경계하며, Caplan(1964)이 제시한 전통적인 위기 개념을 토대로 위기(crisis)와 응급(emergency)의 정의를 명료화할 것을 제안하였다. Caplan에 의하면, 사람은 심리적 항상성(homeostasis) 또는 평형상태(equilibrium)를 지니고 있으며 어떠한 '촉발 사건'에 직면하여 기존의 극복 능력으로 이를 해결할 수 없을 때 항상성이 깨질 수 있다고 제시하였다. 항상성의 혼란으로 인해 정서적 불안감이 점차 증가하면 결국 기본적인 기능이 상실되는 '위기' 단계에 이르게 되는 것이다. 이러한 Caplan의 위기 개념은 이후 위기 관련 연구에서 학술적으로 꾸준히 사용되고 있다(Everly, 1999; Tobitt, 2008). 앞선 논의들을 정리해 보면, 위기의 개념은 '4~6주 정도 지속되고 개인의 심리적 항상성(평형상태) 또는 기능의 안정적인 상태가 혼란스러워지는 상태'라고 정의할 수 있다.

한편 응급은 정신건강, 정신과적, 혹은 심리적인 응급상황을 말하며 상대적으로 예측 불가능하게 발생하고 즉각적인 대응을 요구하는 극심한 상황을 말한다. Callahan은 정신과적 응급에는 잠재적 자살, 잠재적 폭력, 즉각적인 대응이 필요한 급성 정신증으로 인한 긴박한 상황만이 해당된다고 언급하였다. 즉, 응급은 위기의 양상 중 하나로 더욱 긴급한 상황으로서 위기는 응급을 포괄하는 광의의 개념이라고 볼 수 있을 것이다. 이와 같은 맥락에서 미국 SAMHSA(2009)의 위기대응체계에서는 자타해 위험을 가진 응급상황의 정신장애인뿐만 아니라, 지역사회에서 스스로를 돌보거나 효과적으로 기능할 수 없는 상황에 이른 사람까지를 지원대상으로 설정하여 보다 포괄적인 지원을 제공하고 있다. 이러한 개념 정의에 따라 미국에서의 위기 개입은 당사자의 자타해 위험을 제거하는 것만을 목적으로 두지 않으며 위기지원의 방법도 응급입원 이외에 다양한 스펙트럼을 가진다. 이러한 위기개념에 의한 지원체계는 당사자가 이전에 가졌던 기능적, 환경적 상태를 가능한 한 빠른 시간 내에 다시 복구하여 지역사회에서의 삶을 유지하도록 하는 것을 목적으로 한다.

그동안 정신보건현장에서 자주 교차되어 사용되어 온 위기와 응급의 개념을 재정립하면 다음과 같이 정리해 볼 수 있다.

〈표 3-1〉 위기와 응급의 개념

구분	정의
위기 (crisis)	• 4~6주간 지속 • 극심한 정서적 고통의 증가 • 기능상의 명백한 변화
응급 (emergency)	• 즉각적인 개입의 필요 (입원, 경찰 개입 등) • 자타해 위험성의 내포

이처럼 위기와 응급 간의 개념 분리에 따라 응급에 대한 지원과 응급이 아닌 위기에 대한 지원은 서로 질적으로 다른 접근방법이 요구된다. 특히 위기에 대한 지원체계가 위기의 질적 수준에 따라 보다 촘촘히 형성되어 불필요한 입원을 예방할 수 있어야 할 것이다.

3. 정신장애인의 위기에 대한 이해관계자의 경험[1]과 위기지원체계의 문제점

정신장애인이 위기상황에 처했을 때 당사자, 그 가족 그리고 지원 책무를 가진 사람들의 태도와 행동은 정신장애에 대한 다양한 인식 및 태도, 정신건강복지체계의 구조를 잘 드러낸다. 여기에서는 위기에 대한 정신장애 당사자 및 가족의 경험을 바탕으로 위기상황에서의 욕구가 어떤 양상으로 나타나는지를 살펴보고, 같은 상황에서 지원 책무가 있는 지역사회 내의 동주민센터 및 정신건강복지센터의 관계자들의 경험을 통해 위기지원체계의 문제점을 분석하였다.

1) 정신장애 당사자의 경험

(1) 당사자의 위기 경험

정신적 위기상황에 대한 당사자 경험의 핵심은 위기인식에 관한 가족과의 불일치와 동의하지 않은 폐쇄병동 감금이었다. 위기의 판단주체는 가족이나 의료진이었고 당사자는 자신의 의사를 개진할 기회조차 없었다. 당사자들은 스스로 위기상황이라고 인식하지 않는데도 불구하고 가족이나 외부의 잣대로 판단되고 강제로 입원하고 있었다. 즉, 급성기 또는 위기상황에 접어들었

---

1) 이용표, 김도희, 김성용, 정유석, 송승연, 배진영, 이승훈(2019). 서울시 정신질환자 지역사회지원체계 연구. 서울특별시의회. FGI 인터뷰 내용; 이용표, 박재우, 송승연, 정유석, 김근영, 배진영, 이한결, 이은미, 홍승현(2020). 서울형 정신장애인 커뮤니티케어모형 개발 연구. 서울특별시의회. FGI 인터뷰 내용을 재구성함.

을 때에 당사자의 상황 인식을 이해하려는 노력도 없이 입원이 강제되었다. 또한 가족들은 당사자의 증상이 발현된 모습을 '폭력적'이라고 판단하고 예방적 조치로서 입원을 시키고 있지만, 오히려 폐쇄병동 감금과정에서의 저항이 실제로 폭력적 상황을 만들기도 하였다.

저는 자의입원을 한 적은 없고요. 부모님이 얘가 좀 폭력적이다, 그런 증상이 있을 때 입원을 시켰어요. 저는 집에서 혼자 가만히 냅두면 그냥 될 것 같다는 생각도 했었는데, 일단 이때까지는 어머니가 다 그런 상황을 거치지 않고 그냥 다 입원을 시키셨으니까.

전 전혀 내가 병이라고 생각을 안 하고 있었는데 선생님이 ○○○씨 무슨 병이고 약을 먹어야 되는데 약을 먹을 생각이 있냐고, 안 먹겠다고 하니까 알았다고 가보라고 하는 거예요. 그래서 집을 가려고 나왔는데 우리 그 순진하게 생기신 간호사 선생님이 오더니 잠깐만 따라오라고 하길래 2층을 올라갔더니 거기가 폐쇄병동이었어요. 그렇게 해서 입원을 하게 되었죠. 그때 폭력적인 사람이 아니었는데 그때 당시에 입원할 때 갑자기 문을 잠그는 거예요, 뒤에서. 문 열려고 했는데 안 열리더라고요. 안에 보니까 막 이상한 사람들이 막 웅성웅성거리고. 그 순간 내가 뭔가 갇혔고 내가 이제 못나가는구나. 여기서 그래가지고 폭력적으로 변해서 병 깨고 그러다가 붙잡혀 가지고 묶이고 주사 맞고 그렇게 시작되었죠.

(2) 위기상황에서의 지원욕구

위기상황에서 당사자들의 핵심적 욕구는 병원에 입원하거나 자신의 병을 이해하지 못하는 원가정에 머무르기보다는 일정 기간 편안하게 쉬어갈 수 있는 공간이었다. 그 공간은 당사자들이 평소 하고 싶었던 것을 하고 충분한 수면을 취하며 먹고 싶은 것을 자유롭게 먹을 수 있는, 안전감을 주는 곳이기를 원하였다. 그리고 위기상황일 때에도 자유롭게 그 공간을 드나들 수 있기를 원하였다. 또한 쉼터에서 동료 상담을 해줄 수 있는 당사자가 일부 시간 활동하기를 원하였다. 그리고 위기상황에서 입원 여부는 스스로 판단할 기회가 주어지는 경우 예후가 더 좋았다고 하였다.

> 거기 있을 때도 좋았다고 생각했는데, 개인병원으로 내려오게 됐어요. 수준이, 생활수준이 낮아지다 보니까. 내려오니까 병원 환경이 너무 안 좋았어요. 거기보다 더 열악한 곳도 있다고 하는데, 너무 안 좋았고. 버티기 힘들었는데 그나마 좋았던 건 아침에 일어나고, 밤에 자고 제때 약 먹고, 사회생활 걱정 없이 쉰다는 이 점 때문에 좋았던 거 같아요. 병원 자체 때문이 아니라... 어디서 운영을 하든 의사나 병원 관계자가 없고 사회복지 선생님, 관리자 선생님 이런 식으로 해서 당사자만 쉬고 갈 수 있었으면 좋겠어요.

> 저는 의사가 있으면 좋겠고요. 그러고 이제 뭐 사회복지사들도 있으면 좋겠는데 꼭 뭐 베테랑 아니시더라도 자원봉사도 많이 오시고 그러시더라고요. 일반 학생 분들도 오시고 여러 사람

들과 같이 어울리는 그런 데가 있으면 좋겠어요. 어느 특정 한 분야만 오시는 경우만 오시는 것보다는 특히 관심 있으신 분이나 자원봉사 하시는 분들이 많이 좀 들러서 여러 사람과 같이 어울렸으면 좋겠어요.

쉼터에서는 이야기를 들어주었으면 좋겠어요... 약간 내 편이 되어주는 그런 심리를 안정시킬 수 있는 그런 인력이 있었으면 좋겠어요.

요 몇 주 사이에 스트레스 받는 새로운 문제가 있었는데 또 욕하는 소리가 들리는 거예요. "아 나 좀 위험하구나" 해서 그래서 동료한테 상담했어요. 그게 좀 제 연애문제도 섞여 있어서, 그 (상담해준) 분이 여자 분이었는데 또 풀리더라고요. 또 풀리면서 그런 고민도 없어지더라고요... 쉼터에서는 만화책을 읽으면서 포카칩을 먹으면서 자다가, 침대에 만화책도 있고 게임할 수 있고 꾸며놓고 간식도 주고 편하게 쉴 수 있으면 좋을 거 같아요.

제가 생각하기에는 차라리 만화카페 가봤거든요. 책을 하나가지고 읽고 보고 싶으면 보고 안보고 싶으면 눕고 뒹구는 사람도 있고 어떻게 보면 찜질방과 도서관을 합쳐놓은 느낌 먹고 싶은 것을 시켜서 사먹는 사람도 있고 커피 마시면서 누우면서 뒹구는 사람도 있고. (쉼터가) 그런 콘셉트면 괜찮지 않을까 싶어요. 약이 있으면 자기가 힘들면 먹고 아니면 맛있는 거 먹고 커피 마시든가 하고 티비 보려면 보고 뒹굴려면 뒹굴고 이런 식으로...

그런 적도 있어요. 조금 더 심했을 때는 □□□ 대표님이랑 다른 언니들이 도와줘서 (당사자단체 쉼터에서) 쉬다가 "입원 할래? 네가 선택해도 돼" 해서 입원을 했는데 좋았어요.

2) 가족의 경험

(1) 당사자 가족의 위기 경험

가족들은 당사자가 위기상황에 처했거나 재발하였다고 판단될 때에, 빠르게 조치해야겠다는 생각으로 당사자의 희망 여부와 상관없이 당사자를 입원시킨다. 그러나 일부 당사자 가족들은 강제입원 과정에서 경험하였던 강박과 감금으로 인해 당사자들이 병원에 대한 트라우마를 갖게 되고 병적 상황이 퇴원 후 이전보다 악화되는 경험을 하였다. 이 경험으로 인해 당사자 가족들도 현재의 병원보다 당사자의 자율성이 존중되고 편안하게 쉴 수 있는 대안적 위기지원 방안을 원하고 있다.

입원시키려는데 철문으로 철커덕 해요. 그렇게 해서 입원시켰는데, 체격 좋은 남자들이 왔다 갔다 해요. 걔네를 제압하기 위해서. 그러니까 거기 있다 나온 애들이 좋은 인상이 있겠어요? 그러니까 안 가려고 하는 거지. 거길 가면 날 보호해주고 그런 인상을 가지고 내가 힘드니까 가야 되겠다는 생각이 들도록 자의입원이 늘도록 해야 되는데...

병원은 충격적일 거 같았어요. 그 충격을 최소화시킬 수 있는 뭔가가 있었으면... 병원 다녀오고 나서의 트라우마는 정말 말할 수 없어요. 부모도 그렇고 애도 더 안 좋아졌죠. 엄마에 대한 감정도 악화되고.

병원선택을 잘못 하면 병이 더 심해져요. 우리 애는 입원 안 해도 되는데 병원에서 관리를 잘못 해가지고, 병원 문이 열려있어서 애가 문이 열려있으니까 나가려고 한 건데 그거에 대해서 설명해줘야지, 애가 나가려고 했다고 감금당하고 때리고... 위기 상황일 때 설득해서, 입원이 아니더라도... 왜냐면 입원 한 번 하면 지능이 떨어져서 와요. 폐쇄병동 말고도 환경 좋은 개방병동이 있었으면 좋겠어요. 그러니까 정신질환자들이 안 가려고 하는 거예요. 개방병동이라든지 지방에 연수원처럼 지어서 며칠 쉴 수 있었으면 좋겠어요.

당사자 가족으로서 경험하는 가장 큰 어려움은 정신질환자가 자타해의 위험을 갖고 있는 응급의 경우라고 하였다. 이러한 경우 소방서나 경찰서 등에 도움을 청하게 되는데 대부분 명확한 자타해의 사건이 발생해야 지원이 가능하다는 답변을 받게 된다. 소방서나 경찰서, 정신건강복지센터의 직원이 방문하였을 때 당사자가 자해나 타해를 하는 광경을 목격해야만 응급 상황으로 판단하여 조치를 취할 수가 있는 것이다. 즉, 이들 앞에서 극한의 응급상황이 발생하지 않으면 가족과 당사자는 어떠한 지원도 받을 수가 없는 현실이다. 잠정적으로 그러나 분명히 발생할 것이라고 예상되는 응급 상황이 잠재되어 있는 상태에서도 공공영역으로부터 어떠한 도움을 받지 못하며, 추후 발생할 수 있는 위협적 상황에 대한 불안과 부담감이 고스란히 가족의 몫으로 남게 된다.

공공시스템에서 도움을 받을 수 없게 되면, 가족은 어떻게든 응급에 대처하기 위해 직접 사설구급차를 불러 병원에 입원을 요청하거나 주변 지인 등으로부터 비공식적인 도움을 청할 수밖에 없다. 당사자와 그 가족이 물리적인 위협을 받는 극한의 응급상황에 이르기까지 공공시스템으로부터는 실질적인 도움을 받지 못하게 하는 '자타해의 기준'은 당사자와 당사자 가족의 응급상황에서는 무용지물이나 다름없다. 오히려 응급 상황 속에 있는 당사자 가족에게 도움이 됐던 것은 사설 구급차가 유일할 정도였다.

> 그래서 그분이 **구 사시는데 이제 그 아이가 분명히 입원은 해야 해. 엄마가 볼 때, 입원을 해야 해서 **정신건강복지센터에 연락을 한 거야. 이런 상황이니까 도와 달라 그래서 거기서 왔어, 복지사인가 누가 왔겠죠. 보고는 그 당시 애가 멀쩡한 거야, 멀쩡해. 그러니까 이 사람들이 어떤 방법이 없는 거잖아요. 그 때 왔을 때 난동부리면 몰라. 그래 갖고는 또 위기상황이 생겨서 전화를 하면은 무조건 119 불러라, 경찰 불러라, 이렇게 하니까 사실 거기서 와서 정말 심도 있게 이 아이를 케어하면서 상담하거나 이런 기본적인 서비스가 안 되어 있다는 거죠.

> 전혀 도움을 받을 수 없는 게 그렇게 입원시킬려고 119에 전화

하거나 하면 자기네들은 못한다, 못한다고. 119, 경찰, 다 NO해요. '정신병원에 알아보세요.' 누가 해주나요? 할 수 없이 사설로 해서 사설 비용 엄청나더라고.

(2) 당사자 가족의 위기상황에서의 지원욕구

당사자 가족들은 위기상황에서 무엇보다 우선되어야 하는 것은, 응급 상황에서 즉각적으로 이루어지는 대응 서비스라고 입을 모았다. 이는 응급 상황이 접수되는 즉시 곧바로 출동하여 위기상황을 해결할 수 있는 원스톱 서비스를 말한다. 특히 가족 내에 갈등이 빚어지는 상황이나 정신장애 당사자가 홀로 고립되어 위기 개입이 지체될 수 있는 상황들에 즉각적으로 개입이 이루어지는 시스템이 구축되기를 희망하였다.

더불어 당사자 가족들의 즉각적인 위기지원의 방향은 입원은 아니었다. 위기상황에서 가족과 함께 지내게 되거나 또는 보호의무자에 의하여 강제입원을 하게 되는 경우 가족들은 관계의 악화를 우려한다. 따라서 가족들은 관계의 악화를 막으려면 우선적으로 병원보다 위기를 안정화할 수 있는 편안한 공간에서 같은 경험을 공유한 동료 혹은 전문가들이 당사자의 이야기를 들어주는 제도가 필요하다고 한다. 즉, 당사자의 이야기를 들어주고 편안한 분위기 속에서 지낼 수 있다면 응급으로 발전되지 않고 그 고비를 넘길 수 있다고 강조하였다.

콜센터, 응급지원센터 전화하면 콜센터 사람들이 즉발로 나와야 해요. 바로 나와야 해요. 굉장히 위급한 상태이기 때문에. 전화만 하면 투입이 되어서... 가장 중요한 거야. 이게 위기 때. 그랬을 때 정말 애가 며칠 전부터 좀 어디 편히 쉴 수 있는 곳, 누군가는 나의 말을 들어주는 곳을 막 찾고 싶었던 거야. 정신보건 전문가가 있는 그런 위기의 쉼터가 참 몇 군데라도 있으면...

위기상황일 때 병원을 떠돌고 떠돌고. 그렇게 위기가 왔는데 입원을 못하면 어떻게 해요. 그래서 형을 위협하는 상황이 생겨서 입원을 하게 됐고. 그 전에 전조증상이 뭐냐. 나는 좀 누군가와 대화하고 싶고, 어딘가 가서 쉬고 싶다. 어딘가는 조용히 쉬고 싶고. 내 이야기를 들어줄 수 있는 누군가가 필요한데 부모는 싫대. 형제부모 다 싫대. 나를 들어줄 수 있는 그런 위기쉼터가 있었으면 애가 입원을 안 하고 고비를 잘 넘기지 않았을까.

(당사자단체 쉼터가 있는데) 크지는 않지만 당사자들이 힘들 때 가면 경험자들이 있으니까 같은 공통분모가 있으니까 대화를 해줌으로써 안정을 느끼고 "아 나만 이런 걸 겪는 게 아니고 저 사람처럼 나아질 수 있구나" 이런 공감과 희망을 느껴요. 그런 곳이 있어요.

급성기에 좀 쉬고 편하게 있어야 해요.

동료상담 서비스 경험이 좋은 계기였어요... 집에만 있을 때 제가 알아봐서 동료상담분이 오셨어요. 애가 다른 사람한테는 문을 안 여는데 그분한테는 문을 열었어요. 그래서 그분이 아이를 센터로 끌어낸 거예요.

3) 동주민센터 공무원 및 정신건강복지센터 종사자의 위기 지원 경험

(1) 입원으로 귀결되는 동주민센터 공무원의 위기 대처

대부분 지역사회에서 위기상황에 대처하기 위해 동주민센터의 공무원이 경찰이나 정신건강복지센터와 협력하는 경우는 자타해위험이 명확한 응급 상황이다. 이런 경우 응급입원을 지원함으로써 극단적인 상황을 해결하는 편이다. 그러나 분명한 위기상황임에도 자타해위험이 명확하지 않은 경우 또한 존재한다. 이러한 위기상황에서도 동주민센터 공무원들은 입원으로 해당 문제를 해결하려고 한다. 대체로 당사자가 스스로 입원할 수 있도록 자의입원을 권유하는 편이지만, 본인의 거부가 지속되면 가족에게 보호입원을 권유하기도 한다. 즉, 자타해위험이 있건 없건 대부분의 위기상황과 응급상황은 모두 입원으로 귀결되는 것이다. 지역사회에서 해결할 수 있는 다른 방법을 공무원이 알지 못할뿐더러 입원 이외의 대안이 존재하지 않는다.

> 여기에서 말하는 응급상황이 아마 차이가 있을 거예요. 저희는 '곧 칼을 들고 올 거야, 곧 저희한테 뭐 이렇게 할 거야' 그래서 저희는 응급상황이기 때문에 '도와주세요' 요청을 하지만 이 사람들은 실제로 칼을 들고 와야 응급상황이 되는 거거든요.

> 경찰이 와서 입원하는 경우도 있긴 하거든요. 경찰이 오고 정신건강복지센터에서 오고 그래서 그 3개의 기관이 같이 움직여

서 입원하는 경우도 있고. 근데 이런 경우는 사실 자타해의 위험이 있었기 때문에 그 경우는 또 그랬던 것 같고. 만약에 그런 경우가 아니더라도 본인이 만약에 우리가 판단하기에는 입원을 하셔야 할 것 같은데 본인이 거부하신다 그러면 가족한테 연락을 해서 보호입원을 하기 위해서 사설 구급차를 불러서 가족이랑 주민센터가 입원하는 경우도 있었고.

저는 약간 제가 입원시켰던 사람들은 설득해서 자의 입원하시게끔 했던 것 같아요. 본인이 상황에 대해서 인식하게 한 다음에 기본적인 치료라도 받고 약이라도 조금 받을 수 있게 입원을 하시는 게 어떻겠냐 하는데 제가 입원을 같이 동행했던 사례들은 대부분 자의입원이었어요.

병원 가는 거 말고는 주민센터에서는 사실은 방법이 없어요.

(2) 정신건강복지센터로의 연계는 자타해위험이 명확한 경우에만 유효

동주민센터 공무원들은 정신장애인의 위기상황에 개입할 때에 정신건강복지센터로부터 실질적인 연계와 도움을 받지 못하고 있었다. 동주민센터 직원이 보기에는 응급상황으로 간주되지만, 정신건강복지센터 내부의 자체적인 절차는 즉각적인 대응을 방해하고 있었다. 이처럼 위기에 개입하는 단위마다 위기와 응급을 바라보는 명확한 기준이 합의되지 않고 있었다.

때문에 동주민센터 공무원은 직접 병원 구급차를 부르거나 당사자와 함께 병원을 찾아간다. 정신건강복지센터의 응급출동반이 작동하는 경우는 자타해위험이 명확한 경우로 국한되며, 그렇지 않은 경우에는 특별한 조치를 취하지 못하는 구조이다.

> 정신보건센터에 연락해서 병원에 모시고 가야된다고 했을 때 하도 안 나와서 저희 자동차로 직접 모시고 가거나 택시를 타고 모시고 가고 그런 적도 있어요. 왜냐하면 거기서는 이제 일단 첫 번째로 대상을 의뢰하면 담당자를 지정해야 되고, 담당자 지정하면 담당자가 현장을 나와서 확인을 하고, 확인을 한 다음에 어떻게 사례관리를 해야 되는지 자기들만의 절차가 있대요. 우린 당장 급한데. 응급인데. 그래서 그 절차를 기다리는 사이에 이 사람이 어떻게 변할지 모르기 때문에 그 갭이 생기는 거예요. '에이, 그냥 우리가 처리하고 말지' 그래서 우리가 모시고 가거나 구급차를 부르거나 경찰을 부르거나. 근데 경찰도 움직이지 않으면 차라리 그냥 위험하지만 위험을 그냥 감수하더라도 동사무소 차를 타고 모시고 가거나 택시를 타고 모시고 가거나 그냥 그렇게 하는 거예요.

> 정신건강복지센터에 의뢰를 하면 그 아예 (응급)출동반이 따로 있어서 날마다 돌아가더라구요. 그래서 응급출동을 하긴 하는데 이제 문제는 와서 이제 뭔가 자타해가 없는 경우엔 사실 별다른 조치가 이뤄지는 건 아니라서...

(3) 위기의 개념이 기관과 실무자마다 상이하여 어려운 위기 지원

정신장애 당사자에 대한 위기개입에서 개입을 실행하는 주체마다 위기에 대한 개념이 상이한 것으로 나타났다. 응급 상황이 있어 출동하였을 때 경찰이 생각하는 위기와 전문요원이 생각하는 위기가 달라 견해 차이가 발생하기도 하고, 동일한 기관 내에서도 실무자마다 서로가 가지고 있는 위기의 개념이 달라 일관적으로 서비스를 제공하지 못하는 경우가 있었다. 위기에 대한 개념이 전체 시스템 간, 하나의 시스템 내부에서 서로 합의가 되지 않고 있는 상황이었다.

> 여기서 말하는 위기상황 안에 생활상의 위기도 있는 거고 정신건강복지센터에서 받아들이는 위기상황이라는 거는 응급입원은 자타해가 있는 위기상황인거고...

> 여기서도 실무자의 판단에 따라 달라지는 것 같아요.. 응급인데 당장 입원할 정도는 아닌데 치료는 받을 상황이다 했을 때 이걸 과하게 본다면 병원가자는 사람도 있고 며칠은 좀 모니터링해보자라고 하고 집중사례관리를 해보자고 하는 실무자도 있고...

(4) 입원 이외에 제공할 수 있는 다양한 위기지원 서비스의 부재

궁극적으로 가장 문제가 되는 것은 위기상황에서 입원 이외에 제공할 수 있는 위기지원 서비스가 부재하다는 것이다. 따라서 대부분의 정신건강복지센터 종사자들은 정신장애인의 위기상황을 지원해야 할 때, 당사자의 위기를 지원할 수 있는 별도의 체계가 없어 어쩔 수 없이 응급입원 절차를 밟을 수밖에 없다. 대부분의 위기상황은 야간에 발생함에도 불구하고, 야간에 작동하는 위기지원체계는 더욱 부족하여 적절한 개입이 이루어지지 않고 있다.

이미 센터회원인 분들에 대한 위기대응과 갑자기 생판 모르는 분에 대한 위기대응이랑은 조금 다르게 진행될 수밖에 없는데. 모르는 분은 결국 경찰을 통한 입원 외엔 센터에는 대안이 없는 것 같아요.

왜 센터에서 대응을 못하냐 하면 여러 가지 자원이 부족하지만 저는 센터에는 안전하게 그분들이 있을 공간이 전혀 없다고 생각합니다. 공간도 없을 뿐더러 안전하게 지켜줄 자원조차도 없기 때문에 센터가 회원 아닌 분들에 대한 위기대응 할 수 있냐 하면 지금 상황에선 없지 않나. 지금 못하고 있다고 말하는 게 명확하지 않나, 이런 생각이 들어서... 그래서 결국 병원으로 가는 거 외엔 없는 게 현실이지 않나.

안타깝지만 위기상황이 보통 야간시간대에 발생해요. 센터직원이 야간에 없잖아요. 경찰 분들이 이분들을 어디로 보내는지 모르는 거죠.

제일 구멍이 나는 시간대고 위험한 시간대고 보호자가 없으면 대상자가 오로지 집에서 견뎌내야 하는데... 본인이 너무 무서워서 지구대로 뛰어갔다 하더라구요. 내가 위험할 때 사례관리자 없을 때 어디를 가야하는지 어떻게 해야 하는지 안내를 드려야 한다고 하지만 불안정한 상태에서 그걸 기억하고 수행하기까지 너무 어렵다고 개인적으로 생각하기 때문에 야간과 관련된 서비스가 개선되어야 하지 않을까.

서울시에서는 위기대응팀이 정신건강복지센터 내에 설치가 되어 있으며, 팀 인력 부족으로 인해 위기대응팀의 역할이 유선전화를 통한 경찰에의 신고로 국한되어 있다. 결국 위기가 발생했을 때에 경찰만 현장에 출동하는 것이다. 이처럼 위기대응지원체계가 상당히 미비되어 있기 때문에 관련 종사자들은 단기보호쉼터와 그에 대한 전문인력을 비롯하여 다양한 서비스들이 마련되어야 한다고 주장한다.

(서울시 위기대응팀의 경우) 주로 전화로만... 인력이 없기 때문에 (현장에) 나가면 전화 받을 사람이 없기 때문에 정말 위급한 상황이 아니면 안 나가요. (그래서) 경찰한테 욕을 많이 먹어요.

서울시는 위기대응팀은 마음이음상담전화인데 그 1577-0199 전화해서 저희도 위험하면 경찰에 신고하거든요, 그런 역할만 하고 있는 거죠. 예산의 문제도 어느 정도 있다고 보고 있어요.

(외국 사례를 보면) 의사1명 간호사 몇 명 이렇게 운영되는 게 있잖아요. 순간 이거 보고 생각이 난 거죠. 저는 의료적 관점이 나쁘냐 하면 어쩔 수 없는 부분이 일부 있다고 생각하거든요. 어쩔 수 없이 질환으로 발생하는 부분 질환은 의료적인 거잖아요.

그렇다고 했을 때 밤사이 그분의 이야기를 들어주는 사람이 당사자활동가면 제일 좋겠죠. (중략) 실제적으로 공간도 필요하고 사람도 필요할 텐데... 어떤 사람이냐 하는 것도 실질적으로 위기상황에서 중요할 것 같습니다.

아까 말씀하신 생활상의 위기... 증상적으로 심한데 ICM으로 관리하는 사람이 생기면. 지금 당장 죽을 것 같지는 않다.. 혼자 두긴 어려운 분 많거든요. 그래서 아까 말씀했던 것처럼 그런 분들을 위해. 그런 분들을 위한 단기보호소를 만들어야 하지 않나 하는 생각이 들고요.

4) 현행 위기지원체계의 문제점

(1) 행정적으로 협의의 개념에 국한된 위기 개념의 문제

국립정신건강센터(2018b)의 사례관리 매뉴얼에서는 위기관리의 대상을 '즉각적인 위기개입이 없으면 자타해의 위험이 심각하다고 판단되는 경우'로 국한한다. 또한 전국적으로 유일하게 정신건강 위기대응체계에 관한 조례를 제정한 경기도[2]의 경우에도 그 대상을 '정신질환으로 인한 부상이나 그 밖의 위급한 상태로 인하여 즉시 필요한 응급처치를 받지 아니하면 생명을 보존할 수 없거나 자타해 위험 등으로 심신에 중대한 위해가 발생할 가능성이 있는 환자'로 규정하고 있다. 이러한 개념은 실질적

2) 경기도정신건강위기대응체계구축에관한조례(2020). https://www.elis.go.kr, 자치법규정보시스템.

으로 '응급'에 해당하는 협소한 개념으로, 현장에서 지원이 필요하다고 느끼는 '위기'의 전체를 구성하지 못하고 있다. 대체로 우리나라 정신건강복지체계에서는 정신과적인 위기 개념이 정신건강복지법상의 강제입원 요건과 동일시되어, 응급적 상황에 국한된 협소한 개념으로만 이해되고 있다.

반면에 당사자의 위기 경험은 응급 상황에 초점을 둔 법적, 행정적 위기 개념에 비해 보다 포괄적이고 다양하게 나타난다. 당사자들은 자신과 타인에 대한 폭력적 행동의 발현 이외에도 스스로 증상에 사로잡히거나 사회적으로 배제되는 등의 상황까지 위기로 인식한다. 그러나 현 체계에서는 축소된 의미의 응급을 입원으로만 지원하기 때문에, 다양한 위기의 상황에서 어려움을 겪고 있다. 당사자의 입장에서는 폭력적 행동의 발현은 위기상황의 다양한 양상 중 하나(서울특별시, 2018)에 불과할 뿐, 위기상황의 전체를 의미하지는 못한다. 현실에서의 위기 경험과 제도상의 위기 개념 사이의 간극은 위기지원의 대상을 제한함으로써 또 다른 위험을 만들어낼 수 있는 가능성을 높인다. 또한 응급에 초점을 둔 위기개입전략의 관행은 자타해위험이 없는 위기상황조차도 정신장애인에 대한 비인권적인 강제적 조치를 행할 가능성을 높이고 불필요한 입원을 조장할 수도 있다.

(2) 병원 이외 대안이 없는 지원체계의 문제

현재 우리나라에서 이루어지고 있는 위기개입 방식을 탐구한 연구들에서는 현 체계를 비판하며 위기관리체계의 개선을 촉구하고 있다. 이용표 · 박인환(2020)은 지역사회 정신건강복지센터가 정신질환자 위기관리업무를 수행하는 데에 있어, 정신적 위기를 경험하고 있는 정신장애 당사자와 센터 실무자 간의 관계 양상을 분석하였다. 센터 실무자는 당사자들이 입원을 회피하려고 하는 사실을 잘 인식하고 있지만 입원 이외의 대안이 없는 '이중구속적' 상황에 놓여 있다고 하였다. 이러한 상황은 정신건강복지센터가 지역사회 중심 프로그램을 통해 입원을 억제하려는 전략이 실효성을 발휘하지 못하고 있으며 쉼터 등과 같은 대안이 마련되어야 한다고 제시하고 있다(이용표 · 박인환, 2020).

또한 정신장애인의 위기상황에 가장 처음 대처해야 하는 법집행기관인 경찰관들에게 적절한 매뉴얼과 교육 등이 제공되지 않는 문제(안재경 · 최이문, 2019)도 있으나, 정신과적 위기상황에 대해 지역사회에서 도움을 받을 수 있는 서비스가 부재하여 정신장애인이 위기상황에 빠진 경우 경찰관이나 정신건강복지센터는 입원 치료 이외의 대안을 마련할 수 없는 상황에 있다(박인환 · 한미경, 2018). 실제로 응급이나 위기상황에 대처하기 위한 현존하는 매뉴얼에서는 전문가들에게 의뢰되기 전까지 주변의 안전을 도모하는 방식에 초점을 두고 있으며(국립정신건강센터, 2018; 서울특별시, 2018), 실제 응급이나 위기상황에 처한 정신장애인을 보호하기 위한 경험적 지식들은 매우 제한적이다. 이러한 선행연구들에서는 정신장애인의 위기에 대한 적절한 시스템이나 개입방식의 도입이 시급하다고 제시하고 있다.

(3) 다양한 위기상황에 대응하기 위한 단계적 위기대응체계 및 인프라의 부재

앞서 언급한 바와 같이, 당사자가 경험하는 위기상황은 자타해 위험성 소지뿐만 아니라 다양하게 드러난다. 때문에 당사자가 경험하는 다양한 수준과 정도의 위기상황에 맞는 위기대응체계가 구성되어야 한다.

우리나라에서는 원칙적으로 정신건강복지센터에서 중증정신질환자에 대한 위기대응서비스를 제공하도록 하고 있다. 광역정신건강복지센터에서는 24시간 핫라인 상담과 출동서비스 등을 통한 정신건강위기상담을 운영하고, 응급개입팀을 운영하여 정신건강전문요원 등이 정신응급상황(자타해위험 내포) 발생 시 구급대원, 경찰 등과 함께 현장으로 출동하여 대응하도록 하고 있다. 기초정신건강복지센터에서도 중증정신질환자의 증상과 연관된 위험상황에 대하여 위기개입 서비스를 제공하도록 하고 있다. 그러나 전술한 실무자 면접 자료를 보면 대부분의 위기상황에서 정신건강복지센터는 경찰에 유선 연락을 통하여 출동의뢰를 하는 업무에 국한되며, 주로 위기가 발생하는 야간에는 업무의 공백이 드러나고 있다. 경찰부서의 경우 명백한 자타해의 위험이 아니라면 발길을 돌릴 수밖에 없다. 이러한 상황은 위기대응체계 큰 위기를 예방하는 기능은 부재하며, 당사자가 자타해 위험에 이를 때까지 기다린다고 보아야 한다. 대안적 위기인프라가 없는 현실이 초래하는 결과가 그대로 드러난다.

(4) 응급 및 위기상황에서의 당사자에 대한 인권적 고려 미흡

Stastny et al.(2020)에 따르면, 위기상황 발생 시 일반적으로 정신장애인의 자기결정권은 배제되며, 응급상황에 대응하는 전문가들(경찰, 의료진 등)이 강제력을 행사하고, 고지된 사전 동의 없이 약물을 사용하며, 위기상황에 대한 보호를 명목으로 당사자를 구금 및 강박할 권한이 타인에게 주어진다고 언급한다. 탈시설화가 진행된 국가들에도 여전히 강제적인 위기지원접근은 잔류해 있으며(Stastny et al., 2020), 우리나라 응급 및 위기상황에서는 빈번하게 일어나는 현상이다. 이러한 위기개입 방식은 또다른 신체적 혹은 정서적 트라우마를 초래하여 위기의 극복이나 정신장애로부터의 회복에 장애가 될 수 있다. 그렇기 때문에 위기상황에서 당사자에 대한 인권적 고려를 통하여 안전감을 느낄 수 있게 하는 것은 아무리 강조하여도 지나치지 않다고 하겠다.

2008년 한국에서 비준한 UN 장애인권리협약(CRPD)에 따른다면, 이러한 위기 및 응급지원의 방식은 명백한 인권침해에 해당한다. CRPD 제14조(개인의 자유와 안전)에서는 모든 삶의 영역에서 모든 장애인의 법적 능력을 확증하고 법적 능력을 행사함에 있어 충분한 의사결정이 지원되어야 한다. 때문에 위기상황을 포함하여 정신장애인이 원하지 않는 시설이나 장소에 강제적으로 구금되고 치료가 강제되는 현상은 '절대적으로 금지되어야 할' 것에 해당된다. 현재 우리나라 위기지원 및 응급지원체계는 이러한 인권적 고려가 매우 미흡한 상황에 있다.

(5) 위기지원을 담당하는 정신건강복지센터 직원에 대한 권한 부재

우리나라의 경우에는 현재 정신건강복지센터를 중심으로 위기지원체계를 구축하고 있다. 그러나 정신건강복지센터의 업무 부담으로 인해 담당사례 이외에는 위기지원 사례에 즉각적으로 대응할 수 없는 구조임이 드러났으며, 사례관리에 치중하여 위기사례 발굴, 후속 조치 등도 원활하게 이루어지지 않고 있다.

뿐만 아니라 정신건강복지센터 실무자가 입원에 대해서 권한을 가지는 경우는 자타해위험이 명확한 응급이나 행정입원을 의뢰하는 것에 국한되며, 그 이외의 위기상황에 대해서는 입원의 유형이나 기간 결정에 대해 권한을 갖지 못하고 있다(이용표·박인환, 2020). 이용표·박인환(2020)은 그로 인해 위기관리업무를 수행하는 정신건강복지센터 실무자와 서비스 대상인 정신장애인은 어떠한 선택에서도 당사자의 욕구를 충족시킬 수 없는 상황, 즉 이중구속 상황에 빠지게 되었다고 언급하였다. 다양한 위기상황에 직면하는 정신건강복지센터 실무자는 적절한 대처를 제공할 수 있는 어떠한 방안도 가지지 못한 채 형식적인 업무를 처리하는 구조 속에 놓여 있을 뿐이다.

4. 위기지원의 원칙과 해외 사례

앞에서 우리나라 정신건강복지체계의 위기의 개념과 위기지원체계의 실태에 대하여 정리하였다. 여기에서는 위기지원 시 고려해야할 원칙들과 위기지원 서비스의 해외 사례를 살펴보겠다.

1) 위기지원의 원칙

미국 연방정부의 보건복지부(Department of Health and Human Services) 산하의 SAMHSA(약물 및 정신건강청, Substance Abuse and mental Health Services Administration)에서도 위기지원의 원칙을 보다 세부적으로 소개하고 있다(SAMHSA, 2009; 박인환·한미경, 2018). 다음 원칙을 살펴보면, 먼저 위기지원의 목적을 상황 자체를 억제하는 것에 두는 것이 아니라 당사자가 '다시 본인의 삶을 통제할 수 있도록 돕는 것'이리고 하고 있다. 위기지원의 범위에 대해서는 전문가가 판단한 위기상황만 지원의 대상이 되는 것이 아니라 '당사자 본인이 스스로 위기상황이라고 판단하는 경우' 또한 지원의 고려 대상이 되어야 한다고 명시되어 있다. 또한 위기지원의 방법으로 최소 억압적 방법의 사용과 권리 존중을 제시하여 위기지원에서 인권적 고려를 강조한다.

위기지원의 15가지 원칙

① 지원과 서비스에 대한 접근은 시기적절해야 한다.
② 서비스는 최소 억압적인 방식으로 제공되어야 한다.
③ 동료지원을 사용할 수 있어야 한다.
④ 위기상황에 있는 개인 및 상황을 파악하기 위한 충분한 시간이 확보되어야 한다.
⑤ 개입의 실천은 정신질환을 가진 당사자의 강점을 중심으로 한다.
⑥ 위기개입서비스는 질환을 겪고 있는 개개인의 전반적인 서비스 계획과

상황을 고려해야 한다.
⑦ 위기개입은 당면한 문제들에 대해 효과적으로 개입하고 평가할 수 있는 적절한 교육을 받고 역량이 증명된 전문가에 의해 이루어져야 한다.
⑧ 본인이 스스로 위기상황이라고 판단하는 경우도 고려 대상이 되어야 한다.
⑨ 위기상황에 개입하는 사람은 위기에 대한 총체적인 이해가 있어야 한다.
⑩ 서비스를 제공할 시 개인의 문화, 인종, 나이, 성적 취향, 건강지식 및 대화 욕구 등을 존중하여야 한다.
⑪ 질환을 겪고 있는 사람이 다시 삶에 대한 통제를 할 수 있도록 돕는 것이 우선되어야 한다.
⑫ 개개인의 권리가 존중되어야 한다.
⑬ 서비스는 정신적 외상(트라우마) 치료에 기반하여야 한다.
⑭ 반복적인 위기는 평가 또는 케어에 대한 문제 신호이다.
⑮ 미래에 일어날 수 있는 위기를 줄이는 방향으로 개입방법을 취해야 한다.

출처: SAMHSA(2009). Practice Guidelines: Core Elements for Responding to Mental Health Crisis. SAMHSA.

2) 위기지원의 해외 사례

WHO(2021)에서는 정신과적인 고통을 경험하는 많은 사람들이 낮은 질의 돌봄과 인권 침해를 경험하는 바, 정신건강 시스템과 전달체계에서의 상당한 변화가 필요하다고 전한다. 이에 지역사회 기반의 세계적으로 우수한 사례들과 권고사항을 7가지 주제에 나눠 발표하였고, 그중에는 정신건강 위기서비스에 대한 가이드라인도 존재한다.

해당 가이드라인에서는 우수 사례로 미국의 아피야 하우스(Afiya House), 영국의 링크 하우스(Link House), 핀란드의 오픈 다이얼로그(Open Dialogue), 뉴질랜드의 투푸 에이크(Tupu Ake)

를 소개하고 있다.

〈표 3-2〉 WHO 정신건강위기서비스 모범사례

서비스	주요내용
아피아 하우스 (Afiya House)	동료지원가로 구성된 와일드플라워연맹(Wildflower Alliance)가 운영하는 당사자 주도의 위기쉼터. 정신과적 위기상황을 성장과 학습의 기회로 전환하는 것을 목표로, 정신적·정서적 어려움을 겪는 사람은 누구나 동료가 지원하는 환경 속에서 이용할 수 있음. 최대 7일까지 머무를 수 있으며, 24시간 동안 동료지원서비스를 제공받을 수 있음. 이용하는 동안 일상적인 스케줄을 영위하는 것이 자유롭고, 머무르는 동안 사전의향서 작성, 약물중단 방법, 퇴소 이후 계획 수립 등에 대한 안내와 활동이 진행됨.
링크 하우스 (Link House)	정신과적 위기를 경험하고 있고 가정환경으로부터의 분리가 필요한 18세 이상 여성을 위한 주거형 위기센터. 여성들이 입원이 아닌 다른 방법으로 위기를 해결할 수 있도록 대안을 제공하는 것을 목표로 하여, 즉각적인 위기를 극복하고 사회적 관계망을 건설하고 미래에 대한 계획을 설정함. 의료적인 지원보다 대화와 활동으로 구성된 지원을 더욱 강조하여 돌봄의 사회적 모델을 구사함. 최대 4주까지 머무를 수 있으며 24시간 직원이 상주하여 개별적인 지원과 활동을 제공함.
오픈 다이얼로그 (Open Dialogue)	케로푸다스 외래클리닉(Keropudas Outpatient Clinic)에서 운영하는 심리치료기반의 프로그램. 간호사, 사회복지사, 정신과의사, 임상심리사, 테라피스트 등으로 치료팀이 구성됨. 치료팀에는 24시간 접근 가능하며, 위기 사례가 접수되자마자 즉각적으로 치료팀을 비롯하여 당사자와 주변 인물들과의 치료미팅이 주선됨. 이후로도 치료미팅은 정기적으로 개최되며 대화 기반의 비의료적인 개입을 통해 위기 극복을 지원함.
투푸 에이크 (Tupu Ake)	당사자 주도의 대안적 입원서비스. 최대 1주 간의 단기 거주와 하루에 5개까지의 지원프로그램을 제공하며, 퇴소 이후 안정적인 주거를 찾도록 지원함. 24시간 동안 직원이 상주하며, 직원 중 대부분은 동료지원 훈련을 완료한 동료지원전문가임.

WHO(2021)는 모범 정신건강위기서비스 사례를 관통하고 있는 인권과 회복의 범주를 다음과 같은 5개의 영역으로 나누어

설명하고 있다.

(1) 법적 능력의 존중

위기지원 서비스를 제공하는 과정에서는 당사자의 기호, 의지 등을 포함하여 의사결정을 지원할 수 있는 체계를 어떻게 보장할 것인지가 중요하다. 특히 치료에 대한 결정을 위해 사전에 고지된 동의를 받을 수 있는 접근방법이 고려되어야 한다. 이용자들은 치료와 돌봄에 대한 여러 가지 선택지들 중에서 고지된 결정과 선택을 할 수 있어야 하고, 약물을 비롯한 치료방법들에 대해 그 효과성과 잠재적인 부작용 등의 중요한 정보를 모두 제공받을 수 있어야 한다.

또한 위기상황에 대한 사전의향서를 체계화하고 구체화하는 과정, 위기지원과정에 발생할 수 있는 고충과 호소를 제기할 수 있는 체계도 마련되어야 한다. 당사자의 법적 능력을 지원하거나 대리하는 사람(절차보조인, 후견인 등)과의 접촉을 촉진할 수 있는 서비스가 있는지도 파악할 수 있어야 한다.

(2) 비강압적 실천

WHO(2021)에서는 UN CRPD에 기반하여 위기지원 서비스가 구성되어야 하며, 특히 비강압적인 실천을 제공하고 위한 면밀한 검토가 필요하다고 전한다. 개방적이고 비강압적인 문화를 보장하여야 하고, 모든 직원들은 긴장되고 갈등적인 상황을 완화하면서도 비강압적인 태도를 견지할 수 있는 체계적인 훈련을 받아야 한다. 또한 서비스 이용자들의 요구에 대해 긍정적으로 반응하는 문화가 조성되어야 한다.

(3) 당사자의 참여

위기지원 서비스에서 경험전문가로서의 당사자의 역할은 매우 중시된다. 생생한 경험을 가진 당사자를 직원, 자원봉사자, 상담사 등 어떤 영역에서 포용할 것인지, 서비스 이용 과정에서 경험전문가가 어떻게 이용자에게 의사결정지원을 제공할 수 있을지에 대한 고려가 필요하다. 또한 지역사회에서의 동료 네트워크와 위기지원 서비스를 연결시킬 수 있는 방안도 마련된다면 우수한 위기지원 서비스가 구성될 수 있다.

(4) 사회로의 통합

위기지원 서비스는 가장 먼저 급성기의 즉각적인 안정화가 목적이다. 그러나 안정화가 완료된 이후에 지역사회로의 완전한 통합 여부에 따라 위기지원 서비스의 성과는 얼마든지 달라질 수 있다. 따라서 즉각적인 위기 안정이 진행된 뒤에도, 서비스 이용자가 고용, 주거, 교육 등 지역사회 생활에 필요한 기본적인 요소들에 연계될 수 있어야 하며 그 이외에도 사회보장서비스나 여가프로그램에 대한 고려도 필요하다.

(5) 회복

WHO(2021)에서는 위기지원 서비스가 치료, 진단, 증상의 경감에만 초점을 두지 않고, 전체 삶과 경험의 맥락에서 당사자를 고려하는 관점을 견지하여야 한다고 제안한다. 이에 회복관점의 다섯 가지 영역인 ① 연결성, ② 희망과 낙관, ③ 정체성, ④ 의미와 목적, ⑤ 자기 임파워먼트를 제시하며 서비스에 이러한 요소들을 통합할 수 있는 방안이 마련되어야 한다고 말한다. 삶에서의 희망과 목적, 어려움에 대한 극복 방안, 정신과적 고통의 관리 등을 포함하여 총체적인 회복을 위한 계획이 마련되어야 한다.

5. 우리나라 위기지원체계 대안의 방향

현재 우리나라 위기지원체계에서는 위기의 개념이 자타해의 급박한 위험과 정신질환의 존재라는 비자의입원 요건과 동일시되고 있어 다양한 위기를 포괄하는 정책적 개념틀이 형성되어 있지 못하다. 당사자들의 정신적 위기는 일정 기간 동안 불안정성이 극도로 드러나는 형태로 외현화된다. 일반적으로 경찰 또는 사설응급구조단 등에 의뢰되어 정신의료기관에 당사자가 이르게 된다면, 즉각적인 약물치료나 응급입원 등을 통해 행동적으로 드러나는 불안정성은 일시적으로 완화될 수도 있다. 그러나 이러한 표면적인 증상의 완화가 위기의 종결을 의미하는 것은 아니다. 2020년 기준 중증정신질환자가 퇴원한 이후 30일 이내 재입원하는 비율은 총 26.3%, 90일 이내 재입원율은 34.8%로 나타나고 있는데[3], 이는 현재 구조 속에서 위기 발생

3) 남인순 국회의원 국정감사 자료(2021. 10. 20.). "중증정신질환자 4명 중 1명은 한 달 내 다시 병원으로 돌아갔다".

으로 인해 입원치료를 받았다고 하더라도 빠른 시일 이내에 반복적으로 비슷한 경험을 하게 될 수 있음을 의미한다. 입퇴원을 중심으로 운영되는 위기지원체계 구조는, 위기지원의 시작과 종결도 입원과 퇴원으로 결정되기가 쉽다. 따라서 우리나라 위기지원체계를 다각도에서 수정하여 당사자들의 욕구가 위기대응체계에 반영될 수 있도록 변모시킬 필요가 있다.

1) 지역사회 중심의 위기대응서비스 다각화

불필요한 입원을 방지하고 지역사회 중심의 위기대응서비스를 마련하기 위해서는 가장 먼저 위기에 대한 정책적 개념을 재정립하여야 한다. 정신질환을 가진 당사자들의 위기 개념을 '자타해 위험의 존재'에서 보다 확장하여 '과도한 스트레스나 생활상의 어려움으로 인하여 즉각적인 타인의 도움을 필요로 하는 심리사회적 상황' 등으로 확장한다면, 그에 따라 위기대응서비스 역시 다각화될 수 있다.

현재 위기대응을 수행하고 있는 정신건강복지센터 차원에서 위기상황을 안정시킬 수 있는 입원 이외의 자체적인 대안을 제도적으로 구축해야 할 것이며(이용표 · 강상경 · 배진영, 2021), 미국의 다양한 위기대응프로그램은 이에 많은 시사점을 제공해줄 것이다. 우리나라에 도입을 고려할 수 있는 서비스로는 ① 정신과적 위기상황에 놓인 개인이 안정을 취할 수 있는 단기 침상서비스(24시간 이내), ② 비교적 지속적인 안정 조치가 필요한 경우 이용할 수 있는 중기 거주시설, ③ 정신과적 위기상황 및 응급상황에 상담 등의 서비스를 제공하는 출동위기대응서비스, ④ 정신과 사전정신의료의향서의 작성 지원 및 보관 등이 있다(박인환·한미경, 2018). 위기의 특성과 상황에 맞게 지역사회 중심의 위기대응서비스를 마련한다면 당사자의 욕구에 맞는 위기지원이 이루어질 수 있을 것이다.

2) 당사자 자조적 위기 지원의 도입

정신장애인의 위기상황은 약물의 과다 의존이나 복용 중단 시에도 발생하기도 하지만, 주로 사회적 관계와 관련이 있다(べてる しあわせ研究所, 2016; 이용표, 2018). 일본 베델의 집 당사자연구를 사례로 분석한 결과(이용표 외, 2021), 당사자들은 발병 이전부터 사회적 관계의 어려움을 경험하게 되며, 의학적 진단을 받은 이후 정신질환자로 살아가면서 주변 환경에 대한 민감성과 초조감, 지루하고 한가함, 극도의 고립감과 은둔과 같은 사회적으로 긴장된 상태를 유지하며 살아가게 된다. 이처럼 인간관계가 악화되어 있거나 환경적인 어려움에 처해 있을 때 정신과적 위기가 발생할 가능성이 높아지는 것을 확인할 수 있다. 이는 정신장애인의 위기를 촉발하는 주요 요인이 주로 가정, 학교, 직장 등 주변 환경과의 관계 속에서 발견된다는 내용과도 일맥상통하여(이용표, 2018), 정신장애인의 발병 전과 후의 삶에서 사회적 관계의 중요성을 보여준다.

따라서 정신장애인의 위기 발생을 근본적으로 지원하기 위해서는 '말'과 '관계'의 회복이 필요하다(べてる しあわせ研究所, 2016;

이용표·배진영, 2020). 핀란드의 오픈다이얼로그와 일본베델의 집 당사자연구와 같이 대화를 매개로 위기상황에 접근함으로써 위기에 대한 이해를 제공하는 주체로 당사자를 위치시키고, 동료를 포함한 지원가들의 도움과 지지를 제공한다면 위기를 촉발한 사회적 관계를 회복시킬 수 있다.

이를 위해서는 첫째, 위기상황에 대한 사회적·관계적 맥락을 함께 다루는 통합적인 관점의 위기서비스가 마련되어야 한다. 한 가지 관점으로만 환원되는 의료적 대응에서 벗어나, 위기를 보다 잘 이해하고 효과적으로 해결할 수 있는 당사자와 그와 관련된 주변 인물들이 치료주체로 참여함으로써 '말하고 사고하고 행동할 권리'를 제공하는 원형적 방식을 채택할 필요가 있다.

둘째, 정신장애인의 위기지원과정에 당사자 동료가 개입할 수 있는 창구가 마련되어야 한다. 정신장애인의 위기지원과정에서 경험적 전문가로서의 '동료'의 역할은 매우 중요하게 작용한다. 전문가 중심의 위기지원체계 속에서 위기상황에 놓인 정신장애인은 충분한 공감과 이해를 받고 있지 못하다고 느끼기 쉽다. 반면에 정신장애인 동료지원가는 유사한 고통과 어려움을 경험한 바 있기에 위기에 놓인 정신장애인과 누구보다 정서적으로 소통하기 쉬운 위치에 있다. 특히 최근 WHO(2021)에서는 '정신보건 위기서비스: 사람중심 및 인권기반 접근' 가이던스에서 우수한 위기지원프로그램을 4가지 제시하였는데, 그 중 2개의 프로그램(Tupu Ake, Afiya House)에서는 공식적으로 동료지원가가 위기지원을 제공할 수 있도록 체계를 마련하였으며, 다른 2개의 프로그램(Open dialogue, Link House)에서는 동료지원가를 적절히 활용하고 있었다. 이는 국제사회에서는 위기지원과정에서의 동료지원가의 개입이 필수적인 요소로 통용되고 있음을 시사한다.

3) 위기상황에서의 인권 기반 의사결정지원 제공

앞서 당사자의 경험을 통해, 위기지원과정에서 많은 당사자들이 또 다른 트라우마를 경험하고 있음을 알 수 있었다. 위기상황에서의 당사자의 행동은 타인에 의해 폭력적인 것으로 해석되어 여러 강제적인 조치를 야기하였고, 이러한 감금과정에 당사자가 저항하면 또 다른 폭력 상황을 낳기도 하였다. 이 과정에서 이루어지는 비인권적인 치료행위는 당사자에게 심각한 후유증을 남겨 또 다른 위기상황을 촉발하는 계기가 되기도 한다(한국후견신탁연구센터, 2021).

UN CRPD와 같은 국제 인권 기준에 맞는 서비스를 구축하기 위해서는, 강제적이고 비인권적인 치료행위 대신에 어떤 위기서비스를 제공하여야 당사자의 인권을 보호하고 위기를 효과적으로 지원할 수 있을지에 대한 고민이 선행되어야 한다. 이는 위기상황에 놓인 정신장애인의 자기결정권을 최대한 존중할 수 있는 방안을 마련함으로써 어느 정도 해결이 가능할 것이다.

특히 위기대응서비스 중에서도 사전에 위기 계획을 당사자와 수립할 수 있는 '사전정신의료의향서'제도는 위기상황에서도 당사자의 의사결정을 존중할 수 있는 대표적인 대안이 된다. 사전정신의료의향서란 임종을 앞둔 사람들이 이용하는 사전의료의향서를 정신질환을 가진 사람에게 적용하여, 정신장애인이 위기상황에서 올바른 판단을 할 수 없는 경우를 대비 치료방법, 대리권자 등을 미리 지정하는 제도를 말한다(이용표·박인환, 2020). 사전정신의료의향서를 작성 및 보관, 공증하는 제도가 마련된다면 위기상황에서도 당사자는 자기결정권을 존중받음과 동시에 위기 대응 서비스를 제공하는 자에게도 명확한 가이드라인과 권한이 제공될 수 있다. 특히 사전의료의향서의 데이터를 정신건강복지센터가 관리한다면 응급상황을 포함한 위기대응시 실무자의 권한을 보다 확장할 수 있을 것이다.

참고문헌

경기도정신건강위기대응체계구축에 관한 조례 (2020). 자치법규정보시스템. https://www.elis.go.kr

국립정신건강센터 (2018a). 정신과적 응급상황에서의 현장대응안내 2.0. 국립정신건강센터.

국립정신건강센터 (2018b). 지역사회 정신건강 표준 사례관리 매뉴얼. 국립정신건강센터.

박인환, 한미경 (2018). 미국의 외래치료명령제도 및 위기대응과 국내적 시사점. **의료법학**, 19(1), 23-80.

서울특별시 (2018), 위기사례대응매뉴얼.

송은주, 김경희 (2019). 당사자연구에 참여한 정신장애인의 회복경험. **한국사회복지질적연구**, 13(2), 87-111.

안재경, 최이문 (2019). 경찰의 정신질환 위기대처방안에 대한 연구-미국의 위기개입팀 프로그램을 중심으로. **경찰학연구**, 19(2), 117-145.

이영문 (2019). "정신과 장기입원에 대한 논제". 정신병원 장기입원과 열악한 의료서비스에 대한 진단과 대안, 국가인권위원회 (2019년 6월 12일 발표).

이용표 (2018). 일본 베델의 집은 정신장애인 대안공동체인가?-사회복지프로그램의 관점을 중심으로. **한국사회복지교육**, 42, 57-84.

이용표 (2019). 정신장애인의 정신의료기관 입퇴원관련 의사결정지원제도 비교연구: 시범절차보조서비스를 중심으로. **비판사회정책** 63, 233-273.

이용표, 강상경, 김용득, 박경수, 박인환, 하경희, 김병수, 김성용, 배진영, 송승연, 이진의, 황해민 (2017). 지역사회 정신장애인 현황

조사 및 지원체계 연구. 보건복지부.

이용표, 강상경, 배진영 (2021). **인권과 대안을 위한 정신건강사회복지론**. EM.

이용표, 박인환 (2020). 정신질환자 위기관리체계의 이중구속 상황과 입법과제. **법과 정책연구**, 20(1), 31-58.

이용표, 박재우, 송승연, 정유석, 김근영, 배진영, 이한결, 이은미, 홍승현 (2020). 서울형 정신장애인 커뮤니티케어모형 개발 연구. 서울특별시의회.

이용표, 배진영 (2020). 대안 정신보건프로그램에 관한 연구: 정신장애인의 취업활동 증진을 위한 비약물 접근을 중심으로. **직업재활연구**, 30(2), 21-52.

이용표, 정유석, 배진영 (2021). 정신장애인의 정신적 위기 발생과 자조적 지원과정에 관한 질적 연구: 베델의 집 당사자연구 참여경험을 중심으로. **한국콘텐츠학회**, 21(7), 304-316.

한국후견·신탁연구센터 (2021). 당사자의 관점에서 본 정신장애인 위기지원 접근을 위한 토론회 자료집.

Callahan, J. (1994). Defining crisis and emergency. *Crisis: The Journal of Crisis Intervention and Suicide Prevention, 15*(4), 164-171.

Caplan G. (1964). *Symptoms of preventive psychiatry*. New York: Basic Books. National Alliance on Mental Illness.

Everly, G. S. (1999). Emergency mental health: an overview. *International Journal of Emergency Mental Health, 1*, 3-7.

SAMHSA (2009). Practice Guidelines: Core Elements for Responding to Mental Health Crisis. SAMHSA.

Tobitt, S. (2008). Exploring the concept of mental health crisis. Doctorate thesis, University College London.

WHO (2021). Hospital-based mental health services: Promoting person-centred and rights-based approaches.
https://www.who.int/publications/i/item/9789240025745
べてる しあわせ研究所 (2016). **렛츠! 당사자연구**. 이진의 역. EM실천.
https://www.law.go.kr/자치법규/경기도정신건강위기대응체계구축에관한조례.

4장
한국의 입원제도, 대안은 없습니까

❙ 김도희, 정제형

1. 한국의 입원제도

한국의 정신질환자에 대한 입원제도는 정신보건법의 시행과 함께 그 형식이 갖춰졌다. 1995년 제정되고 다음 해 시행된 정신보건법은 정신질환자 입원에 관하여 자의입원, 보호입원, 행정입원, 응급입원이라는 4가지 유형의 입원제도를 규정하고 큰 변화 없이 제도를 유지해 왔다. 자의입원은 정신질환자가 자발적인 입원신청서의 제출을 통해 입원이 이뤄지고 퇴원이 자유로운 반면, 강제입원으로 분류되는 보호입원과 행정입원의 경우 보호의무자의 동의와 정신건강의학과 전문의의 판단에 의하여 정신질환자의 입·퇴원 여부가 결정되었다.

그러나 정신보건법하의 강제입원 제도에 대해서는 정신질환자 의사에 대한 존중 없이 이들의 신체를 구속하고 거주이전의 자유를 제한하고, 자기결정권을 과도하게 침해하므로 인권침해와 차별적인 요소가 크다는 비판이 이어졌다. 특히 보호자의 동의와 전문의 1인의 진단만 있으면, 정신질환자를 장기 입원시킬 수 있는 보호입원제도는 악용되는 사례가 빈번하여 개선되어야 한다는 목소리가 높았다. UN 장애인권리위원회에서도 2014년 10월 한국의 높은 강제입원율과 장기입원, 격리·강박 등에 심각한 우려를 나타내고서 정신장애 등에 기반한 자유박탈조치 관련 현존 법령의 폐지, 설명과 동의에 기반한 정신보건서비스 마련, 심사와 이의제기 절차의 보장 등을 권고하였고, 2014년 5월 구 정신보건법의 보호입원조항에 대하여 위헌법률심판제청이 있어 헌법재판소의 판단이 이뤄지기도 하였다.[1]

이러한 배경하에 정신보건법은 정신질환자의 불필요한 입원을 줄이고 인권을 보호하고 치료와 회복 과정에서 자기의사결정권과 복지서비스를 보장하기 위해, 강제입원 조항을 개선하고 정신질환자에 대한 복지서비스를 지원할 수 있는 근거를 마련한다는 명확한 목적을 가지고 개정되었다. 정신보건법은 2016년 5월 29일 전면 개정되어 '정신건강증진 및 정신질환자 복지서비스 지원에 관한 법률'(이하 정신건강복지법)이라는 새 명칭으로 2017년 5월 30일부터 시행되었다. 자의입원과 비자의입원의 중간적 성격을 지닌 동의입원제도가 신설되면서 입원의 유형이 늘어나게 되었고, 보호입원과 행정입원의 요건이 까다로워지면서 정신질환자의 입원의 형태가 변하는 등 입원제도의 변화가 있었다.

신설된 동의입원의 경우 입원 과정에서 정신질환자가 보호의무자의 동의를 받아 자발적으로 입원하나, 퇴원하고자 하는 정신질환자가 정신건강의학과 전문의의 판단하에 본인의 의사와

1) 헌법불합치 결정은 정신건강복지법 개정 이후인 2016년 9월 29일 선고되었다(헌법재판소 2016. 9. 29. 선고 2014헌나9 결정).

다르게 계속 입원할 수 있는 제도이다. 동의입원은 입원과정에서 정신질환자의 동의가 있다는 이유로 자의입원과 함께 자발적 입원으로 분류가 되고 있다. 그 결과로 통계적으로 전체 입원자의 수가 유의미하게 줄지 않았음에도, 동의입원환자의 비율이 늘어남에 따라 자발적 입원의 비율이 늘어나기도 하였다. 따라서 본 장에서는 정신건강복지법에 따른 구체적인 입원의 유형과 각 입원제도가 가진 문제점을 정신질환자의 권리 측면에서 살펴보고, 해외의 입원심사제도를 검토하면서 한국의 입원제도의 대안과 방향성을 모색해 보고자 한다.

2. 자발적 입원

1) 자의입원과 동의입원

(1) 자의입원이란

자의입원은 정신건강복지법상 기본원칙이 되는 입원의 형태이다. 모든 국민은 보건의료인으로부터 자신의 질병에 대한 치료 방법 등에 관하여 충분한 설명을 들은 후 이에 관한 동의 여부를 결정할 권리를 가진다(보건의료기본법 제12조). 정신질환자도 그 예외가 될 수 없다. 정신질환자도 원칙적으로 의료행위에 대한 동의나 거부 등을 스스로 결정할 수 있는 자기결정권이 있으며(정신건강복지법 제2조 제7항), 우리 사회 역시 정신질환자의 입원이 최소화되도록 지역 사회 중심의 치료를 우선적으로 고려하며 정신건강증진시설에 자신의 의지에 따른 입원 또는 입소, 즉 자의입원을 권장하여야 한다고 규정하고 있다(정신건강복지법 제2조 제5항). 자의입원을 원하는 정신질환자 또는 정신건강상 문제가 있는 사람은 입원 등의 신청서를 정신의료기관 등의 장에게 제출하여 자의입원할 수 있다(정신건깅복지법 제46조). 정신건강복지법상 입원은 의료법상 일반적인 입원과 다르게 환자 본인이 서명 또는 날인한 별도의 입원신청서를 요구하는 것을 특징으로 한다.

(2) 동의입원이란

동의입원은 자발적입원제도의 한 유형으로 분류되는 입원형식으로, 보호의무자의 동의하에 정신질환자가 본인의 의사로 입원을 하고, 보호의무자의 퇴원 동의가 없는 경우 정신의료기관의 장이 퇴원을 제한하고 보호입원이나 행정입원으로 전환할 수 있는 입원형식을 말한다. 동의입원은 입원은 자유로우나 퇴원의 과정에서 일정한 제한이 있을 수 있다는 점에서 자의입원과 보호입원의 중간적 성격을 지닌 입원제도로 평가받고 있다.

동의입원 환자도 원칙적으로 퇴원의 자유가 보장되고, 예외적으로 퇴원 제한이 가능한 만큼, 정신의료기관의 장 등이 동의입원 환자의 퇴원을 제한하거나 정당한 사유 없이 지연시키는 경우 형사처벌을 받을 수 있도록 규정되어 있다(정신건강복지법 제84조 제2호). 한편 정신질환자가 보호의무자의 동의 없이 퇴원 등을 신청한 경우에는 일정한 제한을 받을 수 있다. 정신건강의학과 전문의가 정신질환자에게 치료의 필요성이 인정된다고 진단하는 경우에는 정신의료기관의 장이 72시간까지 정신질환자의 퇴원을 거부할 수 있고(퇴원의 제한), 그 시간 동안 정신질환자의 입원 형태를 보호의무자에 의한 입원이나 행정입원으로 전환하여 입원을 계속(강제입원으로의 전환)하게 할 수 있다.

2) 자발적 입원제도의 문제점

(1) 퇴원의사확인제도의 실효성 확보 미비

자의입원과 동의입원 모두 입원한 정신질환자의 퇴원 의사가 있으면 퇴원을 시키는 것이 원칙이다. 자발적으로 입원한 환자가 퇴원을 신청한 경우에는 정신의료기관 등의 장은 지체 없이 퇴원을 시켜야 하고(정신건강복지법 제41조 제2항, 제42조 제2항), 자의입원한 환자에게는 정신의료기관의 장이 2개월마다 입원(퇴원) 의사 여부를 확인하여 기재하도록 하는 '퇴원의사확인제도'가 시행되고 있다(정신건강복지법 제41조 제3항, 제42조 제4항). 정신의료기관 등의 장이 이를 이행하지 않으면 벌금형을 부과받을 수 있고(정신건강복지법 제84조 제2호), 불법행위로서 손해배상책임을 질 수 있다. 정신의료기관들의 불이행행위에 대하여 지방자치단체의 장은 시정명령 및 불이행 시 사업정지처분 등을 할 수 있다(정신건강복지법 제25조 제1항 제3호, 제2항).

그러나 실제로는 정신의료기관에서의 정신질환자의 입원에 대한 관할부처의 관리·감독 체계가 부재하여, 정신의료기관들이 '퇴원의사확인제도'를 이행하고 있는지 여부를 제대로 확인할 수 없다(신권철·홍남희·김은영·오광균, 2016). 정신건강복지법의 개정에도 불구하고 '퇴원의사제도의 실효성 확보'에 대한 우려들이 잔존하고 있는 만큼 이에 대한 대책이 마련되어야 한다.

(2) 자발적 입원 과정에서의 정신질환자의 의사능력 확인 문제

정신건강복지법이 시행된 이후로 보호입원의 요건과 심사 등의 절차가 강화되자, 정신의료기관 및 정신요양시설에서는 기존의 의사능력이 부족한 강제입원 환자를 자발적 입원(자의입원이나 동의입원)으로 전환하는 경우가 빈번하였다. 실제로 계속 입원할 의사가 없는 경우라도 입원 의사를 결정하거나 판단할 능력이 없는 정신질환자가 서류상에 서명 후 '자발적 입원환자'가 되어 계속 입원해 있는 경우가 발견되고 있다. 정신의료기관과 정신요양시설에 입원 또는 입소한 환자의 약 10% 내외 치매 또는 발달장애를 가지고 있고 약 50%에 해당하는 조현병환자들 중 증상이 만성화된 사람들도 상당하다. 스스로 입·퇴원 의사를 밝히기 어려운 이들에 대한 피해가 우려되는 상황이다(윤석준·신권철·백종우·고든솔·김근아, 2019).

자의입원제도에서는 정신질환자의 의사결정능력 유무를 별도로 따지지 않고 서류상 입원신청서와 자필의 서명만 있다면 그 입원에 자발적인 의사가 있다고 보고 있어 문제가 발생할 소지가 있다. 즉, 자의입원의 외형적 형식만 취한다면 정신질환자에 대한 별도의 입원 및 그 연장에 대한 심사의 기회는 주어지지 않게 되고, 이 경우 어떠한 제한 없이 입원이 장기화될 위험이 존재한다(신권철, 2018). 동의입원 역시 입원의 절차가 비교적 간단하여, 정신질환자가 보호의무자의 동의를 받아 입원신청서를 정신의료기관 등의 장에게 제출하면 입원할 수 있다. 이때 제출하는 입원신청서는 신청인과 보호의무자의 신원 확인과 함께 "신청인의 입원에 동의합니다"는 문구에 보호의무자가 서명 · 날인하여 제출하면 되도록 구성되어 있다(정신건강복지법 제42조, 정신건강복지법 시행규칙 제33조, 별지 제14호 서식). 신청서에는 정신질환자에게 동의입원의 의미와 효과에 대한 설명이 없고, 이러한 정보를 전달할 의무도 관계 법령에 규정되어 있지 않다. 이러한 상황에서 정신질환자의 자발적인 입원 의사를 확인하는 것은 보호의무자와 정신의료기관의 선의에만 맡겨지게 된다. i) 정신질환자가 입원의 의미 자체를 인지하지 못하거나 입원신청서의 내용을 모른 채 형식적인 서명 행위로 동의가 이뤄지는 경우, ii) 동행한 보호의무자의 강요나 억압 또는 기망에 의하여 입원에 동의하는 경우, iii) 보호의무자 또는 정신의료기관에 의하여 서명이 왜곡되는 경우도 발생할 위험이 크다.

이미 국가인권위원회는 입원하는 당사자의 의사를 확인하지 않고 구 정신보건법상 자의입원으로 입원시킨 사례에 대하여 신체의 자유를 침해한 위법한 입원이라는 판단을 내린 바 있다. 국가인권위원회는 1급 지적장애인에게 정신의료기관에 자의입원신청을 하게 하면서 그 신청서와 서약서를 작성시킨 사건에 대하여, 그 입원이 본인의 의사에 기한 결정이라 볼 수 없어 위법한 것이라 판단하였다. 나아가 본인에 의사를 확인하지 않고 이뤄진 입원이라면 강제입원의 형태를 취하여야 함을 지적하였다. 외국에서도 의사결정 능력을 판단하여 의사결정 능력이 없는 정신질환자의 입원을 강제입원으로 판단하고 있다.[2] 정신질환자에게 진행하려는 입원의 의미와 효과를 충분히 고지할 수단과 정신질환자의 동의가 진정한 의사표시인지 확인할 수 있는 절차를 마련하지 않은 것은 정신질환자의 기본권을 침해할 소지가 상당하다. 보호의무자와 정신의료기관 외에 절차보조인 등을 두어 정신질환자의 의사를 조력하고 정신질환자들이 충분히 정보를 전달받을 수 있도록 하는 것이 하나의 해결방법이 될 수 있다.

3) 신설된 동의입원제도의 문제

(1) 동의입원제도 도입이 정신건강복지법의 개정 취지에 부합하지 않음

정신건강복지법은 정신질환자의 신체의 자유를 과도하게 침해하는 비자의 입원·퇴원 제도를 개선하고 정신질환자에 대한 복지서비스 제공을 추가하는 등 구 정신보건법의 미흡한 부분을 개선·보완하여 정신질환자의 인권을 보호하려는 목적으로 개정되었다.[3] 그러나 정신건강복지법이 개정될 당시 동의입원제도를 도입한 취지에 대한 논의를 살펴보면, 정부가 동의입원제도를 도입한 목적이 정신질환자의 인권보호를 최우선으로 두기 위한 것인지 의문이다. 정신건강복지법 개정안에 대한 보건복지

---

2) 미국의 경우 판례를 통하여 의사결정능력이나 판단능력이 부족해진 환자를 자의입원의 형태로 입원시키는 경우 강제입원에서 받을 수 있는 법원심사나 권리보장을 받을 수 없게 되므로 환자의 권리를 침해하는 것으로 보고 있다. 일본에서도 자의로 입원에 동의할 수 없는 상태가 아닌 환자에 대하여는 강제입원인 의료보호입원만 가능하도록 하고 있다.

3) 정신건강증진 및 정신질환자 복지서비스 지원에 관한 법률(2016. 5. 29. 법률 제14224호로 개정된 것)의 제정·개정이유.

위원회의 입법보고서에 따르면 정부는 동의입원제도의 도입취지를 "우리나라의 경우 강제입원 비율이 매우 높아 자의입원과 보호의무자에 의한 입원의 중간쯤 되는 동의입원제도를 신설함으로써 자발적 입원을 확대하려는 것임"이라고 밝히고 있다. 보건복지부 역시 위 입법취지에 동의하며, 실제로 자의입원은 자·타해 위험 등으로 계속입원 치료가 필요해도 환자가 원하는 경우 즉시 퇴원이 가능하므로, 현장에서는 환자의 치료·안전 등 문제를 고려하여 환자의 입원 동의가 있는 경우에도 주로 보호의무자에 의한 입원으로 처리하므로 동의입원제도의 도입이 필요하다고 설명하였다.[4)]

일견 위 설명은 정신의료기관들이 정신질환자의 의사에 반하여 강제입원의 방법으로 입원을 시키는 위법행위를 근절하고 및 장기강제입원 비율이 높은 현실을 개선하기보다는, 그 현실과 타협하여 정신의료기관들에게 장기입원하고 있는 환자의 비율을 줄이지 않고도 합법적인 '자발적 입원'의 형태로 입원시킬 수 있도록 제도를 열어둔 것처럼 보인다. 실제로 정신건강복지법 시행 이후 자의입원의 비율을 크게 늘지 않은 채 동의입원의 비율이 높아져 자발적 입원의 비율이 높아지기도 하였다. 장기입원환자의 비율도 유의미하게 줄어들지 않았다.

(2) 동의입원제도를 이용할 실익이 있는 대상이 불분명함

정신질환자 당사자의 관점에서 동의입원은 자의입원 또는 보

---

4) 정신건강복지법 개정안에 대한 보건복지위원회 검토보고서.

호입원에 비하여 이용할 실익이 거의 없다. 다시 말하면, 자의입원 또는 보호입원이 아닌 반드시 동의입원의 방식으로 입원을 해야 하는 정신질환자를 특정하기 어렵다. 입원을 결정할 당시 '자의'로 입원할 수 있는 의사능력이 충분한 정신질환자라면 정신질환자가 보호의무자의 동의가 없으면 정신의료기관의 장으로부터 자발적인 퇴원이 거부당할 수 있는 불이익을 감수하면서까지 동의입원을 선택할 이유를 찾기 어렵다. 만약 정신질환의 상태가 심각한 경우에는 애초에 "자의"를 통한 입원을 기대하기 어렵다. 이러한 경우 사회의 안전에 중대한 위협이 되거나 위협이 될 수 있는 가능성을 고려하여 보호입원 또는 행정입원의 방식으로 비자의입원을 진행하면 될 것이다.

물론 '입원 당시 정신질환의 상태가 자의적인 입원이 가능할 정도이나 병원에서의 입원 과정에서 병증이 사회의 안전에 위협을 가할 정도로 악화될 것이 명백히 예상되는 정신질환자'를 가정하여 이를 동의입원이 필요한 정신질환자로 볼 수도 있다. 그러나 정신건강의학과전문의라도 정신질환자의 입원 시점에서 정신질환이 호전되거나 악화될 가능성에 대한 판단을 내리는 것은 쉽지 않다. 동의입원 과정에서 질환의 악화 가능성을 판단하는 절차를 별도로 두고 있는 것도 아니므로 입원 시점에 어떤 정신질환자가 동의입원이 필요한지 분별해 내기 어렵다. 즉, 동의입원의 도입은 의사능력 있고 동의입원의 의미와 효과를 이해한 정신질환자라면 자의입원과 동의입원 중 동의입원을 선택할 실익이 없음에도, 정신질환자의 상태 악화 가능성과 위험성을 임의로 가정하여 정신질환자를 동의입원의 방법으로 입원시킬 수

있는 선택권을 보호의무자 또는 정신의료기관에게 제공해 준 것으로 평가할 수 있다.[5)]

(3) 퇴원 제한의 요건인 '치료의 필요성 내지 입원 필요성'의 기준이 모호함

정신건강복지법의 동의입원 조항에 따르면 정신의료기관의 장은 정신건강의학과 전문의 진단 결과의 환자의 치료와 보호 필요성이 있다고 인정되는 경우에 한하여 72시간까지 정신질환자의 퇴원을 거부할 수 있고, 퇴원을 거부하는 동안 비자의입원으로 전환할 수 있도록 규정되어 있다. 동의입원한 정신질환자의 퇴원을 제한하는 것은 비록 72시간일지라도 신체의 자유를 중대하게 침해하는 강제적 조치라는 점에서 그 요건과 판단기준을 엄격하고 구체적으로 명시해야 할 필요성이 크다. 그러나, 정신건강의학전문의가 동의입원하고 있는 정신질환자의 계속입원의 필요성을 진단할 때 판단하는 기준인 '환자의 치료와 보호 필요성'은 매우 포괄적이고 추상적이며 하위 법령등에서 구체적인 내용을 정하고 있지도 않다. 동의입원 조항에서 최소한의 구체적인 판단기준이 없는 한 정신건강의학과전문의가 '치료와 보호 필요성'을 일반적인 범주에서 벗어나 자의적으로 판단

5) 정신건강복지법 개정안에 대한 보건복지위원회 검토보고서에 따르면 법제처도 "자유롭게 자의입원을 할 수 있는 환자라면 '보호의무자의 동의를 받아야 하고 퇴원도 자유로이 못할 수 있는' 동의입원을 신청하지 않을 것이므로 제도를 신설하는 실익이 있다고 보기 어렵고, 본인 의지와 상관없는 장기입원으로 인한 인권침해 및 위헌소지를 줄이고 현행법에 단순히 동의입원 제도를 추가하는 것은 인권침해 및 위헌 소지 감소라는 입법목적의 달성과는 거리가 있어 보인다"는 의견을 밝힌 바 있다.

하더라도 그 진단이 잘못된 것인지 확인하기 어렵다. 최소한 정신건강복지법 시행규칙 제34조에서 보호입원에서 입원 요건으로 정하고 있는 자·타해 위험성을 판단하는 기준을 구체적으로 마련하고 있는 것처럼[6] 동의입원의 퇴원 거부 요건인 "치료와 보호의 필요성"의 판단기준과 판단의 방법을 구체적으로 명시할 필요가 있다.

(4) 외래치료지원제도라는 대안적 수단이 존재함

정신건강복지법 제64조에서는 정신의료기관의 장이 ① 비자의입원을 한 환자 중 정신병적 증상으로 인하여 입원을 하기 전 자신 또는 다른 사람에게 해를 끼치는 행동을 한 사람, ② 정신질환자 중 정신병적 증상으로 인하여 자신 또는 다른 사람에게 해를 끼치는 행동을 하여 정신의료기관에 입원한 사람 또는 외래치료를 받았던 사람으로서 치료를 중단한 사람에 대하여 시장, 군수, 구청장에게 1년 이내의 외래치료의 지원을 청구할 수 있도록 규정하고 있다. 외래치료지원제도는 2019년 4월 23일 개정되면서 자의로 입·퇴원한 환자도 자신 또는 다른 사람에게

---

6) 제34조(보호의무자에 의한 입원 등) ② 법 제43조제2항제2호에서 "보건복지부령으로 정하는 기준에 해당하는 위험"이란 다음 각 호의 어느 하나에 해당하는 경우를 말한다. 이 경우 해당 위험 기준을 판단하는 때에는 정신질환자의 질병, 증세, 증상, 기왕력, 행위의 성격 또는 건강이나 안전에 미치는 영향 등을 종합적으로 고려하여야 한다.
1. 본인 또는 타인의 건강 또는 안전에 중대하거나 직접적인 위해를 가하는 경우
2. 본인 또는 타인의 건강 또는 안전에 중대하거나 직접적인 위해를 가할 개연성이 높다고 인정되는 경우
3. 본인 또는 타인의 건강 또는 안전에 상습적인 위해를 가하는 경우
4. 본인의 건강이나 안전에 중대하거나 급박한 위험이 있는 경우
5. 본인의 건강이나 안전에 중대하거나 급박한 위험의 개연성이 높다고 인정되는 경우

해를 끼치는 행동[7]을 하여 입원하거나 외래치료를 받다가 치료를 중단한 경우에도 외래치료를 지원할 수 있게 되었다. 즉, 자의입원을 하였다가 치료의 필요성이 남아있는데도 퇴원의 의사를 밝힌 일부 정신질환자에 대해서 외래치료지원을 할 수 있게 된 것이다. 이처럼 정신질환자의 자유로운 퇴원을 보장한 뒤 외래진료만을 응하도록 지원하는 방식이라면, 정신질환자의 신체의 자유, 거주이전의 자유를 입원의 방식보다 덜 제한하면서 적절한 진료를 가능케 할 수 있을 것이다.

물론 외래치료지원제도가 동의입원 또는 강제입원의 온전한 대안이 되기에는 정신질환자에게 치료를 의무화하는 강제적인 요소가 있어 신중하게 접근되어야 하는 측면이 있다. 제도가 실효성 있게 시행되기 위해서는 청구권자가 정신의료기관의 장뿐이라는 문제, 제한적인 비용 지원 문제(신권철, 2018) 등 여러 가지 측면에서의 개선점이 필요하다. 그러나 강제입원의 인권 침해적인 요소가 크다는 점을 고려할 때 강제입원 또는 강제입원으로 전환될 수 있는 동의입원보다 외래치료지원제도를 적절히 보완하여 이용하는 것이 바람직한 방향일 수 있다. 외래치료지원제도의 요건을 충족하지 못하는 정신질환자가 자의입원하였다가 퇴원하는 경우라도, 입원의 치료가 필요하다면 정신의료기

---

7) 정신건강복지법 시행규칙 제47조(외래치료 지원의 청구 및 결정 등) ① 법 제64조제1항에서 "보건복지부령으로 정하는 행동"이란 다음 각 호의 어느 하나에 해당하는 행동을 말한다.

1. 자살 시도, 자해 및 자해 시도
2. 폭행, 폭언, 협박 등 다른 사람의 생명이나 신체에 위해를 끼치거나 끼칠 우려가 있는 행동
3. 다른 사람의 재산에 중대한 손해를 끼치거나 끼칠 우려가 있는 행동

관의 판단을 통해 퇴원을 거부한 뒤 입원 형태를 전환하는 동의 입원제도의 방식보다 정신질환자의 의사에 따라 퇴원을 진행한 뒤 각 요건을 갖춰 보호입원 또는 행정입원을 진행하는 것이 정신질환자의 의사를 존중하면서도 필요한 적절한 진료를 보장할 수 있는 균형 있는 방법일 수 있다.

3. 강제입원(비자의입원)제도

1) 헌법불합치 결정의 진상

정신건강복지법은 비자의입원의 유형으로 보호입원과 행정입원을 두고 있다. 이 두 유형의 입원은 구 정신보건법 하에서 정신질환자에 대한 인권침해적 요소가 크다는 비판을 받아왔고, 2016년 9월 구 정신보건법의 보호입원 조항에 대한 헌법불합치 결정이 이뤄지기 전 2016년 4월 헌법재판소의 공개변론이 개최된 뒤, 국회를 통해 2016년 5월 비자의입원 제도의 개편을 핵심 내용으로 한 정신건강복지법 개정안이 통과되어 입원요건이 강화되는 등 일부 개선이 이뤄졌다.

정신건강복지법이 시행된 뒤 이뤄진 헌법재판소 결정은 구 정신보건법상 보호입원 조항의 위헌성을 드러내고, 근본적으로 강제입원제도를 중심으로 운영되는 입원제도하에서 정신질환자의 자유와 존엄이 제도적으로 보호되지 않고 있음을 드러내었다는 점에서 의미가 크다(박현정, 2019). 헌법재판소에서는 보호입원의 남용가능성에 대한 판단을 넘어서 보호입원제도가 정신질환자의 신체의 자유를 인신구속에 버금가는 수준으로 제한한다는 점을 확인하고 정신질환자에 대한 절차적 보장이 필요함을 강조하였다. 나아가 정신질환자에 대한 치료와 사회 안전 도모라는 목적이 있더라도, 입원 과정에서 정신질환자에 대한 신체의 자유 침해를 최소화하고 악용·남용가능성을 방지하며 정신질환자를 사회로부터 일방적으로 격리하여서는 안 된다는 점을 확인하고 입원제도의 개선 방향을 제시하였다. 그러나 헌법재판소는 2016년 5월에 개정된 정신건강복지법상의 보호입원조항의 내용이나 개정법률에서 심판대상조항 문제점을 해소하였는지 여부에 대하여는 나아가 판단하지 아니하였다.

2) 정신건강복지법 상 강제입원

강제입원이란 환자의 자기결정권에 대한 예외로 정신질환자의 의사에 관계없이 이뤄지는 입원을 말한다. 보호입원은 가족 등 보호의무자 2명 이상이 환자 본인의 의사와 무관하게 입원을 신청하거나 입원연장에 동의하여 환자를 입원시켜 치료를 받게 하는 제도이다. 행정입원은 행정기관인 시·군·구청장이 환자를 강제로 입원시켜 진단 및 치료를 하는 제도를 말한다. 2016년 5월부터 시행된 정신건강복지법 하에서는 강제입원의 행정처분적 성격과 책임의 소재가 명확해지고 보호의무자의 동의 및 정신건강의학과 전문의의 진단 등의 요건이 까다로워져서 정신질환자가 강제입원을 하는 것이 어려워졌다. 이에 정신건강복지법 시행 이후 강제입원의 비율이 60% 대에서 30% 대로 크게 감소하기도 하였다.

그러나 헌법재판소가 구 정신보건법의 보호입원제도에 대해 지적했던 강제입원 요건에 대한 구체적 기준의 미비, 보호의무자 내지 정신건강의학과전문의의 권한남용 가능성, 정신질환자의 의사 확인과 절차보조인 관여의 배제 등의 문제가 정신건강복지법의 개정만으로 모두 개선되었다고 보기 어렵다. 여전히 정신건강복지법상 강제입원에 대한 비판의 목소리도 계속 이어지고 있다.

3) 강제입원제도의 문제점

(1) 보호입원에서의 보호의무자 문제

보호입원의 경우에는 일반적으로 보호의무자가 되는 가족 등 부양의무자가 입원을 신청하고 입원 연장을 동의하는 형태로 되어 있다. 물론 구 정신보건법과 다르게 정신건강복지법에서는 입원 신청에 대한 최종결정 권한이 정신의료기관의 장이나 강제입원심사기관에게 이전되었으나, 여전히 입원 연장의 동의는 보호의무자에게 결정권이 남아있다. 입원의 신청과정에서도 보호의무자가 정신질환자의 상태를 우선 판단하는 주체가 될 수밖에 없다. 즉, 형식상으로 일부 변화가 있었더라도, 현행 보호입원제도 역시 정신질환자의 입·퇴원 결정에서 보호의무자에게 주도권을 부여하고 있어 가족의 결정에 의한 입원이어서 남용될 소지가 남아있다. 정신질환자와 이해가 상반될 수 있는 보호의무자의 동의권을 제한하는 제도적 장치는 아직 마련되지 못하고 있다.

이에 대하여 보호입원제도는 UN 장애인권리협약에 위배되는 대체의사결정권자에 의한 강제입원이라는 이유로 폐지되어야 한다는 의견(권오용, 2014), 비자의입원을 보호의무자 가족뿐 아니라 보호자 등 제3자도 입원절차를 밟을 수 있도록 하되 비자의입원제도를 하나로 통합 운영하자는 의견, 보호의무자인 가족의 의견을 입·퇴원 과정에서 참고하는 정도로 대체결정 의사 수준을 낮추자는 의견(신권철, 2018), 보호의무자의 동의를 늘리기보다 입원심사기관에서 적절히 심사할 수 있는 절차를 두어야 한다는 의견 등 다양한 입법 대안들이 논의되고 있다. 한편 근본적으로, 유전적·자연적 관계가 있는 일정 범위의 친족이라는 이유로 가족에게 정신질환자를 돌볼 법적 의무를 부담시키고 국가는 일차적 책임에서 벗어나는 형태의 입원제도 운영은 매우 부당하다는 데에는 학계의 의견이 대부분 일치하고 있다. 일본에서도 정신질환자 본인과 가족의 관계를 고려해 보호자제도를 폐지하였다(박정일, 2019). 보호입원제도에 대해서 보호입원 신청과 입원 연장 동의에서의 가족이 주도적인 역할을 할 수 있도록 두는 것에 문제의식을 가지고 제도를 개선해나가야 하며, 그것은 후술할 사전심사시스템 및 절차적 보조수단을 갖추는 것과 병행되어야 할 것이다.

(2) 절차를 조력할 수 있는 수단 미비

보호입원과 행정입원 모두 정신질환자의 의사와 무관하게 강제적으로 입원을 진행하는 절차임에도 절차를 진행하는 과정에서 정신질환자를 조력할 수 있는 수단들이 갖춰져 있지 못하다. 구 정신보건법상 보호입원제도에서 절차보조인 등의 관여가 배제되고 있다는 점이 헌법재판소의 결정에서 지적되었지만 이러한 점이 전혀 해결되지 못한 채 남아있다. 강제입원의 정당성을 확보하기 위해서는 입·퇴원 과정에서 절차적 권리보장을 통해 정신질환자의 자기의사결정권 및 방어권 확보가 중요하다. 절차보조시범사업이 시행되고 있지만, 보조인이 극히 제한적인 권한만을 가지고 있어서 병원이 절차보조인의 개입을 거부하면 활동이 불가능하다. 시범사업을 넘어서 전문절차지원인제도 도입, 입원심사기관의 역할 강화 등의 제도의 개선이 필요하다.

절차지원인제도 도입과 함께 입원의 결정과 입원기간의 연장심사 과정에서의 사전적 통지와 의견청취 및 청문 절차도 필요하다. 현재 사후통지 및 입원 후 1개월 내에 진행하는 입원적합성심사가 필수적으로 시행되고 있으나, 입원적합성심사가 사후적 조사이고 원칙적으로 서류심사라는 점, 예외적으로 면담조사를 하더라도 청문이나 진술을 통해 조사하는 것이 아니라 조사원에 의한 조사에 그치고 있다는 점 등의 한계가 있다(이동진, 2018). 독립된 절차보조인이 정신질환자의 의사결정과 표현을 조력하고 입원이 적절하게 이뤄지고 있는지 확인할 수 있도록 사전적 절차를 도입하는 것이 바람직하다.

(3) 강제입원 환자의 장기입원 문제

정신건강복지법에서는 강제입원 중 보호입원의 최초 입원기간을 최초입원일로부터 6개월에서 3개월로 단축시켰다. 3개월을 입원한 정신질환자는 원칙적으로 퇴원해야 하나, 입원연장심사절차를 통해 ① 2명 이상의 정신과 전문의가 입원기간을 연장하여 치료할 필요가 있다고 진단하고, ② 보호의무자 2명 이상

〈표 4-1〉 기관별 정신질환자 재원기간

(단위: 천 명, %)

기간	2014	2015	2016	2017	2018
정신의료기관					
계	70,932	70,628	69,220	67,441	66,108
1개월 미만	9,758	9,754	8,976	8,120	8,161
	(14%)	(14%)	(13%)	(12%)	(12%)
1개월~1년	34,733	34,235	33,414	34,515	28,270
	(49%)	(48%)	(48%)	(51%)	(43%)
1년~3년	14,961	14,986	14,933	14,282	19,102
	(21%)	(21%)	(22%)	(21%)	(29%)
3년~10년	9,712	9,959	10,157	9,071	9,217
	(14%)	(14%)	(15%)	(13%)	(14%)
10년 이상	1,768	1,694	1,740	1,453	1,358
	(2%)	(2%)	(3%)	(2%)	(2%)
정신요양시설					
계	10,693	10,477	10,181	9,720	9,518
1개월 미만	80	43	73	157	95
	(1%)	(0%)	(1%)	(2%)	(1%)
1개월~1년	823	757	674	1,728	751
	(8%)	(7%)	(7%)	(18%)	(8%)
1년~3년	1,307	1,338	1,253	862	2,232
	(12%)	(13%)	(12%)	(9%)	(23%)
3년~10년	3,118	3,063	2,854	2,333	1,989
	(29%)	(29%)	(28%)	(24%)	(21%)
10년 이상	5,365	5,276	5,327	4,640	4,451
	(50%)	(50%)	(52%)	(48%)	(47%)

이 동의하는 경우에는 입원이 연장될 수 있다. 이 연장제도는 무기한의 반복이 가능하여 장기입원 환자들을 양성한다는 비판이 있다. 실제로 정신건강복지법 개정 이후 장기입원의 문제가 해결되길 기대하였으나, 정신의료기관에서의 정신질환자들의 높은 입원율과 긴 재원기간의 문제는 여전하다. 정신건강복지법 개정에도 불구하고 입원 중인 정신질환자의 수는 크게 줄지 않았으며, 재원기간 역시 단축되지 않았다.

한편, 정신건강복지법 시행 전 강제입원환자는 2016년 기준 51,058명에서 2017년 28,318명, 2018년 23,791명으로 감소하여 전체 입원환자 중 차지하는 비중은 2016년 64.3%에서 2018년 31.5%로 감소하였다. 이에 비하여 자발적 입원 환자[8]는 2016년 기준 28,285명에서 2017년 48,790명, 2018년 50,692명으로 증가하였다. 자발적입원 환자가 차지하는 비율도 2016년 35.6%에서 2018년 67.0%로 증가하였다. 그러나 전체 정신병원의 입원환자 수는 2016년에 79,401명에서 2018년에 75,626명으로 겨우 3,775명이 감소하였다(윤석준 외, 2019). 이처럼 전체 정신질환자의 입원·입소의 규모에 변화가 없고 입원환자의 재원기간이 줄어들지 않은 상황에서 강제입원 비율이 감소하고 자발적 입원의 비율이 증가된 것만으로 정신질환자의 기존에 장기입원해 있던 강제입원환자들이 자유로운 입·퇴원이 증가하였다고 해석하기는 힘들다. 오히려 기존 강제입원·입소 환자가 자발적 입원·입소로 유형만 변경되어 계속 입원하고 있을 가능성을 배제

8) 자의입원 환자와 동의입원 환자의 합.

할 수 없다.

〈표 4-2〉 정신건강복지법 시행 전후 입원현황(2014~2018년)

(각 년도 12월 말 기준)

<table>
<tr><th colspan="4">연도</th><th>2014</th><th>2015</th><th>2016</th><th>2017</th><th>2018</th></tr>
<tr><td colspan="4">계</td><td>81,625</td><td>81,105</td><td>79,401</td><td>77,161</td><td>75,626</td></tr>
<tr><td colspan="4" rowspan="2">자의입원(소)</td><td>24,266</td><td>26,064</td><td>28,285</td><td>36,465</td><td>35,577</td></tr>
<tr><td>29.7%</td><td>32.1%</td><td>35.6%</td><td>47.3%</td><td>47.0%</td></tr>
<tr><td colspan="4" rowspan="2">동의입원(소)</td><td>–</td><td>–</td><td>–</td><td>12,325</td><td>15,115</td></tr>
<tr><td colspan="3"></td><td>16.0%</td><td>20.0%</td></tr>
<tr><td colspan="4" rowspan="2">강제입원(소)</td><td>57,333</td><td>54,998</td><td>51,058</td><td>28,318</td><td>23,791</td></tr>
<tr><td>70.2%</td><td>67.8%</td><td>64.3%</td><td>36.7%</td><td>31.5%</td></tr>
<tr><td rowspan="5"></td><td rowspan="4">보호의무자에 의한 입원</td><td colspan="2">소계</td><td>57,186</td><td>54,867</td><td>50,964</td><td>25,804</td><td>21,045</td></tr>
<tr><td rowspan="2">가족</td><td>부양의무자</td><td rowspan="2">49,792</td><td rowspan="2">47,235</td><td rowspan="2">43,643</td><td>24,234</td><td>20,702</td></tr>
<tr><td>후견인</td><td>1,570</td><td>343</td></tr>
<tr><td colspan="2">시군구청장</td><td>6,235</td><td>6,432</td><td>6,021</td><td>–</td><td>–</td></tr>
<tr><td colspan="3">행정입원</td><td>147</td><td>131</td><td>94</td><td>2,514</td><td>2,746</td></tr>
<tr><td colspan="4">응급입원</td><td>26</td><td>43</td><td>58</td><td>53</td><td>65</td></tr>
<tr><td colspan="4">기타
(치료감호소, 법원의 명령에 의한 치료 위탁)</td><td>1,159</td><td>1,200</td><td>1,300</td><td>–</td><td>1,078</td></tr>
</table>

출처: 보건복지부. 정신건강현황 예비조사 결과보고서 각 연도(2018년도 자료는 국립정신건강복지센터에서 제공받아 작성함).

이를 해결하기 위해서는 법적인 측면에서 여전히 보호입원에서 보호의무자의 동의를 입원연장의 요건으로 하고 있는 부분에 대한 개선이 필요하다. 나아가 입원연장의 의사결정과 관련하여 보호의무자가 정신질환자의 입원 여부를 전적으로 결정할 수 있도록 하는 형태가 아니라, 당사자의 의사를 조력하는 형태의 지원이 될 수 있도록 개선이 필요하다. 그러나 장기입원의 문제는 법적인 개선만으로는 해결될 수 있는 것이 아니며, 지역사회로 정신질환자가 자립할 수 있는 서비스체계가 미비한 부분과도 긴밀히 연결되어 있다. 구 정신보건법제하에서 입원한 사람들 중 상당수가 고령화되었고 오랜 입원 생활로 인해 건강이 악화되기도 하였는데, 이들이 정작 퇴원을 하더라도 지역사회에 머무를 수 있는 공간이 없다. 이들이 입원의 형태만 자발적 입원으로 전환되어 계속 입원하게 되는 상황을 방지하고, 장기입원문제를 근본적으로 해결하기 위해서는 치료와 지역사회 연계서비스를 결합한 지역 사회 내에서의 정신건강서비스 체계가 구축되어야 한다. 이미 장기입원하고 있는 정신질환자 중 정신질환의 치료 필요성은 낮지만 고령화 등으로 인해 지속적인 돌봄서비스가 필요하여 퇴원하지 못하는 당사자들에게는 퇴원 후 노인복지서비스 지원 등으로의 전환이 필요할 것이다. 새롭게 정신건강서비스체계에 유입되는 정신질환자들에 대해서는 가급적 정신의료기관으로의 입원 대신 지역사회에서의 자립과 치료를 병행하는 방향으로 입원제도를 운영해 나가야 할 것이다. 정신병동 병상수의 감축을 위하여 개방형 낮 병동으로의 전환 등의 방안도 함께 모색해 볼 수 있을 것이다(이동진, 2018).

4) 응급입원

정신질환자로 추정되는 사람으로서 자신의 건강 또는 안전이나 다른 사람에게 해를 끼칠 위험이 큰 사람을 발견한 사람은 그 상황이 매우 급박하여 자의입원이나 다른 비자의입원을 시킬 시간적 여유가 없을 때에는 의사와 경찰관의 동의를 받아 의료기관에 입원을 의뢰할 수 있다. 정신의료기관의 장은 대상자를 3일 이내의 기간 동안 입원시키고, 입원기간 동안 대상자가 자의·비자의입원할 수 있도록 필요한 조치를 취한다(정신건강복지법 제50조).

이러한 응급입원은 긴급한 상황에서 환자의 안전 등을 위해 시행되는 조치이긴 하나, 강제입원의 범주에서 시행되는 것이므로 응급입원의 권한을 확장하거나 요건을 완화하는 데 있어서는 신중을 기해야 한다. 참고로, 2019년 6월에는 국가인권위원회가 경찰관에게 행정입원 권한을 부여하고 위해 우려가 큰 정신질환자에 대하여 의사의 동의 없이 경찰관이 정신질환자를 응급입원을 할 수 있도록 하는 정신건강복지법 개정안에 대하여 반대의견을 표명한 바 있다.

4. 강제입원 심사제도

시대별로 정신장애인을 바라보는 시선과 대우는 달랐지만 20세기 후반 정신의학이 등장하면서부터는 의료, 즉 치료의 대상으로 바라보게 되었다. 사실 정신장애를 의료의 관점으로 보는 '의료주의(medicalism)'는 타장애인에 대한 그것과 다르지 않다. 그러나 정신장애인에 대하여는 다른 장애인과 달리 한 가지 이슈가 더 강조되는데, 그것은 정신장애인의 치료에는 대개 스스로의 의지에 반하는 (격리와 강박을 포함한) 입원과 치료가 동반된다는 사실이다. 이러한 강제입원이나 강제치료는 필연적으로 신체의 자유나 자기결정권과 같은 기본권을 제한하기 때문에 합법성 내지 설득력을 갖추기 위해서는 '법률주의(legallism)'가 개입할 수밖에 없는 수순이기도 했다.[9)]

법률주의에 기초해 국제적 기준으로 눈을 돌려보면, UN은 1991년 서구 국가들의 강제입원과 관련해 정신장애인 보호원칙(MI principles)을 제시하였고, 이 원칙은 현재까지도 회원국 내에 강제입원에 대한 기본원칙 내지 기준으로 쓰이고 있다. 강제입원심사기관을 사법기관이나 그 밖의 독립적이고 중립적인 기관으로 두어 법에 따른 절차로 운영할 것(MI 원칙 17-1), 강제입원 심사를 자동적이고 정기적이며 신속하게 할 것(MI 원칙 17-3), 절차상 보호조치로서 변호인과 국선변호인의 지원을 받도록 할 것(MI 원칙 18-1), 환자의 출석 등 대면진술권을 보장할 것(MI 원칙 18-5) 등을 내용으로 한다. 이후 장애가 사회적·환경적 구성물이라는 사회 모델, 자기결정권과 평등을 강조하는 인권 모델까지 확산[10)]되면서 현재에 이르고 있다.

---

9) 법률주의는 강제입원과 강제치료로 인한 권리 침해를 막기 위해 당사자의 적법 절차 보장을 목적으로 하며 재판절차에 따른 사법심사를 주된 방식으로 하지만, 의료주의는 국가가 후견적 역할을 한다는 측면에서 당사자의 치료 보장을 목적으로 하며, 행정절차에 따른 의료심사를 주된 방식으로 한다. 이와같은 의료주의와 법률주의 관점을 WHO에서는 의료모델, 재활모델로 구분하기도 한다(신권철, 2018).

10) 국립병원에서 자체적으로 인권지표를 개발하여 평가한 사례도 있다(홍창희 외, 2014).

1) 행정심사를 하는 국가들

영국은 1983년 정신보건법(The Mental Health Act)을 제정하고, 강제입원 유형으로 평가를 위한 입원과 치료를 위한 입원을 두고 있다. 평가를 위한 입원은 가족, 친족 등이 서로 다른 소속의 의사 2명의 추천을 받아 신청한다. 평가를 위한 입원기간은 최대 28일이고 연장될 수 없으며 더이상의 입원이 필요하지 않다고 판단되면 즉시 퇴원시켜야 한다. 치료를 위한 입원은 의사 2명이 24시간 내 당사자를 보고 지역사회에서 치료가 불가능한 이유를 적시하여야 한다. 그들은 입원치료가 당사자에게 이롭거나 상태가 악화됨을 방지할 것, 아니면 건강이나 안전, 타인의 보호를 위해 필요하다고 진술해야 한다. 입원기간은 최대 6개월이다. 이 기간 동안, 퇴원해도 안전한지, 추가적인 치료가 필요한지를 결정하기 위해 담당 의사가 정기적으로 평가를 수행한다. 이러한 강제구금에 대해 본인 또는 본인의 최근친은 정신보건심판위원회에 이의신청을 제기할 수 있다. 또한 이의신청이 없더라도 6개월마다 정신보건심판위원회가 자동적으로 퇴원여부를 심사한다. 담당의사가 환자가 위험하다고 판단하는 경우에 퇴원을 막을 수 있는 바, 이에 대해 본인 또는 최근친은 의사, 일반인, 변호사 등으로 구성된 독립적인 정신보건심판위원회에 이의신청을 할 수 있다. 이외에도 위원회의 결정에 대해 이의가 있다면 국가로부터 변호사 비용을 지원받아 정신건강재판소(MHT) 항소하여 퇴원 여부를 다툴 수도 있으며 독립정신건강옹호자(IMHA)의 조력을 받을 수도 있다. 정신건강법이 사용된 방식에 불만이 있는 경우, 보건의료·사회복지서비스 품질관리위원회(CQC)에 제소할 수도 있다.

일본의 정신질환자 수는 2017년 기준으로 400만 명에 이르고 정신병원 입원자 수는 약 28만 명이다. 일본은 강제입원의 요건이나 절차 등에 있어 한국과 가장 유사한 법제를 두고 있는데, 과거 우리법이 일본의 법을 계수하는 일이 많았기 때문이다. 그래서 한국의 보호입원처럼 가족 등 1명의 동의와 1명의 정신과 의사의 진단이 있으면 강제로 입원시킬 수 있는 의료보호입원이라거나 한국의 행정입원처럼 도도부현 지사(한국의 시도지사)에 의해 입원하는 조치입원 제도를 유지하고 있다. 이때 입원기간은 따로 정해져 있지 않기 때문에, 전적으로 의사의 판단과 재량에 따르게 된다. 다만 행정입원이 거의 이루어지지 않았던 한국과 달리[11] 일본의 경우 1970년대까지는 행정기관에 의한 조치입원이 치안적 목적으로 빈번하게 이용되다가, 2000년대 이후에는 가족에 의한 의료보호입원이 계속 증가하여 50%에 육박하고 있다는 차이점이 있다. 한국의 보건복지부와 같은 후생노동성에 따르면, 2018년 의료보호입원 신고 수는 18만 7683건에 이른다고 한다. 일본의 정신병원 역시 강제입원과 장기입원, 병원 내 열악한 처우 등 여러 인권 문제가 발생하고 있다. WHO나 UN과 같은 국제기구에서는 일본의 정신의료제도가 정신장애인의 인권과 치료에 부적합하며, 정신의료 패러다임의 전환이 필요하다

---

11) 물론 한국의 경우 2016년 정신보건법에서 정신건강복지법으로 개정되기 이전에는 보호의무자가 없는 사람의 경우 행정기관의 장이 보호의무자로서 보호입원을 시키는 경우가 많았다.

는 지적을 지속적으로 보내고 있다. 최근에는 16살 때 처음 조현병이 발병하여 약 40년간 후쿠시마의 정신병원에 입원해 있다가 동일본 대지진 이후 가까스로 퇴원하여 지역사회로 나오게 된 정신장애인이, 국가가 병원에서의 인권 침해를 고의 또는 과실로 방치한 책임을 물어, 3300만 엔(한화 약 3억 5천만 원)의 국가배상청구소송을 일본 내 최초로 진행 중이기도 하다. 한국의 정신건강심사위원회와 유사한 제도로 강제입원을 한 사람의 계속 입원 심사 등을 관장하는 정신의료심사회가 있으나, 승인율이 99%에 이르고 있어 그 실효성에 대해서는 의문이 제기되기도 한다.

이에 비해 대만의 강제입원제도는 2007년 정신위생법을 개정하면서 정신장애인의 인권을 강화하는 방향으로 이행한 것으로 알려져 있다. 대만의 강제입원 유형은 지방자치단체가 내리는 행정처분의 성격으로, 한국의 행정입원과 가까운 한 가지 형태로 일원화되었다. 법개정을 통해 보호자에 의한 강제입원 제도를 없앤 것이다. 행정입원인 만큼 그와 관련된 진료비, 행정비 등의 비용은 전액 국가에서 부담한다. 입원제도를 개편한 이후 정신병원 입원 환자의 수가 절반 정도로 감소하는 등 가시적인 효과를 얻은 것으로 평가되고 있다. 무엇보다 강제입원에 대한 심사기구인 '정신질환강제감정 및 강제지역사회치료심사회(약칭 심사회)'를 도입하였는데, 강제입원을 하기 위해서는 자·타해 위험이 있는 중증 정신질환이 있어야 하는 외에 2명 이상의 지정 정신과 의사의 진단과 60일간의 치료허가를 심사회로부터 받아야 한다. 당사자가 입원을 거부할 지정 정신의료기관에 응급감치

(emergency placement)한다. 정신과 의사, 간호사, 사회복지사, 임상심리사, 작업치료사, 정신장애인의 권익을 옹호하는 단체의 대표, 법률가 등 7인으로 구성된 심사회는 긴급안치로부터 5일 이내에 서류심사와 화상인터뷰를 통해 입원치료의 필요성을 의결하고 60일간의 입원을 결정할 수 있고, 입원연장도 심사회를 통하는데 이 역시 60일을 넘길 수 없다. 심사회의 결정에 이의가 있는 경우 당사자나 보호자는 법원에 입원 중단을 위한 청구를 할 수 있다. 대만은 강제입원과 함께 외래치료명령 제도도 활발히 이용하고 있다. 외래치료명령은 최장 6개월 이내의 범위 이내에서 행해지는 약물치료, 약물농도 검사, 중독약물 검사, 기타 평가 등이 포함되며, 그 기간을 연장하기 위해서도 심사회의 승인이 필요하다. 이러한 개혁을 통해 서구 국가의 강제입원 비율보다 훨씬 낮은 1%대의 강제입원 비율을 유지하고 있다.

행정심사제도를 두고 있는 또 다른 국가로 호주가 있고, 그중에서도 국내에는 뉴사우스웨일스 주가 자주 소개되고 있다. 뉴사우스웨일스 주에서 강제입원 및 치료를 하기 위해서는 엄격한 법적 기준을 충족해야 하는데, 그 중심에는 독립적 상설기구인 정신건강심의위원회(MHRT)가 있다. 상설이기 때문에 필요한 경우 언제나 심의할 수 있고 많은 심의위원들이 정신장애인과 함께 한 경험이 있다. 입원신청부터 초기사정, 입원적합성 판단, 입원 연장 심의, 연장 심의 기준 적합성 판단 등 일련의 과정에 심의회가 지속적으로 개입한다. 우선 입원 신청으로 정신장애인이 병원에 연계되는 경우 정신과 의사나 정신보건 전문가가 초기 사정을 하는데, 당사자가 정신장애인이고 현재 정신증적 증상이나 기타 정신과적 증상을 나타내고 있는가, 당사자가 자신이나 타인에 대한 위험성을 보이는가, 비자의 입원 치료 외에 다른 대안적인 치료 방법이 있는가를 기준으로 하여 세 가지 기준 가운데 하나라도 충족하지 못하면 자의 입원이나 지역사회 치료를 선택해야 하고, 세 조건이 모두 충족되어야만 강제입원 및 강제치료가 가능하다. 이때 강제치료 명령이 부당하다면 심의회로부터 입원 적합성 판단을 받을 수 있다. 심의회 위원들은 4년마다 공개채용 절차를 통해 임명되는데, 140여 명의 비상임 위원과 3명의 상임 위원으로 구성되며, 심의회 원장은 지방법원판사가 맡는다. 심의회는 보통 변호사, 정신과 의사, 정신건강 전문가 세 명의 패널을 기본으로 하고, 심리는 병원 내 대면 또는 화상을 통해 이루어진다. 대다수의 당사자는 주정부로부터 보수를 지원받아 변호사의 조력을 받을 수 있으며, 심의회의 결정에 대해서도 불복하는 경우 대법원에 항소할 수 있다. 이밖에 강제입원 후 3개월마다 이루어지는 입원연장 심사나 외래치료 명령 역시 심의회에서 담당한다. 사실 한국의 법제 역시 호주의 그것과 형식면에서는 크게 다르지 않을 수 있으나 실제로 운용하는 장면들에는 차이가 있다고 볼 수밖에 없는 것이, 호주의 정신장애인 평균 입원 일수가 16일 정도인데 반해, 한국은 116일 정도로 나타난다.

2) 사법심사를 하는 국가들

독일은 대표적으로 강제입원 여부를 사법심사를 통해 결정하고 있는 국가다. 연방헌법재판소가 UN 장애인권리협약을 고려하여 강제치료의 요건과 한계에 관한 판단기준을 제시함에 따라 관련 법 개정이 이루어졌고 각 연방도 이를 따르고 있다. 독일법상 강제입원은 크게 민법상 수용, 형법상 수용, 각 연방주의 정신질환자법에 의한 수용으로 나뉜다. 민법상 수용은 후견법원에 의하여 선임된 성년후견인이 관여하게 되고, 정신장애인의 복리를 위해 필요한 경우 이루어진다. 공법상 수용은 단일화된 연방법은 없고 각 주의 정신질환자법에 근거하여 이루어지며, 당사자의 복리 외에 타인에게 위험을 초래하는 경우에도 행해질 수 있다. 민법상 수용과 공법상 수용사건은 모두 「가사 및 비송사건절차법」이 정하는 바에 따라 후견법원에서 관할한다. 형법상 수용은 형법 및 형사소송법, 각 주의 보안처분집행법에 따라 진행된다. 입원신청은 후견인, 가족, 경찰 등에 의해 이루어지는데 입원 및 퇴원 여부를 모두 판사가 결정한다. 계속입원심사도 마찬가지다. 이처럼 사전적 심사를 통해 수용 전 정신장애인 본인이 항변할 수 있는 기회가 주어지는데 이때 정신장애인은 입원절차에서 국가가 선임해 주는 절차보좌인의 조력을 받을 수 있다. 우리 헌법재판소가 구 정신보건법의 보호입원에 조항에 헌법불합치 결정을 내릴 때 부당한 강제입원으로부터 환자의 권리를 보호할 수 있는 절차가 부재한다고 하면서 예시로 제시한 내용의 상당수가 독일의 입법례를 참고하지 않았을까 생각된다. 즉, 입원에 앞서 입원 여부를 심사하는 것을 비롯해 당사자에 대한 사전고지, 청문 및 진술의 기회, 강제입원에 대한 불복, 부당한 강제입원에 대한 사법심사, 국가 또는 공적기관에서 제공하는 절차보조인의 조력과 같은 권리가 보장되어야 한다고 본 것이 그것이다.

프랑스 역시 대표적인 사법심사 제도를 가진 국가다. 프랑스의 강제입원제도는 현재 우리 정신건강복지법의 체계와 매우 유사하다. 강제입원의 종류로 보호의무자 등 제3자의 의한 입원과 행정관청의 장에 의한 입원으로 분류되며, 서로 소속이 다른 의사 2인의 진단이 필요하다. 치료입원 전 진단입원을 거치며, 관련 전문가들로 구성된 행정위원회가 강제입원에 관한 관리감독을 한다. 다른 점이 있다면, 프랑스는 2011년부터 헌법위원회의 결정으로 강제입원에 대해 판사의 통제를 의무화하였다는 점이다. 한국으로 치면 인신보호판사로 하여금 강제입원한 정신장애인에 대해 입원일로부터 12일 내에 입원의 필요성을 심사하고, 6개월마다 계속입원 여부를 심사하게 하는 형태이다. 이외에도 당사자나 가족 등 이해관계인이 입원 필요성 여부를 다툴 수도 있다. 인신보호판사의 심사에는 당사자에 대한 청문이 필수적으로 포함된다. 청문은 강제입원뿐만 아니라 강제치료에 대한 적부 심사 전체에 적용된다. 이 모든 절차는 원칙적으로 관할 지방법원에서 이루어지는 데 필요한 경우 판사가 해당 병원으로 가서 심사를 하기도 하고, 화상심사도 가능하다. 인신보호판사는 당사자의 상태가 화상심사로도 가능하다는 소견이 있고, 당사자 또한 화상심사에 동의하는 경우 청문을 진행할 수 있다. 우리의 인신보호재판도 비슷한 기능을 수행하고는 있으나, 우리는 당사자 등이 소제기를 하는 경우에만 판사가 수용여부를 판단한다. 프랑스의 인신보호재판처럼 당사자 등의 소제기와 관계없이 정기적 혹은 직권으로 관여하여 입원 필요성을 판단하지는 못하는 것이다. 이때 청문 과정에서 독일 등과 마찬가지로 당사자는 조력인의 도움받을 권리를 가지는데, 청문 과정에서 본인이 처한 상황을 잘 이해하고 조력받을 수 있도록 본인이 선택한 변호사에 의해 보조받거나 대리권을 행사할 수 있음을 법문에 규정하고 있다. 이와 같은 법원의 사전적 심사로 강제입원의 효력을 해제시키는 비율은 전체 청구 중 15%에 달한다고 한다.

이탈리아는 정신보건 개혁 국가로 국내에도 여러 차례 소개된 바 있다. 1960년대 말 정신과 의사인 바자리아(F. Basaglia)의 주도하에 정신병원의 문을 닫고 그 자원으로 지역사회서비스를 제고하는 탈원화를 추진하였다. 주요 골자는 신규 입원을 금지하고, 새로운 정신병원을 설치하지 않으며, 기존의 정신병원을 폐쇄해가는 것이다. 정신장애인의 예방, 치료, 재활은 모두 지역사회서비스 제공을 기반으로 설계하며, 긴급한 상황을 위해 입원을 하더라도 종합병원 내 최대 15병상으로 제한한다. 강제치료 평가 및 치료는 공공 지역사회보건서비스센터에서 수행하는 것을 원칙으로 하며, 꼭 필요한 입원은 공공병원이나 공공보건시스템과 계약을 맺은 장소에서 이루어져야 한다. 강제치료를 하기 위해서는 2인의 의사의 동의를 필요로 하며, 1인은 공공정신보건부서의 정신과 전문의이어야 한다. 자치단체장이 강제치료를 명령하더라도 최종적인 치료 여부는 사법적 안전을 확인하는 판결에 의해 결정된다. 강제치료가 7일을 초과하여 연장될 경우에는 자치단체장의 명령과 판결의 절차를 다시 밟아야 한다. 이탈리아 법에서는 사회적 위험에 대한 통제의 책임이 의료진이 아닌 경찰이나 사법체계에 있다. 정신보건법에 따르면, 정신질환에 관한 예방, 치료, 재활은 일반적인 보건서비스와 동일하게 제공되고 있으며 강제적 입원 및 치료의 경우도 마찬가지이다. 강제입원의 최초 기간은 48시간으로 제한하며, 그 기간 이내에 자치단체장은 지역관할 판사에게 통보하여야 한다. 통보받은 판사는 48시간 이내에 강제치료의 유효성을 판결하고 자치단체장에게 고지한다. 만약 판사가 이를 기각하면 자치단체장은 치료를 종료하여야 한다. 강제입원을 7일 이상으로 연장해야 할 경우에는 지역의료기관의 책임자가 자치단체장에게 연장을 요청한다. 그리고 자치단체장은 다시 비자의치료 연장이 필요한 기간을 적시하여 판사에게 통지한다. 입원 해제의 경우에도 우선 의료기관 책임자가 자치단체장에게 통지하고, 자치단체장은 이를 통지받은 후 48시간 이내에 판사에게 통지한다. 위 결정들에 대하여는 누구나 효력정지나 효력변경의 처분을 자치단체장에게 신청할 수 있고, 자치단체장은 10일 이내 정해진 절차를 밟아야 한다.

미국의 경우 1972년 연방대법원은 레살드 대 슈미트(Lessard v.Schmidt) 사건에서 최소 침해의 원칙에 따라 비자발적 입원이 형사소송과 마찬가지로 인신구속 절차(Writ of habeas corpus)를 밟아야 한다고 판결하였다. 이 판결에서는 "정신병과 잠재적 위험성에 대한 요건이 충족되었다고 하더라도 법원의 정신병원 수용명령은 최후수단으로서만 가능하다"고 판시하고 있다. 1968년에 캘리포니아 주는 Lanterman-Petris-Short Act[12]를 통과시켰는데, 이 법은 가족이나 친족에 의한 입원인 경우 당사자의 권리보호를 위한 법적 절차를 거치지 않고는, 강제입원시킬 수 없도록 하는 내용을 담고 있다. 원칙적으로 수용하기 위해서는 자·타해위험이나 중증의 장애가 있어야 하는데, 제3자의 도움을 받아 안전하게 생활할 수 있으면 중증 장애에 해당하지 않는다. 수용 후에는 72시간 내에 퇴원하거나, 자의입원을 하거나, 14일간의 강제입원에 처해지는데 72시간 내 입원기간 동안 수용에 대한 통지, 통신의 자유, 약물치료에 대한 결정권 등이 보장된다. 또한 뉴욕 주의 경우 정신위생법에서 강제입원에 대해 규정하고 있는데, 의료기관의 장은 정신과 전문의 2인의 진단과 입원 신청서에 의거해야 하며, 이들의 진단은 원칙적으로 각각 이루어져야 한다. 보호입원 당사자의 경우 법원의 청문 절차가 필수적이다. 변호사나 보호인의 도움을 받아 나흘 안에 청문회(Certification Review Hearing)를 열어 심리를 거쳐야 하며, 인신보호재판을 청구하여 법원의 심사를 받을 수도 있다. 보호입원 당사자가 입원한 지 60일 내에 당사자나 친족, 지인, 정신보건 또는 법률 서비스 담당 공무원 등의 제3자가 당사자의 감독자에게 서면으로 강제치료·보호의 필요성에 대해 문제를 제기함으로써 청문 절차가 시작된다. 감독자는 청문 신청을 받는 즉시 당사자의 의료기록을 지정된 지방 법원으로 송부해야 한다. 법원은 자료를 받은 날로부터 5일 이내에 청문 날짜를 정하고, 당사자, 신청자, 감독자, 정신보건 및 법률 서비스 담당 부서 등에게

---

12) 법안 작성자인 프랭크 랜터맨 주의원, 그리고 캘리포니아 주상원 의원인 니콜라스 C. 페트리스와 앨런 쇼트의 이름을 따서 이름이 붙여졌다. LPS Act가 추구한 것은 "정신 건강 장애를 가진 사람들이 부적절하게, 무기한으로, 본인의 의지에 반하여 입원당하는 것을 막는 것"이다.

이러한 사실을 알려야 한다. 지정된 날에 법원의 청문이 있은 후, 당사자가 계속 입원할 필요가 없다고 판단되면 법원은 퇴원을 명령하고 당사자는 즉시 퇴원할 수 있다.

3) 한국의 경우

2016년 정신건강복지법(구 정신보건법)을 전면개정하면서 입원요건을 강화했다. 보호의무자에 의한 입원과 행정기관장에 의한 입원 모두 입원의 필요성과 자·타해위험을 판단하는 정신과 전문의의 수를 1명에서 2명으로 늘렸고, 2명은 서로 다른 의료기관에 소속된 전문의여야 한다는 내용이 새로 들어왔다. 이른바 '회전문 입원'현상을 막기 위해 강제입원을 하면 3일 내에 보건복지부에 신고를 입원신고제도가 생겼고, 강제입원을 한 당사자가 입원에 대해 불복한 경우 30일 내에 입원이 적합한지 여부를 다툴 수 있는 입원적합성심사제도가 도입되었다. 입원적합성심사위원회는 입원연장심사기관인 정신건강심사위원회(구 정신보건심판위원회) 외에 별도로 설치된 강제입원에 대한 심사기관으로, 전국 5개 국립정신병원에서 운영하고 있다. 구 정신보건법에는 없었던 강제입원의 타당성 여부를 판단하는 최초입원 심사기관이며, 지방자치단체 산하기관이 아니라 국가 산하기관이기 때문에, 입원연장심사를 하는 정신건강심사위원회와 그 지위를 달리하는 점에서 진일보한 측면이 있고, 입원당사자를 직접 대면하는 조사원제도를 두고 있는 점, 의료진 외에 당사자, 가족, 법률가, 인권전문가 등 다양한 분야의 구성원을 위원으로 두고 있다는 점에서도 나름 긍정적으로 평가할 수 있다. 물론 이외에도 국가인권위원회에 부당한 강제입원과 입원연장에 대해 진정할 수 있고, 인신보호법에 의한 인신구제청구 소송도 가능하다.

이 중에 새로 도입된 심사기구이자, 현재 강제입원과 관련하여 가장 중점적으로 운용되고 있는 입원적합성심사제도에 관하여 살펴보기로 한다. 결론부터 다소 거칠게 표현하자면, 이 제도는 시행된 지 5년이 되었으나 존재 의미를 찾기 어려울 정도로 표류된 상태라고 할 수 있다. 입원적합성심사위원회는 정신장애인을 대면 조사하는 조사원제도를 두고 있으나 현재 약 20~25% 가량의 조사원 대면 조사를 신청한 이들만이 대면조사를 하고 있으며, 조사원이 조사 및 정리한 내용을 토대로 입원적합성심사 소위원회에서 다시 심사를 시행한다. 즉, 입원적합성 여부를 종국적으로 결정하는 입원적합성심사 자체는 5~6인의 위원으로 구성된 소위원회에서 기존과 다르지 않은 서면심사에 의해, 그것도 매우 빠른 속도로 판정이 이루어지는 경우가 다반사다. 입원적합성심사청구 건수에 비해 그것을 판정할 위원 수가 턱없이 부족하기 때문이다. 보건복지부 발표에 따르면, 3개월 동안(2018. 5. 30.부터 2018. 8. 31.까지) 1.4%의 입원부적합 결정(3개월간 8,495건을 심사하여 그중 115건을 부적합 판정함)비율을 보이고 있으며 최근까지도 수치는 큰 변동이 없는 것으로 나타난다. 이는 정신건강심사위원회의 퇴원심사청구의 인용률 4~5%이나 인신보호재판에서의 퇴원(수용해제)명령비율 약 7%보다도 현저히 낮은 수준이며 99%에 육박하는 입원승인율은 심사기관 자체로서의 존재의미가 있는지 의심할 수밖에 없다.

5. 한국입원제도의 대안과 방향성

앞에서 많은 국가들이 어떻게 강제입원제도를 운영하고 있는지를 보면 그 어떤 나라도 쉽지 않은 진통을 겪어왔다는 점을 알 수 있다. 여러 시행착오들을 겪으면서 도달한 지점도 사실상 대동소이하다. 한국도 '치료가 인권'이던 시절에서 '자유가 치료'인 시대로 넘어오면서 강제입원을 사회적 입원이라 명명하고 입·퇴원절차에 인권이 최대한 보장되도록 국제사회로부터 또 집단 내부로부터 요구받고 있다. 그 과정에서 강제입원의 요건을 강화하고, 보다 중립적인 심사기구를 도입하고, 다양한 구제절차를 마련하기 위해 고민한 흔적들이 역력하다. 그중에는 이탈리아처럼 저런 일이 정말 가능했나 싶을 정도의 개혁적인 전환을 보여 준 곳도 있고, 뭔가 시도를 하는 것처럼은 보이나 가시적인 결과를 놓고 보자면 다소 아쉬운 곳도 있다. 한국도 이런 점에서 자유롭지 않아 보인다. 멀리서 보면 이 모든 것들이 정신보건 영역이 인권과 회복 기반의 패러다임으로 이행해가는 과정이겠으나 가까이서 보면 헌법과 자연법에 근거한 신체의 자유와 자기결정권이라는 매우 근본적인 권리에 대한 속박을 어떻게 납득 가능한 수준에서 공동체를 설득할 것인가의 문제이고, 이것은 가만두어도 인권친화적인 방향으로 갈 것이 절대 아니기 때문에 계속 고삐를 당기고 조일 수밖에 없다.

특히 입원적합성심사제도의 결과는 사실상 도입 당시부터 어느 정도는 예견된 일이었다고 해도 과언이 아니다. 아무리 공공병원이라고는 하나 국립정신병원 산하기관에서 심사를 한다는 것은 UN이나 WHO와 같은 국제기구가 정신장애인 보호원칙에서 천명하고 있는 입원심사기관이 가져할 할 제도적 독립성과 중립성을 온전히 반영하고 있다고 보기 어렵다. 입원적합성심사를 담당하는 개별 소위원회의 구성 역시, 법령상으로는 다양한 자격을 규정하고 있으나 실제 위원으로 활동하는 경우는 극소수이고, 사실상 의료적 합의체로서 기능한다. 더구나 5개의 위원회에서 전국의 수천에서 수만 건에 이르는 심사청구 건수를 모두 '처리'해야 하는 상황이다 보니 그것을 판정할 위원수가 부족하여 한 건당 실제로는 5분 안팎의 시간밖에 주어지지 않는다. 그 시간동안 절차적 문제와 실체적 문제를 파악하여 한 사람의 신체 구속여부를 제대로 판단하기란 사실상 불가능에 가깝다. 뿐만 아니라, 심사절차에서 당사자가 직접 조사원 대면조사를 신청하여 조사를 하는 경우를 제외하고는 자신의 의견을 피력할 수 있는 서면도 제출할 수 없고, 자신을 옹호하는 사람을 선임할 수도 없어 심사 자료가 기본적으로 당사자에게 불리하게 되어있다. 더군다나 UN의 정신장애인 보호원칙은 입원심사과정에서 당사자의 의견진술권과 변호인 선임권을 보장할 것을 요구하고 있으나 입원적합성심사는 입원연장심사와 동일하게 정신의료기관측이 제출한 서면 위주로 심사되어 대면심사, 방문심사, 화상심사 등을 당사자의 의견진술 기회가 변변치 않고 변호인 등의 조력도 거의 이루어지지 않는다. 설령 입원적합성심사위원회가 퇴원을 고려하는 경우에도 가족의 퇴원부담, 지역사회 내 자원 부족, 환자 치료 중단 등을 감안해 입원적합을 승인하게 되는 경향도 무시할 수 없다.

최근에는 이러한 한계를 극복하기 위한 방편으로 사법심사를 도입해야 한다는 주장에 힘이 실리고 있다. 그러나 사법심사를 통해 기대할 수 있는 여러 장점, 즉 이해관계에서 자유로운 독립성과 중립성, 원칙적인 대면심사와 법률조력인의 옹호 등에도 불구하고, 일각에서는 여전히 우려의 목소리도 존재한다. 판사가 심사의 중심에 있다 하더라도 관련 교육이나 고민 없이 임하게 될 경우 결국 전문가(대개는 의료인)의 의견에 치우치게 될 것이며, 지금은 의료기관의 판단에 불복하기 위해 법원에라도 갈 수 있으나 사법부가 입원을 결정해 버리면 어디로도 갈 데가 없어지고, 결국 당사자 입장에서는 강제입원에 정당성 내지 합법성을 부여하는 판사 한 명이 더 늘어날 뿐이라는 시각이다. 따라서 제도의 형식을 어떻게 만들지도 중요하지만, 그 내용을 어떻게 채울지에 대한 원칙을 마련하는 것이 선행되어야 한다. 이를테면, 강제입원과 강제치료를 종식하고, 자의입원과 통원치료를 원칙으로 하며, 대안적인 치료를 적극 도입하겠다는 목적이 정책과 입안의 원칙이 되어야 한다. 당사자의 의견진술권과 자료제출권을 보장하고, 동료활동가나 절차보조인, 변호인 등 조력인의 참여를 보장하며, 공익성과 중립성을 가진 구성원으로 심사체를 구성해야 한다. 대면심사나, 화상심사, 방문심사를 폭넓게 활용하며, 당사자가 심사체의 결정에 불복할 수 있고, 그 방어권을 충분히 행사할 수 있는 조건이 마련되어야 한다. 이뿐만 아니라 보다 근본적인 고민도 병행되어야 한다. 강제입원이 사회적 입원으로 명명되고 있는 것은, 정신보건제도의 위기는 강제입원 요건이 완화되었기 때문이 아니라, 그동안 우리 사회가 정신장애인을 사회적으로 격리하고 배제하는 방식으로 '처리'해 왔음을 드러낸다. '돌아갈 집이 없어서', '입고 나갈 옷이 없어서' 정신병원과 정신요양시설에 감금되어 있는 당사자들이 여전히 많다. 집과 일자리, 소득이 보장되고, 가족과 친구에게 부담을 지우지 않고, 적절한 서비스를 받으며 공동체의 일원으로서 교류할 수 있는 시스템이 지역사회에 마련될 때에야 비로소 인권과 회복기반의 정신보건이라는 이상에 한 발짝 다가갈 수 있을 것이다.

참고문헌

권오용 (2014). 정신장애인의 법적 능력과 정신보건법상 비자의 입원 및 치료. 한국정신건강사회복지학회 학술발표논문집, 269-282.

김영식 (2020). 프랑스의 공중보건법상 비자의 정신치료 제도의 특징과 시사점. **한국법학회 법학연구**, 20(3), 241-258.

김혜수, 안용민, 박종익 (2017). 강제입원의 법적 기준에 대한 고찰: 입원적합성 심사에 참고할 해외 사례의 소개를 포함하여. **대한신경정신의학회**, 57(1), 43-51.

나가노 토시히로, 요시노 토모미 (2019). 일본의 정신보건의료복지의 상황. **후견과 신탁**, 2(1), 83-103.

박귀천 (2014). 독일의 정신보건법제와 정신질환자 강제입원제도. **이화여자대학교 법학논집**, 19(2), 357-395.

박정일 (2019). 보호의무자에 의한 입원에서 가족의 위치. **법과정책**, 25(1), 113-136.

박현정 (2019). 행정법적 관점에서 본 비자의입원의 법적 성격과 절차, **행정법연구**, 56, 145-172.

신권철 (2018). **정신건강복지법해설(입원편)**. 법문사.

신권철 (2020). 동북아 국가 강제입원제도의 특성과 가족의 역할-한·중·일·대만을 중심으로-. **사회보장법학**, 9(1), 95-233.

신권철, 홍남희, 김은영, 오광균 (2016). 개정 정신보건법에 따른 입·퇴원제도 운영방안. 보건복지부.

신수정 (2017). 이탈리아의 강제입원제도. **이화여자대학교 법학논집**, 22(1), 119-142.

아니나 존슨 (2018). 뉴사우스웨일스에서의 비자의적 정신보건치료 법

제도와 실무현황. 후견과 신탁, 1, 67-85.

양옥경 외 (2020). 정신장애인 국가보고서 이행상황 점검을 위한 실태조사. 국가인권위원회.

윤석준, 신권철, 백종우, 고든솔, 김근아 (2019). 개정 정신건강복지법 평가 및 제도개선연구. 보건복지부.

이동진 (2018). 개정 정신건강복지법상 비자의입원 규제에 대한 입법론적 고찰. 의료법학, 19(2), 99-137.

전호성 (2020). 한일 정신장애인의 '입원'규정에 대한 법제적 흐름 고찰. 대한일어일문학회, 86, 277-296.

홍선미 외 (2016). 정신장애인 지역사회 통합을 위한 해외사례 비교연구 실태조사. 국가인권위원회.

홍창희, 정성미, 시영화, 윤보현, 배안 (2014). 정신질환자의 인권지표 개발: 국립병원의 조현병과양극성장애 환자를 중심으로. 신경정신의학, 53(1), 32-39.

5장
강제입원자의 권리옹호를 위한 의사결정 지원제도와 절차보조사업의 개선방향[1)]

▌하경희

1. 서론

정신장애인의 강제입원은 가장 심각한 인권침해로서, UN의 장애인권리협약에서도 '정신질환'의 치료를 이유로 한 강제입원을 불법으로 규정하고 있다. 강제입원 과정에서 한 인간으로서 존중받지 못하고 자기결정권을 박탈당하는 경험은 정신장애인에게 무력감과 통제감 상실을 가져온다. 이는 정신장애인에 대한 사회적 편견을 더욱 강화시키며, 장기적으로 정신장애인 스스로도 자신의 판단을 믿지 못하거나 타인의 지시와 결정에 순응하는 결과를 가져온다.

무엇보다 강제입원은 치료적으로도 효과적이지 못하다. 강제입원 경험은 정신장애인이 치료에 대해 부정적 인식을 갖게 하거나, 스스로 정신장애에 대해 이해하는 데 오히려 장애물이 된

---

1) 2021년 『한국장애인복지학』에 발표한 "정신장애인 절차보조사업의 한계 및 개선방안"(52: 223-254)을 수정·보완한 내용임.

다. 설령 강제입원으로 단기적 효과가 있을지라도, 이는 지속가능하지 않으며, 오히려 또 다시 강제입원을 반복하게 만들 가능성이 높다. 따라서 강제입원은 원칙적으로 폐지되어야 하며, 자타해 위험이 있을 경우 최소한으로 이루어져야 하고, 법에 근거하여 절차상의 권리를 보장받도록 해야 한다.

대부분의 선진국에서는 강제입원율을 10%대로 유지하고 있으며, 불가피한 강제입원 절차 시 정신장애인의 권리 보호를 위한 옹호 서비스를 제공하고 있다. 특히 장애인권리협약에 근거하여 정신장애인의 자기결정권에 대한 대리의사결정 제도를 의사결정지원제도 전환하고 있다. 즉, 강제입원 과정에서 정신장애인의 자기결정권을 존중하고, 당사자의 선호와 의사를 반영한 치료가 이루어질 수 있도록 지원하고 있다. 한국도 2018년 헌법재판소의 위헌결정 이후 '정신질환자 절차보조사업'이 실시되기 시작하였다.

이 장에서는 정신장애인에 대한 강제입원 및 자기결정과 관련된 논의들을 검토하고, 자기결정권을 보장하기 위한 제도로서 의사결정지원제도에 대해 살펴보고자 한다. 정신장애인의 자기결정권에 대한 무능력과 위험의 논리, 의료적 관점, 그에 따른 강제입원의 부정적인 결과에 대해 비판적으로 검토한다. 그리고 장애인권리협약에서 새롭게 정의하고 있는 의사결정능력의 의미와 이를 지원하기 위한 의사결정지원제도에 대해 살펴본다. 강제입원자에 대한 대표적인 의사결정지원제도로서 영국의 독립정신건강옹호 제도에 대해 소개하고, 이에 근거하여 한국에서 실시하고 있는 절차보조사업의 현황과 개선방향에 대해 제시하고자 한다.

2. 정신질환자의 강제입원과 자기결정

1) 정신질환자의 자기결정권

인간은 누구나 자유와 자율성에 대한 권리를 가지고 있으며, 자기결정은 이를 보장하기 위한 도덕적 원칙이자 법적 권리이다. 자기결정은 스스로 선택한 가치에 근거해서 타인의 간섭이나 구속 없이, 자신의 태도와 행동을 결정하는 것이다. 따라서 민주 사회에서의 모든 제도는 자기결정을 하나의 기본적 권리로 존중하고 있다. 하지만 자기결정은 어떠한 상황에서나 반드시 지켜져야 하는 절대적인 원칙은 아니다. 특정 조건하에서는 그 범위와 구현 정도가 일정 정도 제한되거나 축소될 수 있다. 개인과 사회의 이익을 보호하기 위한 목적으로 당사자의 의사에 반하는 결정을 내리기도 한다. 이는 온정주의(paternalism)에 따른 것으로, 마치 부모가 자녀를 위하는 마음으로 자녀의 의사와 상관없이 알아서 다 결정하는 것과 같다.

온정주의는 다음의 두 가지 논리에 근거하고 있다(김기덕·장은숙, 2008). 첫째는 무능력의 논리이다. 한 개인이 자기결정을 하기 위해서는 이성적으로 합리적인 판단을 내릴 수 있는 능력이 있어야 한다. 어떤 결정이 최선인지를 판단할 수 있는 인지적 능력과 자신의 의사를 표현하고 행동할 수 있는 행위능력을 가지고 있어야 한다. 만약 정신적 장애 등으로 자기결정을 충분히 수행할 수 있는 능력이 없다면, 전문가나 사회가 온정주의로 개입하여 대신 결정을 내려야 한다. 두 번째는 위험 혹은 위해의 논리이다. 이는 한 개인의 행동이나 태도가 다른 사람에게 해를 주어서는 안 된다는 도덕적 원칙에 근거하고 있다. 만약 누군가의 행위가 자신이나 다른 사람에게 심각한 해악을 줄 것이 분명할 경우에는 공권력을 동원하여 자유로운 자기결정을 제한해야 한다.

특히, 건강과 관련된 이슈에 있어서는 의료적 관점이 더해진다. 즉, 한 개인의 고유한 자유권보다 적절한 치료를 받을 권리가 더 우선하게 된다. 질병으로 인해 위급한 상황이 되었을 때 당사자의 자유로운 결정보다는 환자로서 치료를 통해 건강을 회복하는 것이 더 우선적인 가치가 된다. 일반적으로 환자보다 더 많은 지식과 권위를 가지고 있는 의료 전문가가 무엇이 치료에 최선인지를 가장 잘 알고 있다고 여겨진다. 따라서 환자 보다는 의료 전문가의 결정이 더 존중될 수밖에 없다.

정신질환자에 대해서는 무능력의 논리, 위험의 논리, 그리고 의료적 관점이 더 당연하게 받아들여지고 있다. 정신질환자는 정신과적 증상과 병식 부족으로 합리적인 의사결정을 내릴 능력이 없다고 본다. 증상으로 자신과 타인을 해할 위험이 있기 때문에 안전을 위해 자기결정에 한계를 둘 수밖에 없다. 치료에 있어서도 정신질환자는 자신의 문제나 치료의 필요성을 인식할 능력이 부족하기 때문에 전문가가 대신해서 판단하고 설득해야 한다고 본다.

의료 전문가는 치료에 대한 자기결정의 문제를 치료에 대한 순응과 저항의 관점으로 이해하는 경우가 많다. 정신질환자가 의료 전문가의 처치나 지시에 따르지 않는 것을 자기결정이 아닌 '치료에 대한 저항'으로 여기게 된다. 의료 전문가는 사회적으로 더 많은 권력을 갖고 있기 때문에 정신장애인의 자기결정보다는 전문가에 의한 강제적인 치료가 더 정당화되기 쉽다.

2) 강제입원으로 인한 자기결정권 침해

정신장애인에 대한 자기결정권의 제한은 오래 동안 강제입원의 중요한 근거가 되어 왔다. 합리적인 판단이 어려운 정신장애인이 자발적으로 치료를 받게 내버려 둔다면, 꼭 필요할 때 치료를 놓칠 수 있다. 자기결정권의 존중이 오히려 정신장애인의 기본적인 건강의 권리를 침해할 수 있다고 본다. 따라서 대부분의 국가는 정신장애인이 증상으로 인해 범죄를 저지를 경우 법적 처벌을 받지 않도록 보호해 주는 대신 치료를 강제할 수 있도록 법으로 규정하고 있다. 정신과적 증상으로 개인의 이성과 판단력이 손상될 수 있다는 것을 보편적으로 인정하고 강제 치료를 허용하는 것이다.

하지만 정신장애인에 대한 강제치료는 다음의 측면에서 비판적으로 생각해 보아야 한다. 첫째, 강제치료가 과연 효과적인가이다. 강제입원이 단기적으로는 치료효과를 가져올 수 있지만 결코 지속가능하지는 않다(Frueh et al., 2005). 강제입원을 통해 증상이 완화되더라도 많은 경우 병식을 갖게 하는 데는 실패함으로써, 치료의 지속성이 떨어지고, 재입원 시에도 또 다시 강제 입원할 가능성이 높아지는 악순환을 가져온다. 한편 강제치료는 정신장애인에게 트라우마를 남김으로써 더 큰 부정적 결과를 남긴다. 트라우마는 정신과적 증상만큼 정신장애인의 심리정서에 악영향을 미치며, 치료에 대한 두려움으로 도움이 필요할 때 이를 포기하게 만들 수 있다.

> “20번 중에 자의입원이 한 번도 없어요. 저의 의견을 수렴해서 ‘한 달만이라도 가보자’ 좋은 말로 했으면 좋은데 항상 ‘맛있는 거 먹으러 가자’, ‘바람 쐬러 가자’ 하며 집어넣어요. 입원하자면 제가 막 버티고 그런 적 없었던 것 같아요. 울면서 입원했던 것 같아요(윤태진 · 조미경, 2018).”

> “항상 끌려갔고요. 급성증상이 오면, 잠만 자고 나오면 되는데 정신병원으로 강제입원되고, 응급실에서 수면 주사만 맞고 나오면 되는데, 그때마다 사람들은 어떡하나요? 어떻게든 강제로 병원에 입원시키려고 하는데, 그러면 저는 더 심해져요. 환시를 보고 있는 것보다 폐쇄병동에 강제로 입원당하는 게 천 배는 더 무서워요(송승연 · 배진영 · 윤삼호, 2018).”

둘째, 강제치료는 정신장애인으로 하여금 무력감과 통제감 상실을 경험하게 만든다. 인간으로서 취급받지 못했다는 굴욕감을 경험하게 되고, 의사결정 과정에 배제됨으로써 자기 삶에 대한 통제력을 상실하게 된다. 특히 입원 기간이 길어질수록 환자 역할에 순응하고 전문가와 가족의 결정에 의존하게 된다. 그로 인한 학습된 무기력은 자신의 자기결정 능력을 신뢰하지 못하고, 전문가가 더 좋은 결정을 내릴 수 있다고 생각하게 된다(Deegan, 1992).

"그러니까 의사하고 보호자하고 같은 편이예요. 환자의 말은 듣지 않아요. 의사가. 자기가 빨리 퇴원하고 싶으면 어떻게 해야 되는지 알거든요. 그래서 문제행동도 안 일으키고 맨날 의사선생님 만나면... 저는 이제 다 나았다고, 항상 웃는 얼굴로 있고, 즐겁게... 거의 아빠랑 엄마가 시키는 대로 했다고 하는... 맞아요. 제 의사는 별로 존중되는 거 같지 않고, 저는 힘이 없고... 저는 시키는 대로...(이용표 · 장혜경, 2014)."

"그런데 여기 있으면서 말썽을 부리면 싫어하고 불이익을 받아서 제가 싫어도 말을 안 해요. 찍히면 계속 안 좋은 사람으로 생각할 수 있어서 할 말이 있어도 참고 그래요. 같이 살아야 하니깐 어쩔 수 없잖아요(이유선, 2018)."

셋째, 정신장애인의 자기결정을 제한하는 논리는 오히려 차별과 편견을 더욱 악화시킬 수 있다. 정신과적 증상이 심각하거나, 즉각적으로 위험한 상황이 아닌 경우에도 정신장애인의 판단 능력을 무시하고, 자기결정을 존중하지 않게 된다. 상태나 상황에 따라 자기결정 능력은 변화 가능함에도 불구하고 그에 대해 평가하지 않은 채 한번 정신장애인은 영원히 무능력한 존재로 낙인을 찍는다(장은숙, 2009).

"망상이나 환청이 있는 사람은 무조건 가둬야 이 사람한테도 안전하고 사회에도 안전하다는 그 생각 자체가 잘못된 거에요. (중략) 아주 뿌리가 깊죠. 정신장애인의 자기결정이 존중되기 어려운 가장 큰 이유는 선입견이에요. 일단 못할 것이다. 뭐 위험하다(장은숙, 2009).”

“계속입원심사 서류에도 환자 의견란에 제가 할 말을 종이에 적어 놓았는데 제 생각을 적어도 퇴원이 되지 않는데 적어서 뭐 하겠느냐는 생각이 들어요. 그리고 의사 선생님은 퇴원을 해도 된다고 하는데 부모님이 퇴원을 반대하셔서 퇴원이 되지 않고 있어요. 의사 선생님도 강력하게 보호자를 설득해서 퇴원을 시켜줘야 하는데 보호자한테만 맡겨두는 것이 서운합니다. 퇴원에 있어서는 내가 할 수 있는 것이 없다는 생각이 들어요(박순아 · 박근우, 2018).”

3) 의사결정지원

정신장애인의 강제치료에 대한 근본적인 문제를 제기하게 된 계기는 2006년 유엔총회에서 채택된 장애인권리협약이다. 장애인권리협약 제14조는 장애인에 대한 비자발적 혹은 강제 시설 입소에 대해 최종적으로 금지하고 있다. 범죄로 인한 경우를 제외하고는, 장애인의 의사에 반하여 자유를 박탈하는 것은 불법이다. 공공의 안전을 위해 예방적으로 구금하는 것 또한 원칙적으로는 불법이다. 자타해 등 법에 근거해 구금할 때라도, 장애인을 위한 편의 제공 등의 적절한 조치가 함께 이루어져야 한다(CRPD, 2014).

장애인권리협약 제12조는 장애인이 모든 영역에서 법 앞에 인간으로서 인정받을 권리가 있으며, 동등한 기초 위에서 법적 능력을 향유한다고 명시하고 있다. 전통적으로 정신적 장애를 가진 사람은 스스로 결정을 내릴 수 있는 능력이 없기 때문에 법정능력도 박탈당해 왔다. 하지만 장애인권리협약에서는 법적 능력과 의사능력을 다른 개념으로 정의하면서, 의사능력이 없다고 여겨지더라도 그것이 곧 법적 능력을 부정하는 근거가 되어서는 안 된다고 본다.

의사결정능력은 전적으로 온전하거나, 전적으로 불완전한 이분법으로 정의할 수 없는, 양극단 사이의 연속적인 개념으로 보아야 한다. 의사결정능력은 사람마다 다를 수밖에 없으며, 사회환경적 요인에도 영향을 받는다. 따라서 장애나 질병에 근거해 모든 삶의 영역에 대해 영구적으로 의사결정능력이 없는 것으로 간주해서는 안 되며, 특정 사안이나 영역에 따라 달라질 수 있다고 보아야 한다. 또한 한 사람이 온전히 독립적으로 결정하고 통제할 때만 의사결정을 인정하는 것이 아니라, 적절한 지원이나 도움을 받아 결정을 내리는 경우에도 인정해야 한다. 중요한 것은 장애인이 법적 결정을 내리는 데 있어, 필요한 지원을 이용할 수 있도록 충분히 기회를 제공했는가이다.

이러한 개념을 반영하여 영국의 정신능력법(Mental Capacity Act)은 의사결정능력을 다음과 같이 정의하고 있다. 첫째, 의사결정능력이 결여되었다는 판정이 내려지지 않는 한, 능력이 있는 것으로 간주한다. 둘째, 본인의 의사결정을 돕기 위해 가능한 모든 조치를 취하지 않는 한 의사결정능력이 결여되었다고 간주하지 않는다. 셋째, 현명하지 못한 결정을 내렸다는 것만으로 의사결정능력이 결여되었다고 간주하지 않으며, 본인의 의사결정능력을 최대한 존중한다. 넷째, 의사결정능력 평가는 반드시 특정 시기, 특정 사안에 관련하여 평가한다(김문근, 2010).

3. 정신장애인 의사결정지원

1) 의사결정지원

장애인권리협약에서는 장애인이 법적능력을 행사할 수 있도록 적절하고 효과적인 지원을 제공하도록 명시하고 있다. 성년후견제도와 같이 행위능력을 획일적으로 제한하는 '대리의사결정제도'를 '의사결정지원제도'로 대체하도록 하였다.

의사결정지원(supported decision making)은 의사결정 역량이 손상되어 스스로 결정을 내리기 어려운 사람들을 지원하는 과정이다. 의사결정지원은 장애인의 권리, 의지, 선호를 존중하며, 개개인의 상황에 적합해야 하고, 가능한 최단기간 동안 적용하도록 해야 한다. 의사결정지원의 핵심 원칙은 '자율성'이다. 누구든지 적절한 지원을 통해 의사결정을 내릴 수 있다면 어느 누구도 대신 결정해서는 안 된다. 즉, 어떤 사람이 '의사결정을 내릴 역량이 있는가'라고 질문해서는 안 되며, '자신의 권리를 옹호하기 위해 어떤 지원이 필요한가'가 고려되어야 한다(Bach & Kerzner, 2010).

대리의사결정에서 의사결정지원으로 전환하는 것은 표 5-1과 같은 변화를 전제한다(WHO, 2017). 의사결정지원의 가장 중요한 원칙은 당사자의 의사와 선호(will and preference)에 기반을 둔다는 것이다. 기존의 대체의사결정은 선한 의지를 가지고, 당사자의 '최선의 이익'을 위해 결정을 내리지만 그것이 곧 당사자의 의사와 선호를 의미하지는 않는다. 중요한 것은 당사자가 그 도움과 맥락에 대해 주관적으로 어떻게 받아들이느냐이다. 설령 당사자와 의사소통이 직접적으로 불가능한 경우일지라도, 모든 결정은 당사자의 '의사와 선호에 대한 최선의 해석'에 기반을 두고 이루어져야 한다. 예를 들어, 기존에 알려진 당사자의 가치나 신념에 따르거나, 이를 알 수 없는 경우 주변의 가까운 친구나 가족에게 물어볼 수 있으며, 이에 대한 정보를 기록한 사전의 향지시서에 따를 수도 있다.

의사결정지원은 자발적이어야 한다. 어떤 것도 강요되거나 강제되어서는 안 된다. 설령 당사자가 지원을 거절하기로 결정하더라도, 그 선택은 존중되어야 한다. 의사결정지원은 받아들일 수 있는 대안들 중에서 실제적인 선택이 이루어질 수 있도록 한다. 이때 당사자와 관련된 사람들이 서로의 생각에 대해 열린 자세로 함께 논의할 수 있는 기회를 가지는 것이 중요하다.

〈표 5-1〉 대리의사결정에서 의사결정지원으로의 전환

대리의사결정		의사결정지원
심리사회적 장애를 가진 사람들이 스스로 결정을 내릴 수 있는 정신적 능력이 없다고 가정	⇨	심리사회적 장애가 있는 사람이 필요한 경우 지원자의 도움을 받아 스스로 결정을 내릴 수 있다고 가정
정신적 능력(결정 능력)의 결함 평가		결정을 내리는 데 필요한 지원의 유형과 수준을 탐색
정신건강 및 관련 서비스 내로 제한		지역사회의 지지적 대안을 모색
최선의 이익 (다른 사람이 당사자를 위한 최선의 결정 또는 행동 방침이 무엇인지 결정함)		의사와 선호 (모든 결정은 당사자 자신의 의사와 선호에 기초하거나, 의사소통이 불가능한 상황에서는 당사자의 바램과 선호에 대한 최선의 해석에 기초함)
대리의사결정과 대리의사결정자 (당사자의 의사와 선호가 아닌 다른 사람이 자신의 기준에 따라 대신 결정을 내림)		의사결정지원자 (다른 사람의 지원을 받아 당사자 스스로, 당사자 자신을 위한 결정을 내림)

2) 정신장애인 의사결정지원

서구에서는 정신장애인의 권리를 옹호하기 위해 다양한 의사결정지원제도를 갖추고 있으며 WHO(2017)는 QualityRights에서 그 가이드라인을 제시하고 있다. 그중 지원자, 사전정신의료의향서, 동료지원을 소개하고자 한다.

(1) 의사결정 지원자

의사결정 지원자(supporter)는 의사결정에 지원이 필요한 사람을 지원하는 개인 혹은 조직이 수행하는 역할이다. 대체의사결정제도와 달리 의사결정 능력과 책임은 정신장애인 당사자에게 있으며, 지원자는 임명된 사항과 관련된 의사결정에 대해서만 지원한다. 정신장애인 당사자의 자율성과 독립성을 중요시하며, 개인의 의사와 선호가 결정의 중요한 근거가 된다. 지원자는 스웨덴의 개인 옴부즈만, 호주의 지원자, 영국의 옹호자 등 각 국가마다 다양하게 제도화되고 있다.

호주에서의 지원자는 가족, 친구 혹은 돌봄제공자 등 장애인이 원하는 누구나, 한 명 혹은 그 이상 지명될 수 있다. 의사결정 지원이 필요한 사람은 언제든 지원자를 임명할 수 있으며, 언제든, 어떤 이유로도 임명을 취소할 수 있다. 지원자가 임명되더라도 최종 의사 결정 권한은 장애인 당사자에게 남아 있으며, 지원자의 도움으로 내린 어떠한 결정도 당사자의 결정으로 인정한다. 지원자의 역할은 의사결정 지원, 개인 관련 정보 처리, 정보를 얻거나 정보를 이해할 수 있도록 지원, 결정을 제3자에게 전달, 결정에 대한 조언 제공, 결정이 효력을 가지도록 지원하는 것이다. 지원자는 임명된 것과 관련된 의사결정에 대해서만 지원한다. 지원자는 당사자가 의사와 선호를 표현할 수 있도록 지원하며, 개인적, 사회적, 재정적, 문화적 웰빙을 증진하는 방식으로 지원한다.

(2) 사전정신의료의향서

사전정신의료의향서(psychiatric advance directives: PAD)는 현재는 법적 능력이 있는 사람이 스스로 결정할 수 있는 능력의 상실을 대비하여 정신과 치료에 대한 의사를 사전에 공식화하는 문서이다. 사전정신의향서를 준비함으로써 정신장애인은 자신의 의사를 표현할 수 없을 때가 오더라도 치료에 관한 통제권을 확보할 수 있다. 사전정신의향서를 통해 정신건강법상 강제치료의 대상이 되기 전 장래 정신과 치료에 대한 자신의 의사와 선호를 밝히고, 의료요양에 관한 대리결정자를 선임할 수 있다. 자기결정 능력이 있을 때는 언제든지 의향서를 취소할 수도 있다.

미국의 경우 대부분의 주에서 사전정신의향서에 관한 법을 제정하거나 보다 포괄적인 사전의료의향서에 대해 제도화하고 있다. 캘리포니아 주의 경우 퇴원하는 모든 환자에게 요구되는 요양계획에 사전의료의향서를 포함할 수 있으며 다음의 내용을 반영하고 있다. 정신과적 위기상황을 통지해야 하는 사람, 치료기관의 선택과 입원에 대한 대안, 치료받기 원하는 의사의 이름, 응급상황을 피하기 위한 대안, 응급 개입에 관한 선택, 전기충격치료, 환자 방문을 금지할 사람들, 그 외 정신과 치료에 관한 지시 사항들을 포함하고 있다.

사전정신의료의향서는 정신장애인의 치료에 대한 통제력을 높이고, 강제입원율을 23%까지 감소시키는 등 강제적인 개입을 줄이는데 효과적인 것으로 나타났다(WHO, 2017). 사전정신의료의향서는 정신장애인의 의사와 선호를 반영함으로써 책임을 공유할 수 있어 치료자들에게도 도움이 된다. 전문가들은 사전정신의료의향서를 단지 법적 서류나 업무로 뿐만 아니라 회복 과정의 중요한 부분으로 여길 필요가 있다.

(3) 동료지원

동료지원(peer support)은 정신적 어려움을 경험하고 회복된 정신장애인 당사자가 동일한 어려움을 가진 동료에게 도구적·정서적 지지를 상호 간에 제공하는 것이다. 회복 패러다임에서는 지지적인 관계의 중요성을 강조하고 있으며, 동료로부터의 지지를 강력한 회복의 요인으로 제시하고 있다.

동료지원은 정신장애인이 자신의 의사와 선호를 표현하고 실현하도록 돕는다. 동료지원을 통한 공감과 신뢰는 열린 마음으로 소통할 수 있도록 돕고, 당사자의 욕구에 좀 더 관심을 가짐으로써 정신장애인이 자신의 의사와 선호를 탐색하고 표현할 수 있도록 돕는다. 동료지원을 통해 희망과 용기를 얻음으로써 자신의 의지를 실현하기 위해 적극적으로 참여할 수 있다.

미국은 동료지원을 증거기반의 효과적인 실천으로 인정하고 있으며 전문 자격 과정을 운영하고 있다. 특히 공적 건강보험체계에서 자격을 갖춘 동료전문가의 서비스에 대해 수가를 지불함으로써 동료지원가가 실제로 활동할 수 있는 재정적 기반을 마련하고 있다. 3만 명 이상의 동료지원가들이 지역사회 정신건강체계뿐만 아니라 입원병동, 응급실, 외래, 전화상담, 동료운영조직 등 다양한 영역에서 활동하고 있다(Daniels et al., 2010).

3) 강제치료에 대한 의사결정지원

의사결정지원은 정신장애인이 자신의 의사에 반하여 강제적인 치료를 받아야 할 때 더욱 중요하다. 강제치료 과정에서 정신장애인은 두려움과 무력감으로 의사를 표현하거나 주장하기 어려우며 이때 옹호 서비스는 중요한 역할을 할 수 있다(Stomask,

Morrison, Whitely, & Brennan, 2018). 주요 국가에서는 강제치료에 대한 의사결정지원제도를 다양하게 실시하고 있다.

미국은 강제입원이 법원의 심판을 통해 이루어지는데, 당사자가 의사능력이 있는 상태에서 변호사의 조력을 거부하지 않는 한, 적법절차의 요건 상 변호사를 반드시 선임하는 것을 원칙으로 한다. 본인에게 자력이 없는 경우에는 변호사에 대한 보수를 정부재정으로 지원한다. 강제입원 절차에서 본인이 퇴원을 원할 경우 법정에서 환자의 욕구를 충실히 반영하여 옹호하게 된다. 그 결과 미국의 주류적 판례는 자해, 타해의 위험성이 폭력의 행사, 자살의 시도 등 구체적인 형태로 표출되지 않는 한 그 위험성을 인정하지 않는 경향이 강하다.

독일은 의사능력이 없는 성인은 법원에서 선임하는 법적 지원자(Betreuer) 또는 자신이 선임한 대리인에 의해 의사결정을 지원받을 수 있다. 이때의 의사결정 영역에 의료행위 등 신상보호가 당연히 포함된다. 하지만 의사능력이 없는 성인이라도 소송능력을 인정하고, 당사자로서의 법률행위의 지위를 인정한다. 소송을 실제로 수행하는 데 어려움이 있는 경우 이를 보호하기 위해 절차보조인(Werfahrenspfleger)를 선임할 수 있다. 정신장애인은 강제입원 절차에서 절차보조인의 지원을 받는다. 절차보조인의 보수 및 지출비용의 상환은 언제나 국고로부터 지원받는다.

영국, 호주, 스코틀랜드, 캐나다 등에서는 강제치료 과정에서 정신장애인이 스스로 결정하고 자신의 바람을 표현할 수 있도록 지원하는 독립옹호(Independent advocacy)제도가 이루어지고 있다. 독립옹호는 자기결정과 회복의 가치를 지향하며, 정신장애인 스스로 의사결정 내리며, 자기옹호할 수 있도록 지원하는 것을 목표로 한다. 독립옹호는 장애인권리협약 이후 각 국가에서 강제치료에 대한 의사결정지원제도로 적극적으로 도입하고 있다(Weller et al., 2019).

일반적으로 정신과 치료환경은 치료자들의 의견이 우선될 수 있고, 환자들의 의사에 반하는 치료가 이루어지는 힘의 불균형 구조를 갖고 있다. 독립옹호자는 위협적이거나 힘을 행사하지 않으며, 정신장애인의 이야기를 판단하지 않고 들어주며, 편하게 다가갈 수 있는 동맹자가 되어 준다. 독립옹호 서비스 이용자들이 경험하는 가장 긍정적인 측면은 자신의 목소리를 낼 수 있고, 존중받음으로써 삶의 통제력을 갖는다는 것이다. 자신에게 어떠한 권리가 있는지 알게 되고, 권리를 위해 행동할 수 있도록 도움을 받는다(Weller et al., 2019). 강제치료는 치료과정의 가장 중요한 요소인 정신장애인과 치료진 간의 신뢰에 치명적일 수 있는데, 독립옹호는 이를 최소화하고, 안전한 환경과 다양한 참여를 통해 효과적인 치료관계를 형성함으로써 치료 효과 또한 향상시킨다(Zinkler, 2019).

4. 영국의 독립정신건강옹호

1) 도입배경 및 이용자격

영국법에서는 기본적으로 개인의 신체를 타인이 접촉하는 것은 고지된 동의(informed consent)가 있을 때만 적법하다고 전제한다. 하지만 1983년 정신건강법 이후 정신장애인의 동의 없는 치료와 감금이 허용되고, 2007년에는 지역사회 치료명령이 확대되면서 강제치료의 대상이 점차 늘어가고 그에 따른 인권침해 문제가 지속적으로 제기되었다. 이에 정신장애인이 강제치료를 받는 경우 자신의 치료와 회복에 관한 결정에 참여할 수 있도록 지원하기 위하여 독립정신건강옹호(Independent Mental Health Advocacy)가 시작되었다. 독립정신건강옹호는 정신건강서비스로부터 독립적이며, 신뢰할 수 있고 비용을 지불하지 않고 이용 가능하다.

독립정신건강옹호를 이용할 수 있는 자격기준은 다음의 다섯 가지 경우이다. 첫째, 정신건강법에 의해 72시간 이상 감금된 모든 연령의 사람, 둘째, 지역사회 치료명령 대상자, 셋째, 후견 대상자, 넷째, 조건부로 퇴원한 자, 다섯째, 전기충격요법 등 동의를 요하는 치료를 고려 중인 자이다. 정신건강 서비스 제공자는 자격기준에 해당하는 정신장애인에게는 독립정신건강옹호 서비스를 이용할 권리가 있음을 알려야 하는 법적 의무를 가진다. 더 많은 정신장애인이 서비스를 이용할 수 있도록 의뢰절차와 규정을 마련하고, 평가 기준에도 반영하고 있다.

2) 서비스 제공 기관 및 옹호자

독립정신건강옹호 서비스 제공기관은 대부분 비영리 단체로서, 정신장애인 외에도 아동, 노인, 장애인 등 다양한 대상에게 옹호

서비스를 제공하고 있다. 서비스 질은 옹호자의 역량에 따라 달라질 수 있기 때문에 기술과 훈련, 그리고 개인적 특성도 중요하다(City and Guild, 2018). 개인의 특성으로는 공감, 인내심, 비심판적 태도, 명확하고 정직한 의사소통, 전문적인 신뢰성과 같은 자질이 중요하며, 특히 같은 정신장애의 경험이 있는 경우 공감적인 관계형성에 더 효과적이다. 옹호자는 정신건강 어려움에 대한 이해가 있어야 하며, 법률과 실천 지침에 대한 지식, 정신건강 체계에 대한 정보를 갖고 효과적으로 안내할 수 있어야 한다.

옹호자가 되기 위해 국가에서 운영하는 훈련 과정을 거쳐야 한다. 교육 내용은 정신건강법과 제도, IMHA의 역할과 책임, 서비스 신청과 의뢰에 대한 대응, 옹호 서비스 제공, 관계 및 소통, 다양한 욕구에 대한 지원, 위험과 학대에 대한 대응이 포함된다. 특히 옹호 서비스는 딜레마 해결, 옹호 이슈에 대한 대응, 치료 대안 탐색, 물리적 환경이 미치는 영향에 대한 설명, 문제 해결을 위한 자문, 정확한 기록 등이 포함된다.

옹호자들은 대부분 정신건강현장에서 일한 경험이 있으며, 사회복지, 법률, 기타 전문영역 전공자이다. 옹호자는 정신건강전문가로부터 독립적 지위를 갖는다. 즉, 치료의 전문가가 아닌 '옹호자'로서의 역할을 명확히 해야 하며, 만약 현재 전문적인 개입을 하고 있다면 옹호자로서 역할은 하지 않아야 한다.

옹호자의 역할은 크게 세 가지이다. 첫째, 서비스 이용자가 다음에 대해 이해하도록 정보를 제공한다. 정신건강복지법상의 법적 권리, 가족 등 자신과 관련된 사람들이 가진 법적 권리, 자신에게 적용되는 정신건강법의 특정 조항, 자신에게 부과되는 제한이나 의료적 치료, 그 이유와 요건 등에 대해 이해할 수 있도록 정보를 제공한다. 둘째, 정신장애인이 자신의 권리를 옹호하도록 돕고 만약 스스로 옹호하지 못할 경우 대리하여 주장하기도 한다. 셋째, 치료에 관한 결정시 정신장애인이 의사와 선호를 표현하며 의사결정에 참여할 수 있도록 지원한다.

옹호자가 역할을 충실히 수행할 수 있도록 다음과 같은 권한을 부여하고 있다. 병실과 병동에 들어가 정신장애인을 만날 수 있다. 집중 감독 대상이거나 격리상태에 있는 경우, 그리고 안전상의 이유를 제외하고는 강제입원 되어 있는 정신장애인을 단독으로 만날 권리가 있다. 당사자가 요청할 경우 전문가와의 회의에 참석할 권리와 관련 기록을 조회할 권리도 가진다.

3) 정신건강독립옹호의 효과

정신건강독립옹호제도의 효과는 과정과 결과로 나누어 살펴볼 수 있다. 과정의 측면에서는 정신장애인이 권리에 대한 이해가 높아지고, 권리 행사의 역량이 강화된다. 자신의 의사와 선호에 대해 표현하고, 의사결정에 참여하며, 전문가와의 의사소통이 활발해진다. 정신건강독립옹호를 이용한 정신장애인의 70%가 자기결정이 증가하고 개인적 회복에도 도움이 되는 것으로 나타났다(Eades, 2018). 결과적으로는 입원기간이 줄어들고, 불만의 성공적인 해소가 증가하며, 자신감과 역량이 높아지며, 삶의 만족감이 증가하였다(Newbigging et al., 2015).

강제치료 과정에서 정신장애인은 '내 이야기를 듣지 않는' 경험, 존재를 부정당하는 경험을 하게 된다. 치료자에게 반박하고 싶으나 그로 인한 결과가 두려워 말하지 못하게 된다. 하지만 정신건강독립옹호를 통해 스스로의 목소리를 낼 수 있고, 존중받으며 소통하고, 참여하는 경험을 하게 된다.

5. 한국의 절차보조사업

1) 추진 배경 및 목적

우리나라에서도 정신질환자의 강제입원에 대한 인권침해 논란은 오랫동안 있어 왔다. 입원의 결정권한이 보호의무자와 의사에게 주어져 있으며, 입원 요건 및 절차가 명확하지 않고, 의사결정에서 정신장애인은 배제됨으로써 60%가 넘는 높은 강제입원율을 유지해 왔다. 하지만 (구)정신보건법상 보호의무자에 의한 강제입원 조항이 위헌이라는 2016년도 헌법재판소의 결정으로 제도 개선에 대한 논의가 본격화되었다. 특히 헌법재판소는 판결문에서 '국가 또는 공적 기관에서 제공하는 절차보조인의 조력과 같은 절차를 보장'하도록 명시하였다. 즉, 강제입원은 기본적으로 신체의 자유를 제한 내지 박탈하는 인신구속의 성질을 가지므로 부당한 강제입원으로부터 환자의 권리를 보호할 수 있는 공적 절차의 마련이 필요하다.

절차보조사업의 목적은 세 가지이다. 첫째, 정신장애인이 치료의 필요성 등을 이해하는 데 도움을 주고, 각종 절차를 보조하여 정신장애인이 치료과정에 자기 주도적으로 참여할 수 있도록 한다. 둘째, 정신장애인에 대한 정서적 지지와 공감 등을 통해 힘든 치료 과정을 잘 이겨낼 수 있도록 하고, 퇴원 시에도 지역사회의 지속적 치료·재활서비스를 연계하여, 정신장애인이 건강한 삶을 누릴 수 있도록 한다. 셋째, 강제입원 조기 해소 또는 조기 퇴원, 지역사회에서의 안정적 정착을 실현한다(보건복지부, 2019).

절차보조사업은 기존의 대체의사결정제도로서의 성년후견제도와 차이를 가진다. 성년후견제도는 후견인이 피후견인의 의사를 대체하여, 신상과 재산에 대해 대신 결정하는 권한을 부여받는 제도이다. 하지만 절차보조는 정신장애인 스스로 치료의 필요성을 이해하는 데 도움을 주고, 각종 절차를 보조하여 정신장애인이 치료과정에 자기 주도적으로 참여할 수 있도록 하는 일종의 의사결정지원제도이다. 즉, 옹호의 핵심 목표는 정신장애인 당사자의 자기 주도성을 회복할 수 있도록 지원하는 것이다. 정신장애인이 내면의 욕구를 표현하도록 돕고, 이를 보호의무자와 의료진에게 주도적으로 전달하는 지지자의 역할을 하는 것이다.

절차보조사업의 서비스 제공 원칙은 다음과 같다(보건복지부, 2019). 첫째, 환자의 치료와 진료에 방해되지 않는 범위에서 수행해야 한다. 둘째, 환자의 신청이나 동의를 득한 후 서비스가 제공되어야 하며, 정신질환 치료에 있어 당사자의 동의·의사·권리 범위를 넘어 사업수행 인력이 의료진 등에게 직접 이의를 제기하거나, 치료를 방해하는 행위를 해서는 안 된다. 셋째, 사업수행과정에서 동료지원가의 직무수행이 안정적인 분위기에서 진행될 수 있도록 도와야 하며, 동료지원가가 본래 받아오던 치료와 상담 등을 지속하도록 함으로써 동료지원가 본인이 건강에 유의하도록 지원해야 한다. 넷째, 사업수행과정에서 알게 된 정신질환자 당사자와 관련된 모든 정보는 누설하거나 공개하지 아니하며, 모든 인력은 비밀유지 서약서를 작성하여 보관하여야 한다.

2) 대상, 서비스 내용 및 운영

절차보조사업의 대상은 정신의료기관 및 정신요양시설에 강제입원·입소 중인 사람 중 서비스 제공에 동의한 사람을 우선으로 하며, 신청자는 정신질환자 당사자, 주치의, 보호자가 될 수 있다. 본인 부담의 비용은 없다.

서비스 내용은 입원생활지원, 당사자 의향을 반영한 각종 절차 지원, 퇴원 후 계획 수립 지원으로 구성되며, 구체적인 내용은 다음 〈표 5-2〉와 같다.

절차보조사업의 추진 주체는 보건복지부, 국립정신건강센터, 광역지방자치단체, 절차보조사업단, 정신건강증진시설 및 정신건강복지센터 등 협력기관으로 구성된다. 보건복지부는 사업총괄을, 국립정신건강센터는 인력 교육, 모델 개발, 지침 제·개정의 지원 역할을, 광역지방자치단체는 계획 설정, 수행기관 지정 및 관리, 이용자 발굴 및 홍보, 자원 연계 등의 운영·관리·감독의 역할을, 그리고 절차보조사업단은 서비스 제공·연계 및 이용자 관리의 역할을 담당한다.

〈표 5-2〉 절차보조사업의 서비스 내용

구분	서비스 세부 내용
입원생활지원	• 정신질환자의 권리 및 치료 관련 정보의 전달, 이해 도움 • 정신질환자의 치료에 관한 의사, 선호 파악 • 당사자가 치료와 관련된 의사, 선호 등을 보호자와 의료진에게 적절한 형태로 표현하도록 지원 • 동료지원(입원생활 관련)
당사자 의향을 반영한 각종 절차 지원	• 정신건강심의위원회에의 심사 청구 절차 지원 • 자의입원, 동의입원 등으로의 전환 도움 • 인신보호법에 따른 구제 신청 안내 및 도움 • 후견인 선임 신청 안내 및 절차 도움
퇴원 후 계획 수립 지원	• 퇴원 후의 치료 및 지역사회 연계계획 수립 지원 • 당사자 자조모임에 참여할 수 있도록 안내 및 연계 • 동료지원(퇴원계획 관련)

절차보조사업단은 정신의료기관 등과의 협력하에 사업이 이루어지도록 하며, 보호자 및 의료기관 등 관계 주체와의 협력 관계 강화를 위해 노력해야 한다. 원활한 업무수행을 위해 협력 정신의료기관 및 정신요양시설과 홍보, 서비스 및 연락처 공유에 대한 설명, 방문 시 협조 등에 대해 협의해야 하며, 정신의료기관 및 정신요양시설 방문 시 기관의 안내에 따라 환자를 만나야 한다.

사업 수행기관은 정신장애인 권익보호 관련 업무를 수행하는 비영리법인(사회복지법인 및 당사자가 포함된 법인 등) 및 광역정신건강복지센터가 가능하다. 광역정신건강복지센터에서 사업을 수행할 경우, 당사자가 포함된 비영리법인 등과의 컨소시엄을 구성하도록 한다. 절차보조사업단은 단장과 3~5인으로 구성된 팀으로 구성한다. 단장은 기존 직원에 의해 겸임하며 별도의 인건비 보조를 하지 않는다.

1개의 팀은 탐장 1명과 팀원 2~4명으로 구성한다. 팀내에 동료지원가와 정신건강전문요원으로 구성하되, 기관별 동료지원가는 기본 4명 배치한다. 서비스 제공시 2인 1조가 되도록 함으로써 사업 수행 과정에서 발생할 수 있는 안전에 유의한다. 인력자격은 정신건강전문요원, 동료지원가, 지역사회정신건강복지사업 또는 정신질환자 권익옹호활동을 경험한 경력 2년 이상의 간호사·임상심리사·사회복지사, 권익옹호활동을 목적으로 설립된 기관에서 활동한 경력자, 법조인이다. 수행 인력에 대한 교육은 국립정신건강센터에서 담당하며, 총 28시간 동안 기초교육, 기본개념, 실제에 대한 내용을 다루게 된다.

2018년부터 2년간의 절차보조 시범사업을 통해 서비스 이용자들에게 긍정적인 효과가 있는 것으로 나타났다. 즉, 절차보조 서비스는 이용자가 자신의 의견과 주장을 표현할 수 있도록 지지해 준다. 입원 환경 속에서 위축되어 자신이 원하거나 필요한 것을 요구하는 데 주저하는 정신장애인의 의견을 경청하고 소통하며, 치료진이나 가족에게 효과적으로 전달될 수 있도록 격려하고 조언하는 역할을 한다(하경희 외, 2020). 서비스 이용자들은 "반복되는 병원생활에서 벗어나 미래에 대해 구체적으로 나눌 수 있어서 경각심을 갖게 되고, 용기를 갖게 된다", "그 날이 기다려진다. 보석 같은 시간이다", "대인관계 폭이 더 넓어졌다는 걸 느낀다" 등의 긍정적인 평가를 내리고 있다(우리다움, 2019). 또한 절차보조사업은 '알아들을 수 없는 언어로 나의 병명이 언급되고, 정체를 알 수 없는 약을 먹으며 무기력하게 하루하루 보내던 삶에서 서비스 신청의 주체로, 알 권리와 적절한 치료를 받을 권리를 행사하는 주체로 나를 회복하는 과정'이 된다(이정하, 2020).

3) 절차보조사업의 추진방향

(1) 권리옹호를 위한 의사결정지원 강화

절차보조사업은 강제입원환자가 치료과정에서 자신의 의사와 선호를 표현하고 반영할 수 있도록 지원하는 권익옹호서비스이다. 하지만 권리를 대리하거나 대신 옹호하는 것이 우선이 되어서는 안 되며, 정신장애인 스스로 자신의 권리와 치료에 대해 이해할 수 있도록 돕고 자신의 의사와 선호를 표현하며, 의사결정과정에 참여할 수 있도록 지원하는 것이 중요하다.

실제로 절차보조서비스 이용자들은 자신의 이야기를 들어주고, 공감하고, 인정해 주는 경험을 통해 '내 편'이 있다는 든든함을 느끼게 된다. 또한 입원환경에 위축되어 자신이 원하는 것이나 필요로 하는 것에 대해 주저해 왔으나 절차보조인이 자신의 의사를 치료진이나 가족에게 전달할 수 있도록 격려하고 조언함으로써, 자기주장을 표현해도 된다는 용기를 얻게 된다(하경희 외, 2020). 절차보조서비스가 의사결정을 지원하는 역할임을 이해할 때, 자칫 의료진에 대한 불신 또는 갈등을 조장하지 않을까 하는 정신의료기관의 우려도 어느 정도 해소될 수 있을 것이다(제철웅 외, 2018).

권리옹호의 목적을 위해서는 지원 대상에 외래치료지원 대상자까지 포함해야 한다. 2016년 정신건강복지법의 개정으로 외래치료지원제의 규정과 시행절차가 구체화되고, 치료비 지원이 이루어지면서 향후 그 대상이 확대될 것이다. 독립옹호제도를 실시하고 있는 대부분의 국가에서 강제입원과 외래치료명령까지 대상자에 포함하고 있듯이, 절차보조사업도 모든 강제적 치료를 포함하도록 해야 한다.

(2) 서비스 접근성 보장

권리로서 절차보조서비스가 이루어지기 위해서는 서비스 접근성이 반드시 보장되어야 한다. 독립정신건강옹호도 시행 초기에 낮은 서비스 이용률이 문제점으로 지적되었다. 영국의 경우 지역에 따라 19%에서 92%까지 차이가 컸으며 강제입원 환자보다는 지역사회치료명령 대상자의 접근성이 더 낮았다. 접근성에 영향을 미치는 주요한 이유는 의료 전문가와 정신장애인이 서비스에 대해 아예 알지 못하거나, 제대로 이해하지 못하기 때문이었다(Newbigging et al., 2015). 이에 서비스 이용 자격을 만족하는 경우 즉시 정보를 제공하고, 자동적으로 의뢰할 수 있도록 구체적인 절차를 마련하였다. 또한 당사자가 동의를 표시해야만 의뢰하는 것이 아니라, 거부를 하지 않는 한 동의를 가정하여 적극적으로 의뢰하도록 하였다.

절차보조서비스의 경우도 정신장애인이나 치료진이 아예 정보를 알지 못하는 경우가 많으며, 치료진이 의뢰에 소극적인 경우가 많다. 아직까지 정신장애인의 권리보다는 치료적 권한이 더 우선되고 있는 분위기에서 치료진에 의해 아예 차단되는 경우도 발생한다. 따라서 강제치료 환자에게 절차보조에 대한 권리를 의무적으로 고지하도록 하며, 동의와 의뢰절차에 대한 가이드라인을 마련하여야 한다.

접근성이 보다 확실하게 보장되기 위해서는 절차보조인에게 권한을 명확해 부여해야 한다. 정신장애인 당사자의 서비스 동의가 이루어진다 하더라도 면회, 치료진 면담, 자료 검토 등에 대한 권한이 없으면 치료적 명분하에 서비스가 차단될 수 있다. 독립정신건강옹호에서와 같이 정신장애인이 동의할 경우, 병동에 들어가서 환자를 만날 권리, 치료진과 만나거나 회의에 참여할 권리, 기록을 조회할 권리 등을 절차보조인에게 보장해야 한다.

(3) 절차지원가의 독립성과 역량강화

절차보조서비스가 정신장애인의 권리를 옹호하기 위해서는 무엇보다 독립성이 보장되어야 한다. 특히 서비스 대상을 고려했을 때, 강제적 치료를 수행하는 주체-의료기관 및 정신건강복지센터로부터 독립적이어야 한다. 현재 전문적인 개입을 하고 있다면 옹호자로서의 이중적인 역할을 해서는 안 된다. 정신건강복지센터의 경우 주로 의료관련 법인에서 위탁운영하고 있으며, 지역사회에서 강제 치료를 의뢰하는 역할을 하는 것을 고려할 때, 절차보조사업의 독립성에 한계가 예상된다. 의료체계와 독립적인 단체나 법인 등에서 운영하여야 한다.

절차보조서비스가 효과적으로 수행되기 위해서는 절차보조인의 역량이 강화되어야 한다. 특히 권리옹호자로서의 훈련이 필요하다. 영국의 독립정신건강옹호의 경우 320시간의 훈련을 받아야 하며, 특히 옹호 이슈에 대한 대응, 딜레마 해결, 치료 대안

탐색 등 옹호서비스 제공을 위한 내용을 중요하게 다루고 있다.

절차보조서비스는 치료와 권리의 양면적 상황에서 가족이나 치료진 등 다양한 이해관계자들이 관여되는 복잡한 맥락에 관여하게 된다. 정신장애인의 의사와 선호를 파악하고 표현하도록 돕고, 이를 이해관계자들과 효과적으로 소통하며, 의사결정에 반영하기 위해서는 인권의식, 의사소통기술, 조정과 연계 역량 등이 필요하며, 이를 위한 교육과 훈련이 강화되어야 한다.

6. 인간의 존엄이 보장되는 치료를 위하여

한 번 인간이면 영원히 인간이다. 인간의 존엄성은 어떤 한 순간에도 포기되어서는 안 된다. 정신건강의 어려움이 있는 당사자의 목소리를 듣지 않고, 그 목소리가 반영되지 않는 어떤 치료도, 정책도 무용지물이다(제철웅, 2020).

일반적으로 성인이 신체질환의 치료 목적으로 의료서비스를 이용하려면 상호 간에 계약을 체결해야 하고, 본인의 동의나 허락 없이는 신체 접촉이나 침습행위가 이루어질 수 없다. 하지만 정신질환에 대해서는 이러한 당연한 권리가 왜 배제되어야 하는가? 심지어 범죄자에게도 자신을 변호할 권리가 주어지고 교도소에서의 인권 기준이 높아지고 있다. 왜 정신장애인은 인권이 전제하고 있는 인간의 존엄성이 박탈되어야 하는가?

강제입원이 정신장애인을 위한 당연한 혹은 불가피한 보호조치라는 근본적인 전제를 폐기해야 한다. 이 글에서 논의한 의사결정지원제도의 시행이 자칫 강제입원을 정당화 하는 변명이 되어서는 안 된다. 정신장애인의 인권보장을 위해 강제입원은 반드시 폐지되어야 한다. 정신장애인도 인간의 존엄이 보장되는 치료를 받을 권리가 있어야 한다. 정신장애인의 자기결정권, 당사자의 의사와 선호가 반영되는 치료가 이루어질 수 있도록 제도가 강화되어야 한다. 의사결정지원은 정신장애인이 치료 과정에 주체적으로 선택, 결정, 참여할 수 있도록 지원함으로써, 실제적인 자기결정권 보장을 위한 제도적 기반이 될 것이다.

참고문헌

김문근 (2010). 성년후견법률에 나타난 의사결정능력의 개념에 관한 연구. **사회복지연구**, 41(3), 241-269.

김기덕, 장은숙 (2008). 클라이언트의 자기결정에 관한 정신보건사회복지사의 실천 경험에 대한 연구. **사회복지연구**, 39, 83-113.

박순아, 박근우 (2018). 조현병 환자의 입원스트레스 경험에 대한 융합연구. **한국융합학회논문지**, 9(4), 397-408.

보건복지부 (2019). 정신질환자 절차보조 시범사업 안내.

송승연, 배진영, 윤삼호 (2018). 정신장애인의 일상생활 차별경험에 관한 연구. **한국장애학회**, 3(1), 97~132.

윤태진, 조미경 (2018). 양극성 장애 환자의 입원경험에 대한 질적 사례연구. **한국사회복지질적연구**, 12(3), 193-219.

이용표, 장혜경 (2014). 정신장애인의 비자발적 입원 경험. **한국장애인복지학**, 25, 161-189.

이유선 (2018). 장기입원 의료급여 조현병 환자의 삶의 경험에 대한 사례연구. 평택대학교 박사학위논문.

장은숙 (2009). 정신장애인의 자기결정 경험의 구조와 과정에 대한 질적 연구. **정신보건과 사회사업**, 32, 374-412.

제철웅 (2018). 강제입원 절차의 정신질환자를 위한 절차지원제도 도입에 관한여. **입법연구**, 727, 547-592.

제철웅 (2020). 절차보조서비스와 의사결정지원, 제1회 전국 정신장애인 당사자 컨퍼런스 자료집, 279-290.

Bach, M., & Kerzner, L. (2010). *A New Paradigm for Protecting Autonomy and the Right to Legal Capacity*. Toronto: Law Commission of Ontario.

CRPD (2014). General Comment No. 1.

Daniels, A., Grant, E., Filson, B., Powell, I., Fricks, L., & Goodale, L. (2010). *Pillars of Peer Support: Transforming Mental Health Systems of Care through Peer Support Services.* Atlanta GA: Carter Center.

Deegan, P. (1992). The Independent Living Movement and People with Psychiatric Disabilities: Taking Back Control over Own Lives, *Psychosocial Rehabilitation Journal, 15*(3), 3-19.

Eades, S. (2018). Impact Evaluation of an Independent Mental Health Advocacy Service in a Higher Secure Hospital: Co-produced Survey Measuring Self-reported Changes to Patient Self-determination. *Mental Health and Social Inclusion, 22*(1), 53-60.

Frueh, B. C., Knapp, R. G., Cusack, K. J., Grubaugh, A. L., Sauvagero, J. A., & Cousins, V. C. (2005). Patients' Reports of Traumatic or Harmful Experiences within the Psychiatric Setting", *Psychiatric Services, 56*(9), 1123-33.

Newbigging, K., Ridley, J., McKeown, M., Machin, K., & Poursanidow, K. (2015). When You Haven't Got Much of a Voice: an Evaluation of the Quality of Independent Mental Health Advocate(IMHA) Services in England, *Health and Social Care in the Community, 23*(3), 313-324.

Stomski, N. J., Morrison, P., Whitely, M., & Brennan, P. (2018). Mental Health Consumers' Motives for Seeking Advocacy Support: A Qualitative Exploration, *Community Mental Health Journal, 54,* 607-615.

Weller, P., Alvarez-Vasquez, S., Dale, M., Hill, N., Johnson, B., Martin, J., Maylea, C., & Thomas, S. (2019). The Need for Independent

Advocacy for People Subject to Mental Health Community Treatment Orders, *International Journal of Law and Psychiatry, 66*, 1-9.

Zinkler, M. (2019). Supported Decision Making in the Prevention of Compulsory Interventions in Mental Health Care. *Frontiers in Psychiatry, 110,* 1-3.

WHO (2017). Realising supported decision making and advance planning.

3부

지역사회정착과 대안적 삶

6장
정신장애인의 자립과 사회보장제도의 쟁점: 사회보장제도가 정신병원 감금을 유인하는가?

김문근

전통적으로 아동, 장애인, 노인 등 사회의 의존적인 구성원들은 일차적으로 가족의 돌봄에 의존해 최소한의 삶이 보장되었다. 하지만 점차 가족은 돌봄기능을 수행하는 데 어려움을 경험하게 되었고, 사회는 가족의 돌봄을 사회가 대신하는 다양한 정책방안들을 모색하게 되었다. 아동보육, 장애인 활동지원서비스, 노인 장기요양보호 등 가족이 수행하던 돌봄이 사회서비스로 대체된 대표적 사례이다. 이처럼 가족돌봄을 대신할 수 있는 사회제도적 지원이 제공될 때 가족이 선택할 수 있는 돌봄대안은 확대되고, 가족의 돌봄부담은 가벼워지게 된다. 만성적인 정신건강문제를 지닌 정신장애인 또한 일차적으로 가족에게 보호와 돌봄 책임이 있다. 하지만 정신장애인의 가족돌봄에 대한 사회제도적 지원은 절대적으로 부족하고, 상대적으로 다른 대안이 제한적인 상황에서 가족은 돌봄부담을 덜기 위해 정신의료기관 입원이나 시설보호를 선택하기 쉬운 상황이다.

국가로부터 받은 지원이 있느냐는 질문에 대다수 응답자가 '아예 없다'거나 의료급여, 전기세 감면, 무료 상담 같은 지원을 꼽았다. 모두 실질적인 지원과는 거리가 멀었다. 정신질환자 시설 '탈원화' 정책의 핵심 기반인 커뮤니티 케어를 체감한 사람은 거의 없다시피 했다. 박씨는 동네 센터의 재활 프로그램을 보며 기가 막혔다. 27살의 아들에게 진행된 프로그램은 '음식 나눠 먹기' '종이접기' 정도였다. 다른 재활시설은 산꼭대기에 있었고, 맘에 드는 곳은 100㎞ 떨어진 곳에 있었다. "아이가 치료를 잘 받고 약 복용도 잘해 증상이 좋아질 땐 뭔가를 하고 싶어 해요. 근데 막막해요. 사회에서 살아갈 수 있게 하는 그런 다음 단계가 없어요." 박씨의 한숨이 짙었다.

급성기 치료를 끝낸 김씨의 딸 역시 할 수 있는 게 없었다. 김씨는 낮에 각종 프로그램을 하고 취업까지 연계해 준다는 민간 재활시설에 문의했지만 그때마다 돌아온 답변은 "6개월 더 기다려라" "1년은 기다려야 한다"는 답이었다. '차라리 비싸서 못가는 게 낫겠다. 어떻게 이렇게 갈 곳이 없을까'라고 그녀는 생각했다. 국가에서 운영하는 동네 정신건강복지센터 재활 프로그램은 하루 2시간짜리가 전부였다.

그들은 장기입원의 이유를 이미 알고 있었다. 한 응답자는 "환자의 인권이 중요한 만큼 보호자에게도 인권이 있다. 선택지가 없는 상황에서 보이는 건 정신병동 장기입원밖에 없다"고 했다. 다른 응답자도 "국가와 지역사회가 아무런 책임을 지지 않는 상황에서 (장기입원은) 필연적인 귀결"이라고 했다.[1)]

---

1) 전웅빈, 김판, 임주언, 박세원(2020.5.27.). " '나 죽으면 얘는 어쩌죠?' 26년 간병 엄마, 고통은 끝이 없다 [이슈&탐사]", 국민일보. http://news.kmib.co.kr/article/view.asp?a

이런 사례처럼 사회제도가 가족의 돌봄부담을 충분히 완화해 주지 못하므로 가족은 정신의료기관 입원이나 정신요양시설 입소 등을 통해 정신장애인 돌봄부담을 완화하려 시도한다. 비록 입원과 시설입소는 일정한 비용부담을 동반하겠지만 가족돌봄을 완전히 대신할 수 있는 대안임에 틀림없다. 하지만 정신장애인은 정신건강문제 및 장애에도 불구하고 가족과 함께 생활하거나 지역사회에서 직업을 갖고, 교육을 통해 자기계발을 하며, 여가생활을 누릴 권리를 지니고 있다. 돌봄부담을 경감시키려는 가족의 선택과 지역사회에서 통합되어 살아가려는 정신장애인의 권리와 선택은 어떻게 조화를 이룰 수 있을까? 본 장에서는 정신장애인 돌봄의 부담을 경감하려는 가족의 선택과 지역사회에서 자립생활을 선택하려는 정신장애인의 선택 등 정신장애인 돌봄의 탈가족화에 사회보장제도가 어떠한 영향을 끼칠 수 있는지 살펴보고 이와 관련하여 사회보장제도 개선방안을 제안하고자 한다.

---

rcid=0924139840&code =11131100&sid1=soc

1. 가족돌봄의 역설: 누구를 위한 탈가족화인가?

1) 돌봄의 탈가족화(defamilialization)[2)]

사회의 가장 기본적인 단위라 할 수 있는 가족은 전통적으로 미성년, 장애, 질병, 노화 등으로 인한 의존적 구성원을 부양하며 돌봄을 제공하는 기능을 담당해 왔다. 1차 산업 위주의 산업화 이전 사회에서는 많은 노동력을 확보할 수 있는 확대가족 안에서 돌봄 제공은 보다 효과적으로 이루어질 수 있었고, 지역사회 또한 이러한 기능을 분담하는 데 큰 어려움이 없었다. 산업화 이후 도시로의 급격한 인구이동에 따라 성인부부와 미성년 자녀로 구성되는 핵가족화 속에서 성인 남성은 주소득자로 노동시장에 참여하고 배우자인 여성은 미성년 자녀를 돌보는 기능을 담당하였다. 고등교육기회가 여성에게도 보장되고, 가파르게 산업화하는 상황에서 여성 또한 노동시장에 참여할 기회가 점차 확대되었다. 그로 인해 미성년 자녀의 양육이나 가족 내 장애인 등

---

2) 탈가족화(defamilialization)은 본래 에스핑 앤더슨이 복지국가의 발달정도를 개념화한 탈상품화(decommodification) 개념에 대한 비판으로 등장하였다. 탈상품화는 노동시장에 참여하지 않을 때 사회보장제도에 의해 근로소득을 대체하는 정도를 의미한다. 하지만 탈상품화는 노동시장에 참여하지 않고, 가정에서 사회재생산노동(출산과 아동양육, 의존자 돌봄 제공)을 담당하는 여성의 복지는 담아내지 못한다. 이에 여성이 노동시장에 참여하거나 가족의 일원으로 사회재생산노동을 담당하는 등의 여부에 무관하게 사회보장제도에 의해 소득이 보장되는 정도를 의미하는 개념으로 탈가족화가 등장했다. 하지만 점차 탈상품화의 한계를 보완하는 개념으로 개인의 복지가 가족에 의존하지 않고도 노동시장 참여 및 사회보장제도에 의해 보장되는 정도를 의미하는 개념으로 사용되게 되었다(류연규, 2007). 본 장에서 탈가족화는 김문근(2019)의 연구에 근거해 가족에 의한 부양 및 돌봄이 사회에 의한 부양 및 돌봄으로 전환되는 것을 의미한다.

의 돌봄은 더이상 가족이 원활하게 담당하기 어려워졌다(장경섭, 1992). 돌봄을 제공하는 것은 노동시장에서 벌어들일 수 있는 소득만큼의 기회비용으로 인식될 경우 곧 소득의 상실을 의미하기 때문이다. 즉 가족은 더이상 산업화 이전의 전통적인 가족이 담당하던 무급의 재생산노동을 당연한 의무와 기능으로 받아들이기 어려워졌다.

이러한 배경에서 서구 선진국들은 가족 내에서 이루어지던 노인부양과 아동양육 등 돌봄기능을 사회적 과업으로 전환해 왔다. 노인에 대한 부양은 생산적 역할을 다하고 은퇴한 세대에 대한 사후적 사회보장으로 인식하여 노인의 사회적 권리라는 위상을 갖게 되었고, 아동양육은 사회적 차원에서 미래의 노동력을 재생산하여 공급하는 과업으로 인식되기에 이르렀다. 즉 가족이 담당하던 고유한 부양기능은 사회가 공동의 책임으로 담당해야 할 사회적 과업으로 인식되어 제도적 대응이 필요하게 되었다. 그럼에도 의존적인 가족 구성원의 부양과 돌봄을 가족의 책임으로 남겨둔다면 점차 취약한 사회구성원들의 복지와 돌봄은 위기에 처할 수밖에 없다(장경섭, 1992).

그렇다면 한국 사회의 상황은 어떠한가? 우리나라의 산업화 과정을 설명하면서 장경섭은 개발주의 국가와 개발주의 가족이 결합된 것이 특징이라 주장하였다. 오랫동안 우리나라는 고용, 소득, 돌봄 등 사회권과 관련된 사회보장을 정치적 논의의 장에서 배제하고, 그 책임을 가족에게 돌림으로써 경제적 부양과 돌봄 제공에 대한 국가적 책임을 지속적으로 회피해 왔다는 것이다. 그 결과 사회보장제도를 대신해 개인의 부양과 돌봄을 담당하게 된 가족이 신자유주의 경제체제하에서 나타나는 사회의 모든 위험을 홀로 떠안으며 기능과부하를 경험하게 되었고, 사회적 위험이 가족을 통해 집중적으로 드러나는 '위험가족(risk family)'시대를 맞게 된 것이다(장경섭, 2011: 73-74).

이런 상황에서 가족은 어떻게 대처할까? 가족은 가족구성원의 노동시장 참여나 가사노동, 가족의 구성 등에 대해 전략적인 의사결정을 내린다. 결혼시기, 자녀의 수, 동거할 가족 및 확대가족, 노동시장에 참여할 가족구성원과 가사노동을 담당할 가족구성원에 관한 의사결정을 할 때 가족전체의 자원을 확대하거나 가족부양에 적합하도록 결정한다(Laslett & Brenner, 1989: 384-385). 언제부턴가 우리나라는 저출산문제가 심각하며, 성인자녀가 오히려 노년의 부모에게 부양을 받는가 하면, 자살문제, 아동학대문제, 장애인 인권침해 등 다양한 문제가 분출되었다. 이 모든 문제들은 가족의 전략적 의사결정의 관점에서 바라본다면 다양한 사회적 위험에 대해 사회적 지원과 보호가 불충분하여 가족밖에는 대안이 없어 사회적 위험이 가족에 집중되는 상황에서 가족이 내린 전략적 의사결정의 결과로 이해할 수 있다는 점이다.

이처럼 산업화 이후 사회에서 점차 가족이 담당하던 부양 및 돌봄을 사회적 수준에서 담당할 수밖에 없게 되었다. 사회가 돌봄을 담당하는 경우에도 어떤 방식을 채택하는가는 국가마다 차이가 있다. 윤홍식(2010)에 따르면 돌봄에 대한 국가의 가족정책 방향은 〈표 6-1〉과 같이 구분될 수 있다. 국가에 따라 적극적으로 탈가족화를 지원할 수도 있고, 소극적으로 대처함으로써 가족화를 유지, 보완할 수도 있다. 또한 돌봄의 사회화 또는 탈가족화를 위한 구체적 정책방안도 시장을 활용하거나 공공이 직접 개입하는 등 상이한 정책방안을 따를 수 있다.

〈표 6-1〉 돌봄과 관련한 가족정책 유형

정책유형	돌봄 관련 정책 특성	국가 사례
시장형	국가의 역할 미미 시장이 돌봄의 사회화(탈가족화) 방식	미국, 영국, 캐나다, 뉴질랜드 등
가족화우선형	돌봄의 사회화 〈 돌봄의 가족화 가족화에 관대한 지원	독일, 오스트리아 등
가족화·탈가족화 병행형	돌봄의 사회화 + 가족화 병행	프랑스, 벨기에, 네덜란드 등
탈가족화우선형	탈가족화 우선 + 가족화 보완	스웨덴, 덴마크 등
확대도상군	돌봄의 사회화 및 가족화 정책 확대 부족	한국, 그리스 등

출처: 윤홍식(2010). p. 22 재구성.

위와 같이 전통적으로 돌봄의 탈가족화는 돌봄을 제공하는 주체로서 가족 또는 가족 내에서 사회재생산기능을 책임지는 여성의 관점에서 돌봄부담을 경감시키는 사회정책적 노력으로 이해될 수 있다. 그 결과 돌봄의 탈가족화 혹은 사회화 과정에서 돌봄제공자의 권리 보장이 강화된 반면 장애인, 노인 등 돌봄을 제공받는 사람들의 권리는 간과되거나 경시되었다는 비판이 존재한다. 하지만 잊지 말아야 할 것은 돌봄을 제공받는 사람들의 관점과 그들의 권리 또한 사회정책의 중요한 고려사항이어야 한다는 점이다. 예컨대 지역사회자립생활을 지향하는 장애인활동지원서비스는 가족의 돌봄부담을 경감시키는 측면 못지않게 가족에 의존하지 않고도 지역사회에서 자신이 선택한 삶의 양식을 실현할 수 있는 방안들을 자율적으로 선택하고 통제하고자 하는 장애인의 권리도 중요하게 고려한다(Shakespear, 2013: 243-245).

그러므로 가족단위 혹은 돌봄을 직접 제공하는 가족 내 특정한 구성원의 전략적인 의사결정에 따라 돌봄의 가족화가 유지되든 혹은 특정한 형태의 탈가족화가 진행될 수 있다는 점에서 탈가족화의 구체적 정책대안들이 무엇이며, 어떤 대안들이 어떤 배경에서 선호되거나 지지를 받는가라는 측면에서 관심을 기울여야 할 것이다. 다양한 탈가족화 방안들이 정신장애인에게 어떠한 효과를 가져오는지 주의를 기울일 필요가 있으며, 단지 가족 또는 돌봄제공자의 관점에만 치우친 탈가족화 정책에 대해서는 비판적인 견제가 필요할 것이다.

2) 가족의 돌봄부담과 탈가족화 압력

이러한 돌봄의 탈가족화 개념을 정신장애인에게 적용함으로써 우리는 정신건강복지정책 및 사회보장제도가 야기하는 가족의 전략적 선택이 정신장애인의 권리에 미치는 영향을 보다 비판적으로 검토할 수 있다.

우선 정신장애인의 돌봄은 가족에게 귀속되어 있는가 하는 질문부터 시작해 보자. 직관적으로 그렇다고 답할 수 있지만 정신보건법과 정신건강복지법, 민법의 부양규정 등은 모두 부양과 돌봄을 보호의무자 또는 가족의 책무로 규정하고 있다. 이러한 법규정에 따르면 분석해 보면 가족 등 보호의무자에게 부여된 주요한 돌봄의무는 〈표 6-2〉와 같다. 이를 종합하면 첫째, 보호의무자는 정신장애인의 치료, 요양, 사회적응훈련(재활과 사회통합) 등을 지원하고 재산상의 이익을 보호하며 유기하지 않아야 한다. 둘째, 보호의무자는 정신장애인이 자신 및 타인을 해치지 않도록 지도, 감독할 책임을 요구받고 있다(김문근, 2019).

〈표 6-2〉 정신장애인의 보호의무자와 보호의무 관련 법규정

법령	돌봄주체	의무(권한)
정신건강복지법 (2017.5. 이후)	제39조 보호의무자 –민법의 후견인 및 부양의무자 –복수인 경우 민법 제976조의 우선순위를 따름	제40조 보호의무자의 의무 –적절한 치료, 요양, 사회적응훈련 보장 –정신의료기관 및 정신요양시설 입원(입소) 필요시 본인의 의사 존중, 퇴원(퇴소)이 가능하다고 진단된 경우 퇴원(퇴소)에 협조 –자신이나 타인을 해치지 않도록 유의함 –정신질환자의 재산상의 이익 및 권익 보호 –정신질환자를 유기하지 않음 제42조: 동의입원에 대한 동의 제43조: 보호의무자에 의한 입원 및 퇴원 신청권, 입원연장에 대한 동의 제55조, 제60조: 퇴원, 처우개선 심사 및 재심사 청구 제64조: 외래치료명령에 대한 동의
민법	제974조 부양의무자 –직계혈족 및 그 배우자 –생계를 같이 하는 친족	제975조 부양의무자의 의무 –자력으로 생활할 능력이 없는 자에 대한 부양 제977조 부양의 정도 및 방법 –당사자의 협의 우선. 법원의 결정을 통한 개입
	제932조 미성년후견인 –친권자, 법원의 결정 제936조 성년후견인 –법원의 결정	제938조 성년후견인의 권리 –법적 대리권, 신상결정권(제947조의2) –재산관리(제941조~제944조) 제948조 미성년후견인: 친권 대행

출처: 김문근(2019). p. 19 인용함.

3) 입원과 시설수용을 통한 탈가족화

장애학자 셰익스피어(Shakespear, 2013)는 장애인 돌봄의 대안들을 비교하면서 장애인의 관점에서 돌봄의 대안들을 평가할 수 있는 중요한 판단의 기준을 몇 가지 제시하였다. 첫째, 자기결정, 자기통제, 관리책임 등이다. 거주시설에서 보호받거나 가족의 보호를 받는 경우, 시설운영표준이나 가족문화에 따라 차이는 있겠으나 자기결정은 극히 제한되고, 관리책임은 최소화되거나 면제받을 개연성이 높다. 이에 비해 독립세대주로 거주하게 되면 완전한 자기결정을 확보할 수 있지만 스스로 자기를 통제하고, 관리의 책임을 전적으로 담당해야 한다. 둘째, 장애인에게 닥칠 수 있는 위험성의 정도이다. 가족돌봄이나 거주시설은 자율성은 적지만 위험성이 최소화된다. 반면 독립세대로 거주하는 경우 높은 자율성이 보장되지만 동시에 장애인이 감수해야 할 위험성 또한 높아진다. 셋째, 사회통합 혹은 사회적 교류 정도이다. 독립거주는 장애인이 고립될 개연성이 높지만 가족돌봄 및 거주시설은 사회적 관계가 보장될 수 있다. 넷째, 프라이버시의 보장이다. 가족돌봄이나 거주시설은 프라이버시가 결여되기 쉽고, 독립세대로 거주하는 경우 프라이버시 보장은 높은 수준을 유지할 수 있다. 물론 이러한 기준에 따른 돌봄유형별 평가들은 장애인의 장애특성이나 지역사회특성, 가족특성, 거주서비스 등 지원서비스의 특성에 따라 얼마든지 다를 수 있을 것이다.

정신장애인을 위한 돌봄대안은 가족돌봄, 거주시설(다양한 스펙트럼), 정신의료기관 입원, 지역사회 자립생활(독립주거) 등의 대안을 가정할 수 있다. 이러한 돌봄의 대안들은 위에서 살펴본 바와 같이 정신장애인에게 중요한 의미를 갖는 프라이버시, 자기결정과 통제, 욕구충족(건강 · 직업 · 교육 · 여가 · 문화 · 체육), 사회통합(물리적 · 사회적 · 심리적) 등에 있어 큰 차이를 가져올 수 있다. 국제장애인권리협약(2006)에서 강조하는 '지역사회에 통합되어 살아갈 권리'의 보장이라는 관점에서 본다면 정신의료기관 입원이나 정신요양시설 입소는 정신장애인의 사회통합, 자기결정과 통제, 프라이버시 보장 등의 관점에서 가장 부정적인 돌봄유형이라 할 수 있다. 가족돌봄은 가족이 정신장애인 돌봄에 대해 어떤 태도를 갖는지, 가족관계가 어떠한지, 가족의 사회경제적 수준이 어떠한지에 따라 정신장애인에게 바람직한 돌봄유형일 수도 있고, 반대로 정신장애인이 가장 선호하지 않는 돌봄유형일 수도 있을 것이다. 그에 비해 소규모 지역사회주거시설이나 자립생활은 적절한 사회보장 및 사회서비스지원이 보장된다면 사회통합과 관련하여 가장 만족스러운 삶의 양식일 수 있을 것이다.

그런데 그동안 정신장애인의 돌봄유형을 결정할 수 있는 주도권을 지니고 있는 쪽은 돌봄을 제공하는 가족 등 보호의무자였고, 그들의 결정에 따라 정신장애인은 삶의 양식이나 거주형태가 결정될 수밖에 없었다. 국내에서 중요한 정책문제인 정신장애인의 장기입원, 높은 비자발적 입원율 등은 보호제공자의 돌봄 관련 의사결정에 따른 결과적 현상이 아닌가 하는 합리적 추론이 가능하다. 선행연구들에 따르면 그동안 보호제공자들에 의해 결정된 돌봄의 대안은 주로 정신의료기관 입원 또는 정신요양시설 입소, 원하지 않는 주거시설 입소였을 개연성이 높다(김문근, 2019).

정신의료기관 입원 또는 시설입소가 정신장애인에게는 바람직하지 않은 대안이나 가족에게는 돌봄을 탈가족화하는 효과적인 대안이라면 어떤 요인들이 이러한 방식의 탈가족화를 촉진하는가 살펴볼 필요가 있다. 김문근(2009)은 어떤 요인이 정신의료기관 입원 또는 시설돌봄에 대한 욕구에 영향을 미치는지 연구하였는데, 이 연구에 의하면 정신장애인의 증상과 일상생활기능으로 측정된 '장애정도'는 가족부담을 증가시키고, 가족부담은 정신장애인에 대한 부정적 정서를 증가시킴으로써 입원 및 시설보호에 대한 욕구를 증가시키는 것으로 나타났다. 한편 장기입원에 관한 다양한 연구들에 의하면 정신장애인의 증상과 기능장애가 심각할수록, 보호제공자가 부모가 아니거나, 정신장애인과 동거하지 않거나, 경제적 수준이 낮다면 정신장애인의 퇴원이 지연되어 입원이 장기화되기 쉬운 것으로 나타났다(서수경 외, 2009; 장옥진 외, 2015; 조성진 외, 2006; 최정규 외, 2013). 이러한 연구들은 모두 정신장애인 돌봄이 가족의 부담을 가중시키고, 가족은 입원 또는 시설입소를 통해 돌봄을 탈가족화하고 있음을 시사한다.

4) 탈가족화와 주체의 문제

정신장애인 돌봄의 대안이 가족에 의한 보호, 지역사회의 자립생활, 정신의료기관 입원, 정신요양시설 입소, 지역사회주거시설 입소 등으로 구분할 수 있다면 이러한 보호대안은 누구의 관점에서 조망하는가에 따라 전혀 다른 의미를 지닐 것이다.

먼저 정신장애인의 관점을 전혀 고려하지 않는 돌봄제공자라 가정하고 그들의 관점에서 돌봄대안을 비교해 볼 필요가 있다. 돌봄부담을 실제적인 돌봄제공을 위한 경제적 부담, 심리적 부담, 돌봄노동 등의 관점에서 비교할 때 가족돌봄은 여타의 사회보장제도와 사회서비스의 지원이 전혀 없다고 가정한다면 가장 돌봄부담이 높은 대안이다. 그에 비해 정신의료기관 입원, 정신요양시설 입소, 주거시설 입소 등은 이러한 대안을 이용하는 데 따르는 재정적 부담 및 죄책감 같은 정서적 부담을 제외하면 돌봄에 동반되는 심리적 부담과 돌봄노동부담을 대부분 해결할 수 있는 대안일 것이다. 다음으로 지역사회 자립생활은 가족의 정서적 부담과 재정적 부담, 돌봄노동부담은 가족 간의 유대, 사회보장제도, 자립생활지원과 같은 사회서비스 등이 어떠한가에 따라 결정될 것이다. 종합하면 보호의무자에게 돌봄대안의 결정기준은 '비용', '정서적 부담', '돌봄노동부담' 등에 의해 결정될 것이다.

한편 돌봄제공자의 관점을 전혀 고려하지 않는다면 정신장애인은 돌봄대안 혹은 생활양식들을 선택할 때 어떤 기준을 고려할까? 셰익스피어의 관점(Shakespear, 2013)을 근거로 한다면 자율성과 통제, 위험, 프라이버시, 기본적 욕구 충족(건강 · 의식주 · 교육 · 고용 · 문화 · 여가 · 체육), 지역사회통합(물리적 · 심리적 · 사회적) 등을 염두에 둘 가능성이 높다. 정신의료기관이나 정신요양시설에서 보호받는 정신장애인과 지역사회에 거주하는 정신장애인에게 어떤 거주형태(삶의 양식)를 희망하는지에 관한 다양한 연구들이 이루어져 왔다. 이러한 연구들을 종합해 보면 정신장애인의 관점은 다음과 같이 요약할 수 있다. 첫째, 정신장애인들이 희망하는 거주형태(삶의 양식)는 다양하다. 정신장애인은 가족과 거주를 희망하거나 지역사회 자립생활을 희망하기도 하며, 정신의료기관 입원이나 정신요양시설 입소 또는 소규모 지역사회거주시설 입소를 희망하기도 한다(김문근 · 김이영, 2008; 이용표 외, 2017; 조한진 외, 2017). 둘째, 정신의료기관 및 정신요양시설에 입원(입소) 중인 정신장애인 중 지역사회 생활을 위해 퇴원(퇴소)을 희망하는 비율이 상당히 높다는 점이다. 조한진 외(2017)의 연구에 의하면 정신요양시설에 거주하는 정신장애인 중 59.7%가 퇴소를 희망하며, 퇴소 희망자 중 53.8%는 즉시 퇴소를 희망하는 것으로 나타났다. 또한 퇴소 희망자는 퇴소 후 가족과 함께 거주(54.2%)를 혼자 거주(18.1%)하는 것보다 선호하는 것으로 나타났다.

이처럼 돌봄제공자와 돌봄(지원)을 필요로 하는 정신장애인은 각각 돌봄유형에 대해 다른 가치, 기준, 이해관계를 지니고 있을 것으로 보이는데, 돌봄제공자와 정신장애인의 관점을 비교한 연구들이 많지는 않다. 일부 연구에 따르면 두 주체의 관점에 차이가 존재한다는 점은 명확하다. 김문근과 김이영(2008)의 연

〈표 6-3〉 지역사회 거주 정신장애인과 가족의 보호유형 선호 비교

(단위: %)

		가족의 선호			
		가족과 생활	지역사회 주거시설	입원 및 요양시설	기타
장애인의 선호	가족과 생활	49.6	16.3	6.2	1.4
	지역사회주거시설 및 독립주거	11.8	0.7	2.6	1.0
	입원 및 요양시설	1.2	0.9	0.7	0.2
	기타	1.7	0.9	0.0	0.2

출처: 김문근·김이영(2008). p. 338 〈표 6-95〉를 재구성함.

구에 따르면 지역사회에 거주하는 정신장애인들과 그들을 돌보는 가족은 장기적으로 희망하는 거주유형(삶의 양식)에 대해 일치하는 비율이 높기는 했으나 불일치하는 비율도 상당히 존재하는 것으로 나타났다. 가족과 정신장애인 모두 가족과 생활을 희망하는 비율은 약 50%로 나타났다. 그에 비해 장애인은 가족과 생활을 희망하지만 가족은 지역사회 주거시설이나 입원 및 요양시설 입소 등 시설을 통한 보호를 희망하는 비율은 22.5%에 달하는 것으로 나타났다. 이는 돌봄제공자인 가족이 돌봄의 탈가족화를 희망하는 비율로 볼 수 있다. 반면 가족은 가족돌봄을 희망하지만 정신장애인이 지역사회주거시설이나 독립주거를 희망하는 비율은 11.8%로 나타났는데, 이는 장애인이 스스로 지역사회 자립생활을 통한 돌봄의 탈가족화를 희망하는 비율로 볼 수 있다. 〈표 6-3〉에서 나타난 바와 같이 지역사회에 거주하는 정신장애인은 가족의 욕구 및 장애인 본인의 욕구에 의해 돌봄의 탈가족화를 희망하는 비율이 약 38.1%에 달한다.

돌봄의 탈가족화를 돌봄제공자인 가족의 관점에서 본다면 가장 큰 욕구는 막대한 돌봄부담으로부터의 해방일 것이다. 반대로 돌봄을 필요로 하는 정신장애인의 관점에서 본다면 기본적 욕구가 충족될 수 있다는 가정하에 탈가족화를 위한 가장 중요한 욕구는 자율성이 극대화되는 자립생활일 것이다. 그러므로 돌봄유형을 선택하는 데 있어 가족의 관점과 장애인의 관점이 상충될 때 누가 결정의 주도권을 갖느냐에 따라 결정권을 지니지 못한 주체에게 불리한 돌봄유형이 결정될 개연성이 크다. 그동안의 심각한 장기입원 및 높은 비자발적 입원율은 장애인이 아니라 가족 및 보호의무자가 돌봄유형에 대한 결정권을 가졌으며, 그 결과 가족의 돌봄부담 경감이 돌봄의 탈가족화을 추구하는 결정적 동기였음을 시사한다. 이처럼 가족이 정신의료기관 입원이나 시설입소를 돌봄대안으로 선택할 때 끼어드는 중요한 조절요인이 있다면 그것은 돌봄유형에 따른 돌봄제공자의 재정적 부담(비용)일 것이다(김문근, 2019).

2. 사회보장제도의 양면성

1) 돌봄의 탈가족화와 시설보호 유인

돌봄의 부담이 가족에게 과중하게 귀속되고, 가족이 기능적인 과부하를 경험하게 된다면 가족이라는 단위가 위험을 회피하기 위해 전략적인 선택을 할 개연성은 증가한다. 가족이 돌봄부담을 완화하기 위해 활용할 수 있는 수단은 시장에서 비용을 지불하고 돌봄서비스를 구매하는 방식, 제도적으로 지원되는 무상 혹은 저렴한 실비의 지역사회 기반의 사회서비스를 이용하는 방식, 돌봄을 전면적으로 위탁 혹은 위임하는 요양 및 주거시설을 활용하는 방식 등을 들 수 있다. 앞서 살펴본 바와 같이 정신장애인을 보호하는 가족에게는 정신의료기관 입원이나 정신요양시설 입소, 지역사회 주거시설 입소 등이 전적인 돌봄을 제도적 서비스에 위탁하는 대표적 방법이다. 지역사회기반의 사례관리, 방문간호, 주간재활, 직업재활, 활동지원서비스 등은 가족이 돌봄을 제공하는 상황에서 가족돌봄의 일부분을 사회서비스가 담당하는 형태이다. 돌봄부담을 전적으로 덜어낼 수 있다는 점에서 가족은 입원이나 시설보호를 대안으로 선택할 개연성이 높다. 시설보호는 가족의 구체적인 돌봄노동을 면제해 주고, 장애인을 가정에서 보호할 때 동반되는 지역사회의 편견과 차별과 같은 사회심리적 부담도 덜어주기 때문이다.

그렇다면 정신장애인을 보호하는 가족에게 시설보호에 대한 선호나 이용을 조절해 주는 결정적 요인은 무엇일까? 일부 시설보호 및 탈시설화 연구자들은 이러한 보호의 대안을 가족에게 돌아가는 비용과 혜택의 관점에서 이해할 수 있다고 주장한다. 돌봄대안에 따라 이용자에게 각각 재정적 유인이 다르게 작용할 수 있다는 점은 종종 공공정책에서 간과되기 쉽다. 만일 어떤 돌봄대안이 돌봄부담을 경감시켜 준다 하더라도 막대한 재정적 부담이나 손실을 동반한다면 그러한 돌봄대안에 대한 수요(욕구)보다 실제 소비(이용)는 감소할 수 있다. 역으로 어떤 돌봄대안이 돌봄부담을 덜어주면서 재정적 부담이나 손실이 미미하거나 심지어 재정적 이득을 보장한다면 불필요하게 특정한 돌봄대안을 남용할 개연성도 있다.

정신장애인의 가족돌봄을 대신할 수 있는 사회서비스나 시설보호는 두 가지 측면에서 재정적 혜택과 비용에 대한 고려가 작용할 수 있다(김문근, 2019). 첫째, 정신의료기관 입원이나 정신요양시설 입소, 지역사회 주거시설 입소와 같은 시설보호서비스를 이용하려면 이용료를 부담해야 한다. 이러한 이용료는 시설보호에 대한 시장가격과 같은 의미를 지닐 수 있다. 이용료가 과도한 부담으로 작용하는 가족에게는 시설보호 대신 가족돌봄을 유지할 것이다. 그런데 이러한 이용료는 모든 가족에게 동등하게 적용되지 않는다. 예컨대 절대빈곤층인 기초생활보장 수급자라면 입원비용의 대부분은 의료급여를 통해 지원되는 데 비해 건강보험 가입자는 입원비용의 상당한 부분을 스스로 부담해야 한다. 둘째, 의료기관 입원 및 시설돌봄을 이용하는가 혹은 가족돌봄을 선택하는가에 따라 기초생활보장 생계급여 및 장애인연금 수급에 어떤 차이가 있는가 하는 점이다.

우선 정신의료기관 입원에 대한 재정적 유인효과가 어떻게 작용하는지 살펴보면 〈표 6-4〉와 같다. 의료급여 수급자는 입원진료비가 무료이거나 10% 부담에 그치는데, 장애인등록을 한 경우 2종 의료급여 수급권자도 입원비가 면제된다. 이에 비해 건강보험은 입원진료비의 자기부담률이 20%에 달한다. 따라서 의료급여 수급자라면 입원진료비 부담이 거의 없으므로 정신의료기관 입원을 통한 돌봄의 탈가족화는 재정적 유인이 크게 작용한다고 할 수 있다. 기초생활보장 수급자인 정신장애인 입원 시 입원비는 무료로 부담이 없으나 30일 이상 입원에 대해 월생계급여는 2인 가구 215,800원, 3인 가구 185,600원의 감소가 발생하므로 이러한 감액분은 실질적으로 정신장애인 입원에 따른 보호의무자의 비용부담으로 간주할 수 있을 것이다.

〈표 6-4〉 의료보장유형별 입원 및 외래치료 비용 본인부담 분석

<table>
<tr><th></th><th colspan="2">입원진료</th><th>외래진료</th></tr>
<tr><td rowspan="3">의료
급여</td><td rowspan="2">1종</td><td>무료</td><td>• 약제비: 1,000~2,500원
• 희귀난치성질환산정특례 무료</td></tr>
<tr><td>생계급여 감액
(30일 이상 입원)</td><td>• 기초수급자 생계급여 감액 규모
2인 가구: 215,800원/월
3인 가구: 185,600원/월</td></tr>
<tr><td>2종</td><td>10%
(장애인 무료)</td><td>• 정신질환 진료: 1차 1,000원, 병원급 이상 10%(조현병 5%)
• 희귀난치성질환산정특례 무료
• 장애인 의료비 지원
1차 의료기관 외래진료비(750원) 지원
2차, 3차 의료기관 외래진료비 전액 지원[3)]</td></tr>
<tr><td rowspan="2">건강
보험</td><td colspan="2">일반 20%</td><td>의원 10%, 병원 20%, 종합병원 30%, 상급병원 40%</td></tr>
<tr><td colspan="3">희귀·난치성질환산정특례: 상급병원 입원비 10%(장애인 무료),
외래 1,500원</td></tr>
</table>

출처: 보건복지부(2021a). 2021년도 의료급여사업안내; 건강보험심사평가원. 본인부담기준 안내(www.hira.or.kr); 보건복지부(2021b). 2021년도 장애인복지사업안내(Ⅰ); 보건복지부(2021c). 2021년도 국민기초생활보장사업안내)를 참조하여 작성.

한편 장애인연금은 정신의료기관에 입원하더라도 연금 수급

---

3) 등록장애인 의료급여 2종에 대해서는 입원진료비 및 외래 진료 본인부담분을 장애인복지사업에서 지원함(보건복지부, 2021b).

에는 어떤 변화도 없다는 점에서 가족으로서는 장애인연금 감액으로 인한 간접적 비용이 발생하지 않는다(보건복지부, 2020a).

정신요양시설과 소규모 주거시설을 활용하는 경우 재정적 유인은 어떻게 작용하는지 살펴보면 〈표 6-5〉와 같다. 기초수급자는 본인 부담이 면제된다. 그 대신 정신요양시설은 생계급여가 시설급여로 전환되어 월평균 248,803원을 정부가 부담한다. 뿐만 아니라 시설 입소 장애인이 기초생활보장 수급자로서 장애인연금 수급자라면 만 65세 미만은 부가급여가 삭감되며, 만 65세 이상이라면 부가급여가 삭감되는 것은 동일하지만 부가급여액은 노인기초연금에 상응하는 금액이므로 훨씬 더 감액규모가 크다. 돌봄을 제공하던 가족은 정신장애인의 시설입소로 인해 생계급여가 시설급여로 전환되면 생계급여 감소분과 장애인연금 부가급여 감소분을 합산한 금액의 가족소득 감소를 경험하게 된다. 이러한 소득감소분은 정신요양시설 등 시설급여가 적용될 수 있는 시설에 정신장애인을 입소시킬 경우 가족에게는 실질적인 입소비용으로 체감될 수 있을 것이다. 이에 비해 기초수급자가 아닌 경우 정신요양시설 및 주거시설의 실비 이용료부담은 월 421,000원 이하에서 결정되므로, 이용료가 곧 시설보호를 위해 가족이 부담해야 하는 순비용이라 할 수 있다.

한편 장애인연금은 수급자가 정신요양시설과 입소시설 등 보장시설에 입소한다면 만 65세 미만의 장애인은 기초급여(300,000원) 전액이 지급되고 부가급여(80,000원)만 삭감되므로 보호의무자의 관점에서 소득감소는 크지 않다. 반면 장애인이 만 65세 이상이라면 장애인연금 기초급여는 제공되지 않고 부가급여만 제공되는데, 보장시설에 입소한다면 부가급여(380,000원)가 전액 미지급되므로 가족의 소득감소효과는 크다(보건복지부, 2020a).

〈표 6-5〉 정신요양시설 및 주거시설 비용부담 현황

시설 유형	소득수준	실질적인 이용료 부담
정신요양시설 및 주거시설	기초수급	• 본인부담: 없음 (시설수급 미적용 시설의 경우 시설수급 생계비 수준의 부담) • 가족부담: 보장시설급여 전환으로 인한 생계급여 감액분 + 장애인연금 부가급여 전액 감액
	차상위 이상	실비 이용료: 월 421,000원 이하(최소 248,803원)

출처: 보건복지부(2020b). 2020 정신건강사업안내.

따라서 정신의료기관 입원은 입원진료비 부담과 기초생활보장 생계급여 감액수준에 따라 체감하는 비용이 결정된다. 이에 비해 정신요양시설 및 입소시설 등 보장시설 입소는 이용료부담과 시설급여 전환에 따른 기초생활보장 생계급여 및 장애인연금 부가급여 감액규모에 따라 보호자의 실질적 비용부담이 결정된다. 즉 정신의료기관 입원 및 정신요양시설 등을 통한 탈가족화는 직접적인 비용부담뿐만 아니라 기초생활보장 생계급여 감액 및 장애인연금 감액과 같은 간접적인 비용이 어떻게 작용하는가에 따라 영향을 받을 것으로 보인다. 물론 이러한 재정적 유인이 시설보호를 통한 탈가족화를 촉진 혹은 억제하는 효과는 가족이 돌봄을 제공하는 과정에서 체감하는 주관적인 보호부담에 따라 어느 정도 조절될 것이다. 즉 주관적인 돌봄부담을 더 많이 지각할수록 재정적 유인이 지니는 영향력은 더욱 감소할 것이다.

〈표 6-6〉 입원 및 시설보호의 비용부담과 재정적 유인

	직접적 비용	간접적 비용	탈가족화 영향 요인
정신의료기관	입원진료비	기초생활보장 생계급여 감액	• 기초수급자: 입원비 면제와 생계급여 감액의 합산효과 • 건강보험가입자: 입원비
정신요양시설 입소시설	시설이용료	기초생활보장 생계급여 감액 및 장애인연금 감액	• 기초수급자: 생계급여 감액과 장애인연금 감액 (65세 이상 > 65세 미만) • 건강보험가입자: 시설이용료

2) 장애인의 탈시설 및 자립생활을 위한 토대

정신장애인의 관점에서 사회보장제도는 탈시설 및 탈가족화를 통해 지역사회에서 자립생활을 실현하는 기초를 제공할 수 있다. 장기간 정신요양시설에 입소하고 있는 정신장애인들은 가족 등 보호의무자가 없거나 주거, 소득 등에 대한 구체적 대안이 없어 탈시설이 쉽지 않다. 하지만 탈시설과 지역사회 자립생활에 대한 욕구는 높다. 또한 지역사회에서 가족의 보호를 받고 있지만 고령의 부모나 형제 등이 더이상 보호 제공을 할 수 없는 상황이 닥치면 시설입소 외에는 대안이 없는 경우도 있다. 이런 상황에서 정신장애인은 시설입소가 아니라 지역사회에서 공적 주거지원과 소득보장을 받으며 자립생활을 할 수 있기를 희망한다. 그러므로 사회보장제도는 정신장애인의 탈시설과 지역사회 자립생활을 위한 토대를 제공할 수 있다는 점에서 중요한 의미를 지닌다.

(1) 탈시설과 자립생활

가족이나 보호의무자가 없어 탈시설이 어려운 정신장애인들은 주거보장과 소득보장, 그리고 안정적인 건강관리가 지원될 수 있다면 탈시설은 보다 용이할 수 있다. 정신요양시설에 거주하고 있는 정신장애인들 중 가족들이 돌봄을 제공할 수 없어 입소하였거나 가족이 없는 경우 등은 모두 약 60%에 달하는 것으로 나타났다. 또한 정신요양시설 입소자 중 퇴소를 희망하는 비율은 약 60%였고, 퇴소 희망시기는 즉시 퇴소가 53.8%에 달하는 것으로 나타났다. 이들이 퇴소 후에 거주하고 싶은 주택은 국가나 지방자치단체가 제공하는 공공주택이 39.4%로 가장 높게 나타났다. 이들은 퇴소 후 가족과 함께 거주하기를 희망하는 비율이 54.2%로 가장 높았으나 혼자 거주하기를 희망하는 경우도 18.1%로 나타났다. 탈시설을 위해 가장 필요한 지원에 대해서는 생계비 지원 66.2%, 주거제공 58.8%, 취업알선 및 기회제공 36.9% 등으로 나타났다(조한진 외, 2017). 이러한 조사결과는 탈시설 후 자립생활을 희망하며, 자립생활을 위해 소득보장, 주거보장, 취업지원 등에 대한 욕구가 높음을 보여준다.

무엇보다도 탈시설을 위해서는 지역사회 주거보장이 필수적이다. 주거가 지원된다면 국민기초생활보장제도 및 장애인기초연금 등을 통해 지역사회 자립생활을 위한 최소한의 소득을 보장받으면 자립생활이 가능하기 때문이다. 따라서 공공주거공급가능성, 국민기초생활보장제도 및 장애인기초연금 수급가능성과 급여수준, 사례관리 등이 빈틈없이 지원될 수 있다면 시설에 거주하며, 가족의 돌봄과 부양을 기대할 수 없는 정신장애인이라 하더라도 탈시설하여 지역사회에서 자립생활을 시작할 수 있을 것이다.

〈표 6-7〉 정신요양시설 거주 정신장애인 탈시설 위해 필요 지원(중복응답)

필요한 지원	%
생계비 지원	66.2
거주 장소 제공	58.8
거주 및 취업 안내	43.7
취업 알선 및 기회 제공	36.9
가사 지원 및 식사 제공	22.0
가사 훈련	20.5
기타	21.7

출처: 조한진 외(2017). 참조 재구성.

(2) 가족돌봄으로부터 자립생활(탈가족)

지역사회 거주 정신장애인들 중 가족갈등을 경험하는 비율은 49.9%로 나타났으며, 갈등의 주원인은 정신질환의 증상 30.9%, 경제적 문제 24.4%, 정신질환에 대한 가족의 이해부족 23.9% 등이었다. 즉 가족의 보호를 받는 정신장애인들도 정신질환의 증상이나 경제적 문제 등으로 인해 갈등이 높은 상태에 있다. 또한 지역사회의 주거시설에 입소는 가족의 뜻에 따른 입소 34.2%, 본인의 결정 24.8%로 나타나 가족과 정신장애인 모두 가족돌봄을 벗어나고자 하는 동기가 적지 않은 것으로 나타났다. 지역사회에 거주하는 정신장애인들의 시설 입소 이유는 적절한 서비스를 받기 위함이 41%로 가장 높았으며, 가족관계가 원만하지 않거나 가족에게 부담이 되기 싫어 입소한 경우도

22.3%로 높게 나타났다(이용표 외, 2017). 즉 가족갈등이나 가족부담으로 인해 정신장애인은 가족과 함께 거주하기보다 소규모 주거시설이나 지역사회에서 자립생활을 희망하고 있는 것으로 보인다. 그런데 공동생활가정 등 소규모 지역사회주거시설은 영구적인 주거를 제공하지 못하고, 주로 3~5년 내외의 거주기간을 보장하는 훈련목적의 시설이므로 자립생활을 위해서는 영구적인 거주가 가능한 공공주택지원과 소득보장 지원이 중요할 것이다.

(3) 평생계획과 자립생활

가족의 돌봄을 받고 있는 정신장애인들 중 돌봄 제공자가 고령의 부모인 경우 불가피하게 자립생활을 준비하여야 하며, 형제가 돌봄 제공자인 경우 가족돌봄의 유효기간은 부모에 비해 더욱 짧을 개연성이 있다. 이처럼 가족돌봄이 더이상 가능하지 않을 때를 대비한 장기적인 생활계획(평생계획, permanency planning)을 위해 정신장애인은 재정계획, 주거계획, 법적인 후견 계획 등이 필요하다(서미경, 2005). 이러한 계획은 정신장애인과 가족, 정신장애인 지원기관의 협력 하에 준비되어야 할 것이다.

정신장애인이 지역사회에서 자립생활을 영위하기 위해 요구되는 조건들을 좀 더 구체적으로 살펴보면 안정적인 소득보장, 지속적인 의료보장, 영구적인 주거 및 지원서비스, 후견(신변보호) 등이 요구된다. 최근 조사에 따르면 지역사회 거주 정신장애인의 가족들은 본인 사후에 정신장애인 돌봄 주체에 대해 복지기관 · 전문가 50.5%, 형제 · 자매 29.9% 순으로 나타났다. 이들은 정신장애인 돌봄과 관련해 가장 염려되는 사항으로 정신건강관리 36.9%, 생활비 마련 30.8%, 신변보호(후견) 18.7%, 주거지 마련 9.3% 순으로 나타났다. 소득에 대한 계획으로 기초생활보장제도 41.6%, 유산 10.7%, 형제 · 친척의 부양 9.8% 순으로 나타났다(이용표 외, 2017). 이처럼 가족이 더이상 돌봄을 제공할 수 없다면 정신장애인의 지역사회 자립생활을 위해 소득, 의료, 주거, 지원서비스 등에 대한 계획이 요구되며, 실질적으로 가족과 정신장애인의 자원이 한정적인 상황에서 사회보장제도의 전적인 지원이 필요하다.

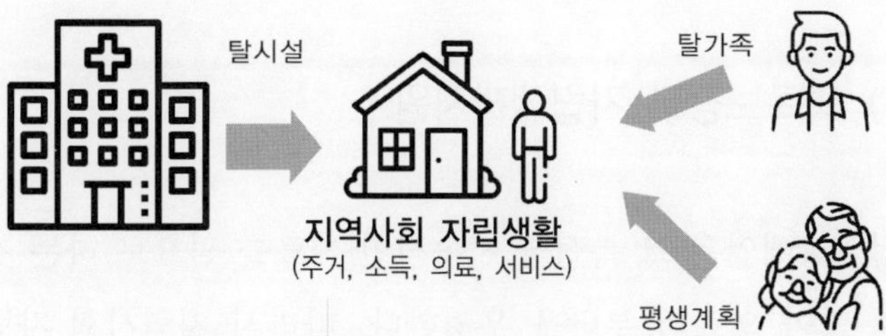

[그림 6-1] 지역사회 자립생활의 사회적 맥락

소득보장과 의료보장(의료급여)은 정신장애인들에게 있어 수급자격을 얻기 위해 규정된 신청 및 자격심사 절차를 거치는 것 외에 별도의 비용이 들지 않는다. 국가나 지방자치단체가 특별히 이를 위해 별도의 정책과 재정을 마련할 필요성도 크지 않다. 하지만 주거보장은 전혀 다른 맥락이 존재한다. 주거약자로 분류될 수 있는 정신장애인들은 주거보장을 위해 공공임대아파트나 공공임대주택을 지원받아야 영구적인 주거가 확보될 수 있다. 그런데 이런 공공주택은 수요에 비해 공급이 부족하고, 다양한 주거약자집단들과 한정된 공공주택을 두고 경쟁해야 하며, 초기비용을 마련해야 하는 부담이 따른다. 이런 맥락에서 지역사회에 거주하는 정신장애인들은 주거보장과 관련하여 공공임대주택 지원과 함께 월세 보조, 전세자금대출, 주택구입자금 대출 등 주거 관련 경제적 지원에 대한 욕구가 높다(이용표 외, 2017).

3. 지역사회 자립생활과 사회보장 개혁

1) 의료보장과 자립생활지원

정신장애인은 그 특성상 지속적인 치료를 필요로 하는 경우가 적지 않아 의료비 부담을 우려한다. 따라서 지역사회 자립생활을 위해 무엇보다 의료보장이 중요하다. 일반적으로 근로소득 등 일정한 소득이 있는 경우 건강보험 가입자로 의료보장을 받을 수 있으며, 차상위계층 미만의 저소득층이라면 의료급여를 통해 의료보장을 받을 수 있다. 전국장애인실태조사에 따르면 정신장애인의 의료보장 현황은 〈표 6-8〉과 같다.

〈표 6-8〉 정신장애인의 의료보장 유형

(단위: %)

건강보험 (직장)	건강보험 (지역)	의료급여 1종	의료급여 2종	기타	합계
25.0	19.4	48.5	7.1	0.0	100

출처: 보건복지부 · 한국보건사회연구원(2017). 2017년 장애인실태조사.

정신장애인은 자립생활 전환과 관련하여 의료보장의 안정성이 중요하다. 정신장애인이 직업재활을 거쳐 유급의 취업으로 전환되면 근로소득이 발생하므로 의료급여 수급자격이 상실될 개연성이 있고, 이로 인해 정신장애인의 자립을 저해하는 문제가 지적되어 왔다. 그런데 현재 의료급여제도에 따르면 자활사업 참여, 구직촉진수당 수령 등으로 인한 경우 의료급여특례를 적용하여 소득인정액기준을 초과하더라도 의료급여자격을 보장한다. 그 외에도 다양한 법령에 근거해 행려환자, 입양아동, 재난 피해자 등에게 특별수급자격을 부여하고 있다(보건복지부, 2021d). 하지만 장기간 의료기관 입원 후 지역사회로 복귀하는 정신장애인, 가족의 고령화 등으로 인해 더이상 가족의 돌봄과 부양이 어려운 정신장애인, 직업재활을 통해 자립을 추구하지만 일정 기간 지속적 치료가 불가피하여 안정적인 의료급여 수급을 희망하는 정신장애인 등을 위한 의료급여 특례제도 도입이 필요할 것이다.

한편 오랫동안 문제로 제기된 의료급여수가 개혁이 필요하다. 2017년 국정감사를 통해 정신의료기관 입원 수가는 건강보험 대비 61.6%에 불과한 것으로 나타나 양질의 치료를 받기 어려운 것으로 나타났다. 특히 2019년 의료급여 중 정신건강 관련 입원비 통계를 살펴보면 하루 입원비는 53,000원으로 여타의 질병군에 비해 최저수준인데 비해 입원기간은 212일로 최장 수준으로 나타났다(중앙정신보건사업지원단, 2020a). 따라서 정신질환 의료수가를 적정수준으로 인상하여 양질의 치료를 보장하고, 그 대신 장기입원에 대해서는 의료수가 차등감액 구간을 세분화(14일, 1개월, 2개월, 3개월, 6개월, 1년)하고, 입원기간 장기화에 따른 의료수가 감액 폭을 확대하여 최대한 장기입원을 억제하는 방향으로 의료급여 개혁이 필요할 것이다(이영문, 2019). 다만 의료급여 수가 감액폭을 확대하는 데 한계가 있고, 자칫 6개월 이상 혹은 1년 이상 장기입원하는 정신장애인의 의료의 질을 더욱 악화시킬 우려가 있으므로 근본적 해결 방안은 급성증상 치료 중심의 집중의료를 14일에서 최대 3개월 정도로 보장하고, 입원 후 3개월이 도래하면 일괄 퇴원 후 지역사회 치료와 재활에 대한 의료수가를 지원하는 방향으로 제도를 개선하는 것이 더 바람직하다. 지역사회에서의 치료와 재활은, 최근 확대되는 병원 기반 사례관리와 낮병원, 정신건강복지센터, 정신재활시설 등을 포괄하는 지역사회통합돌봄체계를 통해 지속적인 외래치료를 지원하고, 재활 및 자립생활을 보장하는 데 중점을 두어야 할 것이다.

아울러 정신장애인의 자립생활을 위해서는 신체적인 건강보장 또한 중요할 것이다. 2017년 장애인실태조사 결과에 따르면 지난 2년 내 건강검진을 받은 비율은 54.8%로 전체 장애인평균 72.7%보다 확연히 낮고, 구강검진 비율은 34.1%에 불과했다. 본인이 원할 때 의료기관을 찾지 못하는 이유는 경제적 이유가

51.5%로 매우 높게 나타났다. 또한 고혈압 17.4%, 당뇨 14.4% 등 만성질환을 경험하는 정신장애인도 있어 신체건강 관리도 중요한 것을 알 수 있다(보건복지부·한국보건사회연구원, 2017). 따라서 정신장애인의 신체건강 관리를 위한 의료적 지원이 중요하다. 2018년 제정된 장애인건강권법에 따른 장애인 건강관리지원체계가 구축되고 있으므로, 정신장애인 또한 이러한 장애인을 위한 건강검진과 진료지원을 적절히 활용할 수 있도록 정신건강복지체계는 장애인건강관리지원체계와 긴밀히 연계 및 협력하여야 할 것이다.

2) 소득보장과 자립생활지원(국민연금, 장애인연금, 기초생활보장)

정신장애인의 지역사회 자립생활을 위해 일정한 소득이 보장되어야 한다. 정신장애인은 장애로 인한 추가비용도 발생하므로 비장애인 대비 장애로 인한 추가비용에 상응하는 소득보충이 추가적으로 필요하다. 정신장애로 인한 추가비용은 2017년 장애인실태조사결과에 따르면 85,900원으로 나타났다. 전체 장애인 평균 165,100원에 비해 낮게 나타났다. 하지만 지역사회에 거주하는 정신장애인 1,000명을 대상으로 실시한 이용표 등(2017)의 조사에 의하면 월평균 194,000원의 장애로 인한 추가비용이 발생하는 것으로 나타났다.

정신장애인이 지역사회자립생활을 위해 활용 가능한 국내의 소득보장제도는 절대빈곤계층을 위한 국민기초생활보장제도,

노인기초연금, 국민연금의 장애연금, 장애인기초연금, 장애인연금 부가급여, 장애수당, 장애아동수당 등이 있다. 이러한 제도 중 급여액이 2~4만 원에 불과한 장애수당과 수급자 수가 극소수인 장애아동수당을 제외하고 각 제도별 현재 이용자 규모 및 급여수준은 〈표 6-9〉와 같다.

〈표 6-9〉 정신장애인 소득보장제도 현황

	정신장애인 수급률	급여수준	급여자격
국민기초생활보장	54.7[a]	월 548,349원 (1인 가구 최대급여수준)	최저생계비 미만의 소득
노인기초연금	–	월 300,000원	만 65세 이상 소득기준 이하 –1인 가구 1,690,000원 –부부가구 2,704,000원[4)]
장애연금	–[b]	월 186,590원~823,200원[d]	국민연금 가입 중 장애 발생
장애인연금	28.7[c]	월 300,000원	중증장애인 소득인정액 –1인 가구 1,220,000원 –부부가구 1,952,000원[5)]
장애인연금 부가급여	28.7[c]	월 2~8만 원[6)]	장애인연금 수급자

a. 2017년 장애인실태조사
b. 29,557명 수급. 국민연금의 장애등급은 장애인복지법의 장애등급과 상이함
c. 2020 장애통계연보. 2019년 말 현황
d. 국민연금 산식에 따라 결정되며, 2021년 현재 재직기간 소득의 월평균액에 따라 월 186,590원~823,200원의 연금 수령 가능(국민연금관리공단)[7)]

---

4) 2021년 기준 노인기초연금 소득인정액기준(https://basicpension.mohw.go.kr).

5) 2020년 기준 장애인연금 소득인정액기준(http://www.bokjiro.go.kr/pension).

6) 만 65세 이상인 경우 장애인연금 기초급여는 중단되며, 노인기초연금제도의 적용을 받게 되는데, 이때 장애인연금 부가급여는 지급되는데, 기초수급자는 38만 원, 차상위 7만 원, 차상위 초과 4만 원이 지급된다(박진우, 2020).

여타의 장애유형에 비해 정신장애인의 국민기초생활보장 수급율이 54.7%로 높다는 것은 정신장애인의 절대적 빈곤율이 매우 높다는 점을 의미한다(중앙정신건강복지사업지원단, 2020b). 동시에 이러한 국민기초생활보장제도가 정신장애인의 지역사회자립생활을 위한 소득보장을 위한 토대로 활용될 수 있음을 시사하기도 한다.

장애인연금은 만 18세~64세의 중증장애인이며, 소득수준이 정부가 정한 소득인정액 이하인 정신장애인에게 최대 월 30만 원의 소득보장을 제공한다. 장애인연금 수급자는 장애로 인한 추가비용 보전을 위한 부가급여를 지원받을 수 있는 자격도 부여된다. 따라서 중증장애인으로서 장애인연금 기초급여와 부가급여를 최대한 수급한다면 월 38만 원의 소득보충효과가 있을 것이다. 만 65세가 도래하면 장애인연금은 종료되고, 노인기초연금의 적용을 받게 된다. 아직 장애인실태조사 등을 통해 장애인 중 노인기초연금 수급자가 어느 정도 규모인지 조사되어 있지 않다. 노인기초연금의 급여수준은 장애인연금 기초급여수준과 동일하며, 최대 월 30만 원을 수급할 수 있다. 장애인연금 수급자가 만 65세가 도래하면 자연스럽게 노인기초연금 수급자격을 얻어 소득보장의 연속성에 큰 문제는 없을 것으로 판단된다. 오히려 동일한 조건이라면 노인기초연금의 소득인정액기준이 장애인연금의 소득인정액기준보다 더 높아 더 많은 장애인들이 노인기초연금의 수급자로 편입될 수 있을 것으로 기대된다. 하

---

7) https://www.nps.or.kr/jsppage/info/easy/easy_04_03.jsp

지만 이는 65세 이상의 노인에 비해 만 18세~64세의 중증 장애인에 대해 더 낮은 소득인정액기준을 적용함으로써 중증장애인을 차별하는 것으로 볼 수도 있다. 장애인연금은 근로능력이 대부분 상실된 장애인을 위해 소득보충을 목적으로 운영되는 제도라는 성격을 고려한다면(윤상용, 2019), 노인기초연금 대비 장애인연금의 소득인정액기준이 더 낮은 것은 중증장애인에 대한 차별로 볼 수 있다. 따라서 중증장애로 인해 노동시장 참여를 통한 소득보전의 가능성이 현저히 낮은 정신장애인의 소득보장을 강화하려면 장애인연금의 소득인정액 기준을 현 노인기초연금과 같은 수준으로 인상하여 장애인연금 수급 정신장애인을 확대할 필요가 있을 것이다.

한편 장애인연금의 부가급여는 장애로 인한 추가비용을 보전하기 위해 도입된 것이므로 장애로 인한 추가비용을 보전하기에 충분한 수준으로 인상할 필요가 있을 것이다. 장애로 인한 추가비용은 평균 165,000원에 달하므로 이 수준에 맞게 인상되어야 하고, 장애로 인한 추가비용에 대해서는 소득수준에 관계없이 정액을 지원하는 방향으로 제도개편이 필요할 것이다(박진우, 2020).

위에서 검토한 장애인소득보장 관련 제도들은 기본적으로 현재의 소득부족을 보충하는 제도이다. 그래서 이러한 소득보장이 충분히 이루어지면 최저한도의 일상생활을 보장할 수 있으나 지역사회자립에 필요한 자산형성은 어렵다. 특히 현재의 저소득층 소득보장제도의 근본적인 한계는 자립과 탈빈곤을 위한 유인이 취약하다는 점이다. 가족돌봄이 가능하지 않거나 탈시설 등으로 인해 지역사회에서 자립생활을 계획하는 정신장애인이라면 공공임대주택 입주 등을 위한 기초자산형성이 요구된다. 따라서 금융자산의 축적을 제한하는 국민기초생활보장제도의 한계를 보완하여 자립을 위한 기초자산형성을 촉진할 수 있는 정책대안이 필요하다. 이를 위해 저소득 정신장애인의 자립생활을 위한 기초자산형성 목적의 저축에 소요되는 근로·사업 소득을 소득인정액에서 제외함으로써 근로동기를 제고하고 자산형성을 장려할 수 있도록 국민기초생활보장제도 개선과 장애인자산형성 지원 금융제도의 도입이 필요할 것이다.

〈표 6-10〉 정신장애인 자립생활 지원을 위한 소득보장제도 개선 방안

제도	현재 제도	개선방안
국민기초생활보장제도(장애인 근로·사업소득 공제)	• 근로소득 공제율 30% • 직업재활 소득 20만원 선공제 후 추가금액의 50% 공제	• 장애인 근로·사업소득 공제율 인상 • 자립생활 위한 기초자산형성 목적 저축 공제 제도 도입
장애인연금제도	• 장애추가비용 충당에 부족한 부가급여 • 추가급여를 소득수준별로 차등지급	• 추가급여를 월평균 장애추가비용 수준으로 인상 • 추가급여수준을 소득계층에 관계없이 균등하게 지급

3) 사회서비스보장과 자립생활지원

정신장애인은 진단이 동일하더라도 개인마다 질병의 경과가 다양하고, 장기적으로는 정신질환의 증상과 기능제한이 예후 또한 상이하므로 어떤 장애인에게는 의료적 지원이 늘 우선순위를 차지할 수 있으나 일상생활기능의 저하가 두드러져 일상생활에

대한 실질적인 지원이 다양하게 필요할 수도 있다(김문근, 2012). 또는 어느 정도 질병의 증상으로부터 회복되어, 자립을 위한 동기가 높고, 지역사회에서 취업이나 자원봉사, 자기계발 및 여가생활 등 다양한 생활을 하는 정신장애인이라면 의사결정을 지원하거나, 권익옹호를 지원하고, 필요한 사회보장제도나 사회서비스에 대해 안내하고 이용에 대한 실질적인 지원을 필요로 할 수 있다.

그동안 우리나라 정신건강복지정책은 정신건강문제를 다만 치료를 필요로 하는 의료적 상태로 획일적으로 정의한 채 입원치료나 약물치료에 중점을 두었으며, 정신건강복지센터 또한 정신건강관리 지원 중심의 서비스를 제공해 왔다. 이와 함께 정신재활시설과 정신건강복지센터는 사회재활, 직업재활 등 재활서비스와 함께 주거훈련 중심의 주거서비스를 제공해 왔다. 이러한 의료의 연장선상에 있는 재활서비스는 정신장애인이 사회적 역할기능을 향상시켜 지역사회에 통합하는데 유용한 서비스라 할 수 있다. 그럼에도 전국적인 접근성이 매우 떨어지는 것이 현실이다. 2005년 정신재활시설 운영지원사업이 지방자치단체 사무로 전환된 후 시설의 확충속도는 더디며, 기초지방자치단체수준에서 새로운 시설의 설치와 운영은 재정적 부담으로 인해 큰 기대를 하기 어려워졌다. 최근 실시된 강상경 등(2020)의 연구에 의하면 재활서비스를 제공하는 정신재활시설은 유형별로 지역에 따라 접근성에 큰 격차가 존재하며, 농어촌지역의 접근성은 더욱 열악하며, 각 지방자치단체별로 유형별 시설이 모두 설치되어야 하나 이에 대해 지방자치단체의 책무성을 실현하기에는 법규정이 허술한 상황이다. 뿐만 아니라 정신재활시설의 서비스는 치료재활에 그칠 뿐 정작 정신장애인의 회복과 인권 중심의 서비스는 미흡한 상태에 있었다. 주거시설은 정신장애인의 지역사회 자립생활로 전환하는 데 실질적인 지원을 제공하지 못하고 있으며, 정신장애인들은 제한된 거주기간으로 인해 주거안정 혹은 영구적인 주거에 대한 욕구가 높았으나 이에 대응하지 못하고 있었다.

위와 같은 정신재활시설의 한계를 극복하기 위해 첫째, 지역별로 적정한 수의 정신재활시설이 설치되어 접근성이 확보되도록 해야 한다. 이를 위해 지방자치단체의 책무성을 강화할 방안이 모색되어야 하고, 지방자치단체가 설치한 후 민간에 위탁운영하는 모형의 적극 활용이 필요하다. 둘째, 정신재활시설은 그동안의 운영방식을 획기적으로 전환할 필요가 있다. 정신장애인의 치료와 재활 중심의 서비스를 회복지향의 서비스, 자기결정과 인권이 보장되는 서비스, 지역사회통합 및 자립생활 중심의 서비스로 전환할 필요가 있다. 셋째, 탈시설과 지역사회자립생활을 지원하는 지역사회전환시설과 공동생활가정을 적극 확충해야 한다. 넷째, 정신재활시설을 공급자 중심의 서비스 제공으로부터 개별화된 지원으로 전환해야 한다. 즉 정신장애인에게 있어 회복의 의미는 다양하므로 정신장애인의 다양한 욕구에 부합하는 서비스의 다양화, 직업적 지원의 강화, 지역별 특성에 부합하는 서비스, 생애주기에 맞는 서비스 확대 등이 필요하다(강상경 외, 2020).

한편 장애인활동지원서비스 보장을 강화할 필요가 있다. 기존의 활동지원제도는 지체장애인 중심의 욕구평가체계로 인해 정신장애인이 상당한 장애에도 불구하고 적절한 등급을 인정받아 활동지원을 제공받기 어려웠다. 뿐만 아니라 정신장애인이 필요로 하는 활동지원의 내용이 무엇인지에 대한 심층적 연구도 미흡하여 지체장애인 중심의 활동지원서비스가 정신장애인에게 적합성이 떨어질 개연성이 높다. 그러므로 활동지원 욕구평가체계 및 활동지원서비스의 구체적 내용을 정신장애인에게 적합화시키기 위한 연구 및 제도개선이 시급히 요구된다.

2019년부터 시범사업으로 시행되고 있으며, 더욱 확대될 것으로 예상되는 지역사회통합돌봄서비스 또한 지역사회의 정신장애인을 위한 서비스 보장에 중요한 함의가 있을 것으로 기대된다. 2017년 개정된 정신건강복지법이 시행되었음에도 지방자치단체와 정신건강복지센터는 이렇다 할 복지서비스 지원을 못하고 있는 상황이다. 그러므로 지방자치단체와 정신건강복지센터가 주축이 되어 의료와 재활을 넘어 다양한 복지서비스를 개발 및 제공하고, 지역의 다양한 복지자원을 연계하여 개별화된 지원을 제공할 수 있는 지역사회통합돌봄체계를 구축할 필요가 있다.

끝으로 정신장애인이 장애인복지법 제15조로 인해 장애인복지체계에 의한 장애인복지서비스 이용이 제한되는 문제에 대해 다양한 연구와 정책전문가들, 당사자활동가 등은 차별법령을 폐지한 후 타 유형의 장애인과 같이 정신장애인도 통합된 장애인복지서비스 이용을 보장하는 방안, 정신건강복지체계 내 다양한 정신장애인복지서비스를 충분히 확충하는 방안, 정신장애인복지법을 제정하고 독립적인 정신장애인복지전달체계를 설치하는 방안 등을 제시하고 있다(박인환 · 이용표, 2018; 이용표 외, 2017). 장애인복지체계와의 완전 통합은 전국적으로 다양한 장애인복지시설 이용을 통해 현재 정신재활시설이 확충되지 않은 지역의 정신장애인에게 복지서비스를 확충하는 데 가장 바람직한 대안이 될 수 있을 것이다. 만일 정신장애인의 특수성을 고려한다면 정신건강복지체계 내에 정신장애인복지서비스를 획기적으로 확충할 수 있도록 정신건강복지법과 하위법령을 구체화하고, 중앙정부와 지방자치단체가 필요한 재정을 투입할 수 있도록 책임성을 강화해야 할 것이다. 만일 발달장애인과 같이 정신장애인도 별도의 복지법과 복지전달체계를 구축하는 방안을 추진한다면 전국적으로 광역 및 기초 자치단체에 이르기까지 새롭게 재정부담을 떠안아야 하는 상황이므로 이러한 부담과 이에 따른 저항을 극복할 수 있는 정부의 정책적 의지가 뒷받침되어야 할 것이다.

참고문헌

강상경, 제철웅, 김문근 외 (2020). 정신재활시설 운영 · 이용 실태 및 이용자 인권실태조사. 국가인권위원회.

김문근 (2009). 가족의 정신장애인 가정외보호서비스 욕구에 영향을 미치는 요인에 관한 연구. **정신보건과 사회사업**, 32, 5-40.

김문근 (2012). 정신장애인 장기요양서비스(Long-Term Care) 정립방안 연구. **정신보건과 사회사업**, 40(3), 118-146.

김문근 (2019). 정신장애인복지의 탈가족화 기반에 관한 연구. **비판사회정책**, 62, 7-52.

김문근, 김이영 (2008). 재가 정신장애인 및 가족의 생활실태 조사연구. 국가인권위원회.

김철권, 김진원, 서지민, 이길자, 김길중, 변원탄 (2000). 정신분열병 환자의 주보호자와 형제자매에서의 부담에 대한 연구. **신경정신의학**, 39(1), 113-127.

류연규 (2007). 복지국가의 탈가족화에 대한 이론적 논의와 탈가족화 수준 비교. **한국가족복지학**, 20, 259-286.

박인환, 이용표 (2018). 정신장애인의 사회통합과 장애인복지법 제15조 등 법제 개선방향. **법과 정책연구**, 18(2), 111-152.

박진우 (2020). 장애인 소득보장 급여수준의 현황과 개선방안, 현안분석 제130호. 국회입법조사처.

박혜영, 배안, 김진학, 김명규 (2000). 만성정신질환자 보호자의 가족부담과 서비스 욕구. **사회정신의학**, 5(2), 197-205.

보건복지부, 한국보건사회연구원 (2017). 2017년 장애인실태조사.

윤홍식 (2010). 한국가족정책의 현실과 전망: 가족정책, 복지국가를 향한 새로운 전망. 한국행정학회 Conference 자료, 15-39.

이영문 (2019). 정신과 장기입원에 대한 논제. 정신병원 장기입원과 열악한 의료서비스에 대한 대안과 진단. 국가인권위원회, 국립정신건강센터, 한국정신장애연대.

이용표, 강상경, 김용득 외 (2017). 지역사회 정신장애인 현황조사 및 지원체계 연구. 가톨릭대학교 · 보건복지부.

장경섭 (1992). 특별기고-핵가족 이데올로기와 복지국가-가족부양의 정치경제학. **경제와 사회**, 15, 173-204.

장경섭 (2011). 개발국가, 복지국가, 위험가족. **한국사회정책**, 18(3), 63-90.

장옥진, 이병대, 정영인 (2015). 만성조현병환자의 장기입원 요인에 관한 연구. Journal of Korean Neuropsychiatric Association, 54(1), 76-83.

조성진, 이병조, 조맹제 외 (2006). 정신보건 관련 시설의 재원 기간 및 관련 요인에 관한 연구. J Korean Neuropsychiatr Assoc, 45(4), 372-381.

조한진, 김기룡, 김예원 외 (2017). 중증 · 정신장애인 시설생활인에 대한 실태조사. 국가인권위원회.

중앙정신건강복지사업지원단 (2020a). 의료수급권자 중 정신질환 진료 현황. **정신건강동향** 19.

중앙정신건강복지사업지원단 (2020b). 정신장애인의 경제상태. **정신건강동향**, 21.

차선경, 김성수 (2013). 정신분열병환자의 재원일수 결정요인. **디지털정책연구**, 11(4), 351-359.

최정규, 장홍석, 이명수 외 (2013). 정신보건 관련 시설의 재원기간과 관련된 정신사회적 요인. **한국신경정신의학회지**, 52, 98-107.

Laslett, B., & Brenner, J. (1989). Gender and social reproduction: Historical perspectives. *Annual review of sociology, 15*(1), 381-404.

Roick, C., & Heider, D. et al., (2007). Burden on caregivers of people with schizophrenia: comparison between Germany and Britain. *The British Journal of Psychiatry, 190*(4), 333-338.

Shakespear, T. (2013). **장애학의 쟁점: 영국 사회모델의 의미와 한계.** 이지수 역. 학지사.

Vermeulen, B., & Lauwers, H. et al. (2015). Experiences of family caregivers for persons with severe mental illness: an international exploration. Leuven: LUCAS KU Leuven/EUFAMI.

보건복지부 (2020a). 2020 장애인연금사업안내.

보건복지부 (2020b). 2020 정신건강사업안내.

보건복지부 (2021a). 2021 의료급여사업안내.

보건복지부 (2021b). 2021 장애인복지사업안내(Ⅰ).

보건복지부 (2021c). 2021 국민기초생활보장사업안내.

보건복지부 (2021d). 2021 의료급여사업안내.

7장

정신장애인 커뮤니티케어체계와 주거지원

▎홍선미

1. 커뮤니티케어가 도입된 배경

커뮤니티케어란 돌봄(Care)이 필요한 주민들이 살던 곳에서 개개인의 욕구에 맞는 서비스를 누리고, 지역주민과 함께 어울려 살아갈 수 있도록 복지, 보건의료, 요양, 돌봄, 주거, 고용 등 지역사회생활을 위한 분야를 통합적으로 지원하는 지역주도형 사회서비스정책을 의미한다(보건복지부 보도자료, 2018.2.13). 이와 같은 커뮤니티케어의 개념은 '모두가 누리는 포용적 복지국가'라는 국정전략과 맥을 같이하며, 국민의 삶의 질 향상을 위한 공공의 책임성을 강화하고 보편적 권리에 기반을 둔 사람중심·지역사회 중심의 서비스 제공체계로의 전환을 지향한다.

커뮤니티케어가 등장하게 된 배경으로는 첫째, 2017년에 고령사회에 진입하고 2025년에 초고령사회로 이행함에 따라 급증한 의료·돌봄 수요에 대비하는 것이다. 우리나라의 공공사회복지지출은 GDP 대비 9.3%로 OECD 평균(21.1%)의 44% 수준으로 급성기-회복기-장기케어에 필요한 의료·요양·돌봄 수요에 충분하지 않기 때문에, 다양한 케어욕구에 대응하기 위한 사회서비스 확충이 필요하다. 두 번째 배경으로는 병원·시설 중심 서비스의 한계이다. 요양병원 장기입원 중인 의료급여 선택입원군의 주요 입원 이유 중 67.7%는 '간병해 줄 사람이 없어서(27.9%)', '식사, 청소 등 가사를 도와줄 사람이 없어서(14.8%)' 등 의료 외적 이유로 나타났다(배재용 외, 2020). 의학적 입원필요성이 낮은 사회적 입원과 회전문현상을 줄이고, 시설생활을 지역사회 거주로 전환하고 자립 및 정착지원을 강화할 필요가 있다. 셋째는 지역사회 중심으로 건강 및 일상생활을 보편적으로 지원할 국가의 책임성에 대한 요구이다. 2020년 노인실태조사에서 건강 악화 시에도 현재 집에 계속 거주하기를 원하는 aging in place 희망 비율은 56% 이상으로 나타났다(이윤경 외, 2020). 핵가족화와 1인가구의 증가로 가족의 돌봄 역할은 더욱 축소됨에 따라, 지속가능한 사회적 돌봄시스템을 마련하고 돌봄위기에 대응해야 하는 국가의 역할은 더욱 중요해지고 있다.

초기 커뮤니티케어의 청사진에는 노인, 장애인, 정신장애인, 아동, 노숙인 등 다양한 대상의 돌봄 및 보호, 재활, 요양, 의료, 주거, 고용 등 다분야를 포괄하는 것으로 계획되었다. 그러나 2018년도에 발표한 커뮤니티케어 추진계획은 노인 중심의 지역사회 통합돌봄 기본계획(관계부처합동, 2018)으로 구성되었고, 현재 대부분의 선도사업 지역은 노인을 주요 사업대상으로 삼고 있다. 커뮤니티케어는 '누구나' 자기가 살고 있는 지역사회에서 살아가는 것을 목적으로 하며, 'living in place' 실현의 대상은 노인뿐만 아니라 장기입원이나 시설 수용의 정책 대상을 모두 포함하게 된다. 궁극적으로는 노인, 장애인, 정신질환자로 대상을 구분하지 않고 일상생활지원, 건강관리, 주거지원 등 종합적 돌봄 수요에 기능적으로 대응하는 지역중심의 돌봄체계를 구축하는 것이 된다.

2. 정신건강 분야의 커뮤니티케어

1) 커뮤니티케어의 필요성과 방향

커뮤니티케어의 취지에 맞춰, 정신장애인의 인간다운 삶을 보편적으로 보장하는 지역 중심의 시스템을 갖추는 일은 왜 중요한가? 2016년에 정신보건법이 「정신건강증진 및 정신질환자 복지서비스 지원에 관한 법률」로 전면 개정되면서, 정신장애인의 지역사회 거주·치료·재활 등 통합지원에 관한 국가의무를 규정하였다. 정신건강증진 및 정신질환자 복지서비스 지원에 관한 법률 제2조에는 모든 정신질환자가 인간으로서의 존엄과 가치를 보장받으며, 정신질환이 있다는 이유로 부당한 차별대우를 받지 않아야 함을 적시하고 있다. 동 법률의 제4장에는 실제 정신장애인의 지역사회 삶을 지원하는 데 필요한 생활지원의 근거 조항(복지서비스의 개발(제33조), 고용 및 직업재활 지원(제34조), 평생교육 지원(제35조), 문화·예술·여가·체육활동 등 지원(제36조), 지역사회 거주·치료·재활 등 통합지원(제37조), 가족에 대한 정보제공과 교육(제38조) 등)이 들어 있다. 정신장애인의 최소한의 사회적 권리를 보장하고 탈원화 및 지역사회통합 정책으로의 전환을 도모하는 법적 근거를 마련하였다는 의미가 있다. 그러나 법 시행이후에 장기간 비자의적으로 격리되고 있는 정신장애인의 삶에 대한 사회적 관심이나 지역사회 복귀를 지원하기 위한 실질적인 제도 및 정책 변화는 크지 않은 것으로 평가받는다.

이에 앞서, 2013년 4월에 경제협력개발기구(OECD)는 한국의 정신건강케어에 대해 '장기입원방식의 시설화 모델에서 지역사회 치료 모델로 전환이 필요하다'고 권고하였다. 2014년 10월에는 유엔 장애인권리위원회가 대한민국의 '정신 또는 지적장애를 포함하는 장애를 이유로 자유를 제한하는 현행 법률 조항을 폐지하고, 정신보건서비스를 포함한 모든 유형의 보건서비스가 당사자의 자유로운 사전 동의에 근거하도록 조치할 것'을 권고하였다. 또한 '대한민국 정부의 탈시설화 전략이 효율적이지 않고 장애인 지역사회 동참을 위한 조치가 충분하지 않으므로 인권적 모델을 바탕으로 효과적인 탈시설 전략을 개발할 것'을 권고한 바 있다. 정신건강복지법이 시행되기 시작한 2017년 9월에 유엔 사회권위원회는 격리된 입원치료중심의 문제점을 지적하면서, '지역사회 내 정신건강 돌봄서비스의 접근성을 높이는 것'과 '예산을 확대하고 지역사회 기반 서비스의 확충을 통해 정신건강서비스의 이용가능성과 접근성을 강화할 것을 세부적으로 권고하였다. 장애인권리협약의 당사국은 장애를 이유로 한 차별을 금지하고 장애인의 지역사회통합과 자립생활을 법적으로 보장하며 합리적인 편의제공을 위한 노력을 기울일 의무가 있다. 우리나라가 협약당사국으로서 이와 같은 국제사회의 기준을 충족시키지 못한데 대한 사회적 성찰이 필요하다.

2021년에 정부는 국가 정신건강증진을 위한 기본 계획으로 온국민마음건강종합대책(관계부처합동, 2021)을 발표하고 '정신질환자가 차별 경험 없이 지역사회 내 자립할 수 있도록 지원'하는 것을 정책목표로 제시하였다. 「정신건강복지법」 제7조에 의하면, 보건복지부장관은 관계 행정기관의 장과 협의하에 5년마다 정신건강증진 및 정신질환자 복지서비스 지원에 관한 국가계획(이하 '정신건강 국가계획'이라 한다)을 수립하여야 한다. 이 계획에 근거하여 각 자방자치단체의 장은 정신건강 5개년 계획을 마련하고 있다. 그러나 기존의 정신보건 패러다임 내에서 지역사회 정신보건 및 정신재활 인프라 확충만으로 이와 같은 정책목표를 달성하기에는 한계가 크다. 지역사회 내 정신건강복지센터 설치와 정신재활시설의 확충 외에 지역사회 구성원으로 살아가는데 필요한 서비스를 제공하기 위한 기반은 미흡하기 때문이다. 지역사회 내에는 정신장애인을 대상으로 서비스를 제공하는 인프라가 절대적으로 부족하고 정신보건 영역과 타 분야 간 연계가 원활하지 않다. 또한, 지역사회 기반의 통합서비스 제공을 위한 여타 사업 대상에서도 질환의 특성 등을 이유로 정신장애인이 배제되는 경우가 일반적이기 때문에 정신장애인의 자립생활을 지원하는 포괄적인 지역사회서비스시스템을 갖추는 데 제약이 많다.

그렇다면 정신장애인이 지역사회에서 차별받지 않고 동등한 주민으로서 함께 살아가기 위해서는 어떠한 변화가 필요할까? 정신장애인의 사회적 입원을 줄이는 방향으로 지역사회기반의 통합적 서비스체계를 갖추고 주거를 비롯하여 지역사회 정착을 지원하는 사회서비스 확충의 계기를 만들어야 한다. 이와 관련한 몇 가지 과제는 다음과 같다.

첫째, 정신질환을 가진 사람을 사회 방위적 시각에서 분리하는 정신보건 패러다임의 변화가 필요하며, 이를 위해서는 의학적 입원의 필요성이 낮은 사회적 입원과 회전문현상(revolving door syndrome)을 줄이기 위한 탈원 및 탈시설 정책을 강화해야 한다. 국가인권위원회는 정신요양시설이 사실상 치료기관이 아닌 장기거주시설에 해당한다고 판단하고, 2020년 8월 '정신요양시설 입소자의 인권 개선을 위한 권고'를 통해 수용 중인 정신장애인에 대한 탈시설 정책 및 지역사회 정착을 위한 구체적인 계획을 마련할 것을 보건복지부에 권고하였다(국가인권위원회, 2020). 국가인권위원회는 이에 앞서 2019년 8월에 '장애인 탈시설 로드맵 마련을 위한 정책권고'를 한 바 있다. 국무총리에게 정신요양시설을 비롯한 시설 거주 장애인에 대한 정확한 실태와 욕구조사를 통해 탈시설 방안을 마련하고, 이들이 지역사회 전환과정에서 결코 배제되지 않도록 할 것을 권고하였다(국가인권위원회, 2019). 이는 정신장애인이 궁극적으로 지역사회를 기반으로 살 수 있는 국가정책의 방향과 구체적인 이행의 책임성을 확인한 것으로 볼 수 있다.

둘째는 기존 의료 및 요양시설에서 지역사회의 재가서비스 까지 확대하여 보건의료 및 요양, 재활 및 자립의 서비스 선택권과 이용자의 선택권을 보장하는 것이다. 2009년 국가인권위원회는 정신장애인 인권증진을 위한 국가보고서를 통해 정신요양시설을 지역사회 생활시설이나 재활시설로 전환할 것을 권고한 바 있다. 이후 정신건강 종합대책(2016~2020)에 정신요양시설의 기능전환 계획이 포함되었으나 실제 추진은 되지 않았다. 국가인권위원회는 중증·정신장애인 시설생활인에 대한 실태조사와 정신요양시설 인권상황 조사 실시 후, 장애인이 거주시설이 아닌 지역사회에서 자립하여 살 수 있도록 장애인 탈시설 로드맵 마련을 위한 정책권고를 국무총리에게 하였다. 권고에 포함된 세부 내용을 살펴보면, 다음과 같다(국가인권위원회, 2019).

- 탈시설 정책방향과 목표, 추진일정 및 예산
- 관계법령에 탈시설 및 자립생활 권리의 절차보장
- 탈시설 전담기구 및 전담부서 설치
- 지역사회 전환주택 및 지역사회복지서비스 확대
- 신규 거주시설 설치 제한 및 장애인복지법 등 관련법령 정비
- 거주시설변환 및 전문 인력 훈련 계획
- 지방자치단체 탈시설 계획수립의 원칙과 지침
- 지역사회 기반의 다양한 주거서비스 도입

이에 따라 장애인에 대해서는 2021년 8월에 탈시설 장애인 지역사회 자립지원 로드맵을 통해 지역사회 자립생활을 지원할 20년간의 단계적 계획이 제시되었다. 장애인 거주시설의 신규설치를 금지하고 장애인 우선공급 공공임대 주택량을 늘리며 지방정부의 책임하에 탈시설계획을 수립하고 전담부서를 설치하는 등의 변화는 매우 긍정적으로 평가된다. 그러나 장애인 거주시설

중심의 탈시설 전환 로드맵에 노숙인 시설이나 정신요양시설 등에 거주하는 장애인과 정신장애인이 동일한 정책대상으로 고려되지 못한 점은 한계로 남는다.

셋째는 지역 중심의 생활보장체계를 강화해야 한다. 정신장애인의 포괄적인 생활지원을 제공할 지역 기반 통합지원 정책을 통해 지역사회 중심의 보호 및 재활, 자립 및 정착지원을 강화하는 것이 필요하다. 지역사회를 단위로 각 재활 및 사회복귀서비스기관, 정신요양시설, 정신의료기관이 정신건강 서비스네트워크 내에서 역할을 하는 동시에, 복지, 의료, 교육, 주거, 고용 등 지역사회 내의 포괄적인 휴먼서비스네트워크로 연결되는 구조가 필요하다. 정신건강 분야를 대표하는 정신건강복지센터는 지역사회 중심의 지원 역할을 확대하고 정신재활시설의 설립·확충방안도 함께 마련하도록 한다. 기존 정신건강 분야의 노력만으로 정신장애인의 일상생활지원, 건강관리, 주거지원 등 종합적 돌봄 수요에 대응하기는 어렵기 때문에, 커뮤니티케어 차원에서 정신건강분야와의 협력 하에 보편적인 지역사회 통합지원의 기반을 마련하고 관련 법·제도 개선을 통해 실질적인 인력과 예산을 뒷받침하도록 한다. 호주 빅토리아 주를 비롯해 정신건강 개혁전략을 제시하고 있는 해외 사례에서는 정신질환이 다른 건강 및 사회적 문제들과 복잡한 상호관련성을 갖는다는 것을 인식하며 다양한 분야의 역량을 증진시킴으로써 정신건강 문제를 예방하고 대응하도록 하는 포괄적인 접근이 중심에 있다(강은정, 2009). 권리기반의 생활보장과 삶의 질 향상을 지향하는 커뮤니티케어의 추진과 사회서비스 혁신의 방향 속에서, 다른 서비스 이용자와 마찬가지로 정신장애인에게도 보편적으로 접근가능한 지역사회 기반의 통합적 서비스지원체계를 확보하는 계기를 마련하여야 한다.

2) 해외 커뮤니티케어 사례

커뮤니티케어가 발달한 주요 국가들은 지방정부 중심의 지역생활보장이 보편적 정책으로 자리 잡고 있다. 유럽연합은 2012년에 시설로부터 지역사회 돌봄으로의 전환에 관한 유럽공동기준(Common European Guidelines on the Transition from Institutional to Community-based Care) 및 시설로부터 지역사회 돌봄으로의 전환에 관한 유럽연합 자금 사용법 가이드(Toolkit on the Use of European Union Funds for the Transition from Institutional to Community-based Care)를 채택하고, 개별 국가 차원의 탈시설 전략을 수립하여 추진 중이다(국가인권위원회, 2019).

영국에서는 국가보건서비스와 지역사회돌봄법(National Health Service and Community Care Act)에 근거하여 지방정부가 정신장애인을 포함하여 아동과 성인의 사회적 돌봄에 대한 일차적인 책임을 갖고 '공평한 돌봄서비스 접근(Fair Access to Care Services: FACS)'에 따라 지역사회 삶을 보장하기 위한 공적 서비스지원체계를 마련하고 있다(홍선미 외, 2016). 지방정부가 법적 책임을 갖고 보편적이고 예방적인 서비스를 제공하기 위한 욕구사정과 수급적정성 평가 권한, 위험집단에 대한 집중된 개입, 개별화된 돌봄과 지원을 위한 케어코디네이터시스템(Care

Programme Approach: CPA) 등을 갖추고 있다. 특히, 퇴원 후 장기적인 돌봄을 필요로 하거나 장애로 인해 일상생활의 어려움을 겪으며 지역사회 서비스를 필요로 하는 잠재적 대상자의 욕구를 사정하기 위한 공통의 준거 틀을 중앙정부가 제시하면서 지역격차나 혼란을 방지하도록 하고 있다. 이와 같은 '공평한 돌봄서비스 접근(Fair Access to Care Services: FACS)' 기준에 따른 사정체계에서는 시설 생활과 지역사회 내 서비스를 일원화하고 개인의 상황과 욕구에 따라 개별화된 서비스를 제공하는 것을 원칙으로 하고 있다. 지역사회에서의 삶을 보장하기 위한 각 단계의 필요 서비스를 기본적인 욕구 수준과 욕구 미충족 시 개인의 자립과 복지에 미치는 위험의 심각성 정도에 따라, 긴급한 욕구(critical needs), 필수적 욕구(substantial needs), 중간수준의 욕구(moderate needs), 낮은 수준의 욕구(low needs)로 구분하고 있다. 보건 및 케어에 대한 사정(health and social care assessment) 결과에 따라 서비스 제공여부가 결정되면, 개인수발이나 일상생활지원 등 파악된 욕구영역별로 비용수준을 산출하여 임시 예산을 편성하고 구체적으로 지원 계획(support plan)을 세우게 된다. 이 단계에서는 서비스전달방식을 결정하게 되는데 지방정부가 외부 기관과 구매계약을 통해 서비스를 제공받거나 이용자가 직접 구매하기도 한다. 확정된 지원계획에 따라 실 예산이 편성되고 서비스가 제공되면 이를 점검하고 평가하게 된다.

또한 영국정부의 정신건강정책은 전 국민 보건서비스(National Health Services)와 사회서비스(Social Services)를 현대화하고 사회적 배제(Social Exclusion)의 극복을 통해 지역사회의 통합을 지향하는 변화 속에서 발전해왔다. 2000년대 영국의 정신보건서비스개혁을 이끄는 지침이 되었던 국가정신보건서비스기준(National Service Framework for Mental Health)에서는 국가 정신건강서비스체계의 변화를 위한 첫 번째 표준으로 정신건강을 향상시키기 위한 건강과 사회서비스를 보장하고 정신건강 문제와 관련된 차별과 사회적 배제를 줄이는 것을 목표로 제시하고, 이후 국가 주도의 집중적인 지역사회 통합 지향의 정책과 서비스 개선을 통해 변화를 가져 왔다(UK Dept. of Health. 1999). 영국에서는 이와 같은 업무를 권역별로 할당된 공공 지역사회정신건강팀에서 케어코디네이터시스템(CPA)의 기능으로 사례관리를 제공하며 서비스는 NHS나 지방정부와의 연계를 통해 제공하고 있다. 우리나라의 지역사회통합돌봄 모델에서는 읍면동 주민센터의 통합돌봄 창구를 통해 일원화된 의뢰 경로를 마련하고 욕구 및 기능 사정과 일차적인 보호계획을 수립하며 서비스제공자들 간의 논의와 계획을 위한 지역케어회의를 수행하도록 제시하고 있다. 그러나 정신질환자에 대한 경험과 역량을 가진 전담인력이 배치되지 않는 경우 전문적인 사정 및 서비스계획을 세우기 어렵기 때문에 정신건강기관으로 되돌아가는 것이 현실이다. 또한 적정 서비스의 수급여부와 비용을 관리하며 서비스 패키지를 구성하는 공식화된 제도나 절차가 마련되어 있지 않기 때문에 공공영역에서 지역사회정신건강서비스를 주도적으로 확대해 나가는 데에는 한계가 크다(홍선미 외, 2016).

우리나라의 커뮤니티케어와 유사한 정책을 먼저 시행한 일본에서는 지역포괄 케어시스템을 통해 살던 곳에서 자립적인 생활을 할 수 있도록 의료, 개호, 예방, 생활 지원, 주거를 포괄적이고 지속적으로 제공하는 시스템을 운영하고 있다(이건세, 2019). 2000년 지방분권통합법에 따라 시정촌 중심의 서비스제공체계를 구축하고 있으며, 2005년 개호보험법을 개정하면서 지역포괄케어 재량자금을 확보하고 지역포괄케어센터를 중심으로 통합적인 돌봄 지원의 기반을 마련하였다. 2014년에 통과된 지역의 의료 및 개호의 종합적인 확보를 추진하기 위한 관계 법률의 정비 등에 관한 법률안은 의료법과 개호보험법을 포함한 관련법의 개정안을 일괄 통과하도록 한 패키지 법으로 일본의 지역포괄 케어시스템이 제도적으로 자리 잡는 데 기여하였다. 2016년에 들어서는 지역포괄 케어시스템을 강화하는 차원에서 지역공생사회의 실현을 위해, 노인뿐만 아니라 정신장애인과 장애인, 아동, 저소득취약계층 등 지역을 모두 포괄하는 종합지원체계를 구축하고 일상생활 및 사회생활을 포괄적으로 지원하고 있다(김윤영 · 윤혜영, 2018; 이건세, 2019). 그 근간에는 장애유형에 상관없이 공공에서 종합적인 지원을 제공하도록 하는 장애인종합지원법이 있다. 일본의 장애인 커뮤니티케어를 위한 장애인종합지원의 원칙을 살펴보면 다음과 같다. 첫째, 전 국민이 장애 유무와 관계없이 동등하게 기본적 인권을 향유하는 데 불편함이 없이 개인으로서 존중되는 것. 둘째, 전 국민이 장애 유무의 구분없이 상호 인격과 개성을 존중하며 공생하는 사회를 실현하는 것. 셋째, 모든 장애인 및 장애아가 가능한 가까운 장소에서 필요한 일상생활 또는 사회생활을 영위하기 위한 지원을 받는 것. 넷째, 사회참가의 기회가 확보되는 것. 다섯째, 어디서 누구와 생활할 것인가에 대해 선택할 기회가 보장되고 지역사회에서 타인과 공생하는 것을 방해 받지 않는 것. 여섯째, 장애자 및 장애아가 일상생활 및 사회생활을 영위하는 데 있어 장벽이 되는 사회의 사물, 제도, 관행, 관념 및 그 밖의 모든 것을 제거하는 데 이바지할 것 등이다. 장애인과 정신장애인의 커뮤니티케어 모델을 각각 추진하고 있는 우리나라와 달리, 장애인종합지원법에 따라 신체장애와 정신장애를 통합하여 재가서비스와 시설서비스를 포함하는 제도운영을 함으로써 지역생활지원의 대상과 내용이 포괄적이며 예산 및 전달체계가 효율적으로 추진되는 점은 시사하는 바가 크다(홍선미 외, 2019).

정신장애인이 지역사회로 전환하는 경우나 지역에서 재가서비스를 신청하는 모든 경우가 시정촌의 장애인복지창구로 일원화되어 있다. 기초지자체에 해당하는 시정촌에서는 자립지원급여의 지급결정, 기초지자체 지역생활지원사업의 실시, 장애인복지계획 수립 등의 공적 역할을 담당하고 있다(홍선미 외, 2016). 시정촌의 개별 케어매니지먼트를 통해 종합 자립지원계획을 수립하고 일차적인 인정조사를 거쳐 자립지원급여(개호급여 · 훈련급여 · 자립지원의료비 · 보장구 등)나 지역생활지원서비스(상담지원, 성년후견제도 이용지원, 이동지원, 지역생활지원센터, 복지홈, 기타 일상생활 또는 사회생활지원 등)를 결정하여 통합적으로 제공하고 있다. 또한, 시정촌 단위로 다직종 간 협력이 이루어지는 지역케어회의(개별사례회의, 권역별회의, 시정촌 전체지역회의 등)를 단계별로 운영하고 있다.

3) 정신질환자 지역사회정착지원 모델: 화성시

정부에서 2019년 1월 10일에 발표한 지역사회 통합돌봄 선도사업 추진계획에는 통합돌봄의 대상으로 정신장애인이 포함되어 있다. 그동안 장기입원이나 수용의 대상이었던 정신장애인이 커뮤니티케어의 정책대상에 포함됨에 따라, 정신장애인의 지역사회생활을 지원하기 위한 보다 포괄적이고 접근 가능한 서비스를 커뮤니티케어의 틀에서 체계적이며 지속적으로 제공할 수 있다는 기대를 갖는다. 정신건강서비스뿐 아니라 주거-건강-고용-교육-복지 등을 포함하는 포괄적 생활지원서비스에 대한 접근성이 강화되고, 공공전달체계를 통해 책임성 있는 서비스제공체계 및 전달방식의 변화를 만들기 위한 정신질환자 대상 커뮤니티케어의 세부내용을 살펴보면 다음과 같다(보건복지부, 2019).

(1) 사업 목표

사업목표는 정신질환에 대한 부정적 인식을 개선하고 지역사회에서 함께 어울려 살 수 있도록 지원하는 것이다. 지역사회 통합돌봄의 가치를 실현하고 정신장애인이 지역에서 더불어 살기 위한 사업목표의 달성을 위해 필요한 사업방향은 다음과 같다.

① **회복지원서비스 확대**: 퇴원 이후 갈 곳이 부족하고 회복지원서비스를 받기 어려운 정신장애인을 위한 정신재활프로그램 거점을 마련한다. 특히 농촌지역이나 서비스인프라가 부족한 지역을 중심으로 거점을 확대하여 서비스 접근성을

높인다.

② 주거지원: 자립체험홈, 자립지원주택, 위기쉼터와 같은 대안적 보호 및 주거공급을 확대하고 지역사회 거주에 필요한 서비스를 제공하는 주거지원체계를 마련한다.

③ 24시간 위기대응체계: 지역 내 정신의료기관, 정신재활시설, 경찰, 행정복지센터와의 긴밀한 협력을 통해 방임되어 있거나 위기상황에 처한 정신장애인을 발굴하고 회복을 도울 수 있는 응급 지원체계를 마련한다.

④ 당사자 중심: 정신장애인의 당사자성을 회복하고 전문가들에 의해 수동적으로 서비스를 받는 대상이 아닌 주체적인 참여를 위해 동료지원가를 양성하여 당사자주도의 서비스를 제공할 수 있는 체계를 마련한다.

⑤ 지역사회 참여: 지역 내 협동조합과 연계하여 정신장애인에게 필요한 가사지원서비스를 제공함으로써 생활지원과 삶의 만족도를 높이고, 동시에 가사지원에 참여하는 일반시민들의 정신장애인에 대한 인식을 개선하는 계기를 마련한다.

(2) 사업 대상

사업대상은 정신의료기관 치료를 마치고 증상이 호전되어 지역사회복귀를 희망하는 자와 정신의료기관 6개월 이상 장기입원자 중 지역사회복귀가 가능할 것으로 판단되는 자를 포함한다. 정신의료기관의 입원 치료를 마치고 지역사회로 복귀가 가능하다고 판단되는 정신장애인을 대상으로 통합 환자평가 및 퇴원계획을 수립하게 된다.

(3) 사업 내용

주요 사업내용에는 퇴원 후 단기간 거주하면서 지역사회정착 및 자립을 지원받는 임시주거를 마련하고, 병원-지역사회 연계 기능을 강화(기초정신건강복지센터 사례관리 인력확충, 기초정신건강복지센터에 정신과전문의 배치, 지역사회 정신건강 문제 발견 및 개입을 강화하는 마음건강주치의제 도입)하며, 지역사회자립을 위한 맞춤형 서비스를 개발·연계하며, 절차보조인제도나 동료지원 활동을 포함하는 정신질환자 권익지원서비스를 확대하는 것이다. 세부 사업의 구성을 살펴보면 다음과 같다.

- 자립체험주택 운영사업
- 자립지원주택 운영사업
- 주거환경개선 사업
- 정신장애인 의료기관 퇴원지원 사업
- 의료급여 사례관리 강화사업
- 지역사회 초기적응지원 사업
- 정신장애인 집중사례지원(가정방문) 사업
- 정신장애인 가사지원 사업
- 정신장애인 방문건강관리 사업
- 정신재활프로그램 접근성 강화 사업
- 정신장애인 직업재활지원 사업
- 정신장애인 동료지원가 활동지원 사업

- 24시간 정신건강위기대응 사업
- 저소득 정신질환자 치료비지원 사업
- 청년정신건강지원 사업
- 정신장애인 돌봄가족지원 사업

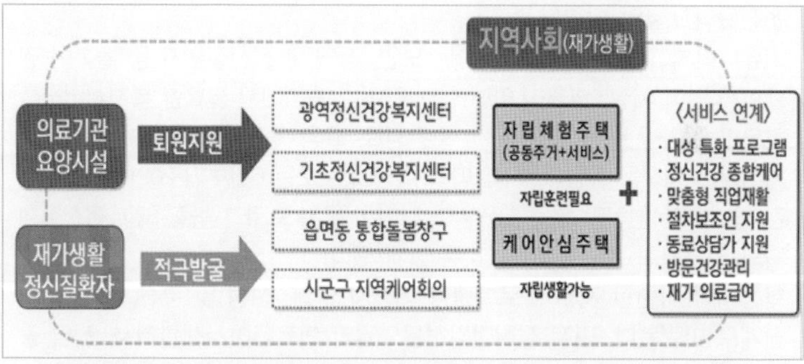

[그림 7-1] 커뮤니티케어 정신질환자 지역사회정착지원 모델

출처: 보건복지부(2020). 지역사회돌봄 선도사업 자체추진 가이드북.

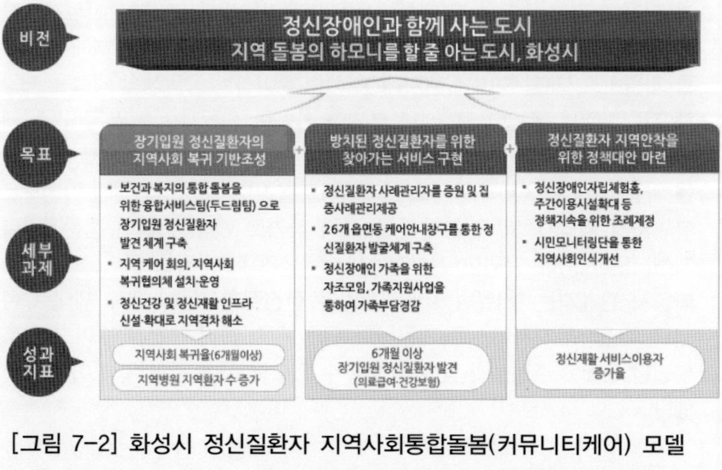

[그림 7-2] 화성시 정신질환자 지역사회통합돌봄(커뮤니티케어) 모델

출처: 홍선미 외(2019). 화성시 지역사회통합돌봄(커뮤니티케어) 선도사업 연구.

〈표 7-1〉 화성시 정신질환자 지역사회정착지원 모델

“의료부터 복귀까지” 화성시 정신질환자 ‘커뮤니티케어’ 시행
정부 주관 정신질환자 돌봄 분야 선정… “국비 3억4천만 원 지원”

경기 화성시에 거주하는 정신질환자는 앞으로 의료부터 재활, 지역사회 복귀까지 통합적인 지원을 받게 된다. 화성시는 보건복지부 주관 ‘지역사회통합돌봄(커뮤니티케어)’ 선도사업 정신질환자 돌봄 분야 대상 지역에 선정됐다고 4일 밝혔다.
커뮤니티케어(Community Care)는 노인, 장애인, 정신질환자 등 돌봄이 필요한 국민이 시설·병원이 아닌 살던 집이나 지역에서 필요한 복지서비스를 받으며 살아갈 수 있도록 주거, 보건의료, 요양 등의 서비스를 통합적으로 지원하는 정책을 말한다. 이에 따라 화성시는 오는 6월부터 2021년까지 2년간 국비 3억4천여만 원을 지원받아 다양한 돌봄 프로그램을 추진, 정신질환자의 지역사회 복귀를 지원할 수 있게 됐다.
화성시가 마련한 지원 프로그램은 대상자 발굴, 선정 및 분류, 지원 등의 단계로 마련됐다. 먼저 정신건강전문요원과 의료급여사례관리사, 전담 공무원으로 구성된 ‘두드림팀’을 운영해 6개월 이상 장기입원자를 발굴한다. 또 읍면동 주민센터에 케어안내창구를 마련해 사각지대에 있는 정신질환자를 찾고, 등록 장애인 중에서도 관리 대상에 포함되지 않은 대상자를 찾는다. 대상자를 발굴한 뒤에는 계속해 입원이 필요한 자(의료), 퇴원 준비가 되어 재활이 필요한 자(재활), 사회 복귀가 가능한 자(복지) 등으로 분류해 각기 필요한 지원을 하게 된다. 의료 지원은 저소득층에 대해 의료비를 지원하고, 재활 준비 질환자에겐 ‘체험홈’이라는 공동생활 시설을 제공해 자립훈련을 돕는다. 또 사회 복귀가 가능한 질환자는 시가 건립한 '케어안심주택'을 지원한다. 케어안심주택은 시가 오는 2021년까지 총 10곳을 마련할 계획이다. 이외에도 임대아파트를 연계해주거나 원래 가정으로 복귀시켜 지역사회에 정착할 수 있도록 하기로 했다. 아울러 정신건강복지센터는 사회에 복귀한 질환자들을 주기적으로 관리해 돕기로 했다.
화성시 관계자는 “커뮤니티케어 사업은 정신질환자들에 대해 제대로 된 의료, 재활, 복지서비스를 제공하기 위한 취지”라며 “대상자들이 사회로 복귀한 뒤에도 주민들과 함께 정착할 수 있도록 하는 것이 목적”이라고 말했다.

출처: 연합뉴스(2019.04.04.).

3. 지역사회거주(Community Living)의 필요와 의미

정신장애인은 장애 특성상 장기입원이나 반복적인 입원을 경험하는 과정에서 지역사회와의 단절이나 주거 불안정을 경험하게 된다.

서울시립정신병원과 정신요양시설 거주자를 대상으로 한 탈원화 연구에서, 정신의료기관 퇴원 희망자의 85.0%와 정신요양시설 퇴소희망자 중 81.3%가 퇴원(퇴소)의 조건으로 주거라고 응답하고 있어 정신장애인의 주거가 지역사회로의 핵심적인 이행조건임을 알 수 있다(박경수 외, 2012). 국가인권위에서 실시한 정신장애인의 지역사회 거주·치료 실태조사 결과, 정신장애인이 퇴원하지 않고 장기입원하는 이유로 '퇴원 후 살 곳이 없기 때문에'가 24.1%, '혼자서 일상생활 유지가 힘들기 때문에'가 22.0%, '가족과 갈등이 심해 가족이 퇴원/퇴소를 원하지 않기 때문에'가 16.2%로 나타났다(권오용 외, 2018). 이 연구에서 일반장애인의 주요 서비스 욕구는 소득 〉 의료 〉 고용 〉 주거의 순인 반면, 정신장애인의 주요 서비스 욕구는 주거 〉 소득 〉 고용 〉 의료로 나타나, 주거가 지역사회 복귀의 전제조건이자, 정신장애인의 퇴원이후의 삶을 결정하는 데 있어서 가장 우선적으로 고려할 욕구영역임을 알 수 있다. 한편 지역사회에 거주하는 정신장애인들도 독립적인 주거 형태보다는 가족들의 부담 속에서 동거를 하거나 공동거주 방식의 소규모 시설에 있는 경우가 많다. 지역사회에 거주하고 있음에도 불구하고, 실질적으로 주거를 선택할 권리나 적정 주거수준을 향유할 권리가 제한되기도 한다. 정신장애인의 사회적 배제에 대한 위험추정 연구(박지혜·이선혜, 2016)에 따르면 정신장애인은 주거를 포함한 삶의 여러 영역에서 사회적 배제의 가능성이 다른 장애집단에 비해 2배 내지 3배가량 높기 때문에, 지역사회에서 안정적인 생활 기반을 확보하는데 더욱 취약한 것으로 나타났다. 국가정신건강현황조사에 따르면, 중증정신질환자 거주서비스를 제공하는 기관은 총 174개소, 정원 2,466명인 반면에 현재 입원되어 있는 정신장애인을 대상으로 주거시설 필요인원을 추정하면 약 16,592명이 된다(국립정신건강센터, 2018). 현재 주거서비스 필요인원 대비 14.9%만 주거서비스의 혜택을 받고 있어 주거서비스에 관한 수요와 공급간 불균형이 심각하다는 것을 알 수 있다. 정신건강복지센터의 등록회원 조사 결과에서도 12.35%가 비주거용 건물에 살고 있는 것으로 파악되고 있다.

'주거'는 일차적으로 사람이 생활을 영위하는 물리적 장소를 뜻하지만, 단순한 물리적 거주의 공간뿐 아니라 자아정체성을 유지하며 그 안에서 이루어지는 생활을 결정하고 외부와의 관계를 이어주는 중요한 삶의 조건이 된다. 손세관(1990)은 크게 4가지로 주거의 의미를 제시하였다. 첫째는 사적세계(私敵世界)로서의 주거이다. 주거를 외부세계와 인식적, 물리적으로 격리된 하나의 작은 세계로 이해하는 것이다. 주거를 사적세계로 인식한다는 것은 주거가 환경의 내부에 있으며 인식적인 경계에 의해 외부와 분리된 상태를 의미한다. 이는 또한 거친 세상으로부터 보호된 안락하고 익숙한 환경에 있다는 의미이기도 하다. 둘째는 세계의 중심으로서의 주거이다. 이와 같은 의미에서 주거는 삶의 중심과 중심에로의 회귀성을 내포한다. 주거의 중심적 속성은 주거환경이 지니는 내부로의 방향성을 시사하며 다른 세계로 나가더라도 다시 돌아오는 곳이라는 의미로 이해할 수 있다. 주거의 중심적인 속성에서 주거는 한 개인에게 '항상 내 마음이 있는 곳'을 의미하며 마음을 둘 곳이 없다는 것은 곧 심리적 불안정을 의미하기도 한다. 셋째는 자아의 상징으로서의 주거이다. 인간의 정체성은 장소와 깊은 관련이 있으며, 따라서 장소는 안정된 자아의 형성을 위해 매우 중요하다. 넷째는 작은 사회로서의 주거이다. 주거는 교류와 구조가 형성되는 사회적 장소이다. 주거환경이 지니는 사회성은 개인이 모여 서로의 생각을 공유하고, 공동체의식을 가지며 주거환경에 대한 소속감을 느끼는 것으로 달성된다. 즉, 개인은 주거를 둘러싼 사회와 지속적으로 상호작용하며, 특정 주거환경 내부의 개인과 집단 역시 비슷한 환경을 공유하며 서로 상호작용한다는 것이다. 이러한 관점에서 공식적 개입을 통해 제공되는 주거는 물리적 공간의 개념을 넘어 개인의 삶의 영역과 존재를 상징하는 의미를 담고 있다(Bromage et al., 2017).

정신장애인들에게 '주거'는 '머무는 공간'이라는 물리적 의미를 넘어, 삶의 주도성을 갖고 자아회복의 경험을 하며 지역사회의 구성원으로서 적극적으로 이웃들과 관계를 맺고 교류하며 사회활동을 이어가는 기반이 되는 곳이다. 특히 지역 사회와의 연결과 소속감은 정신 건강 회복의 중요한 요소가 된다. 배은미와 박희정(2017)의 연구 따르면 정신장애인들은 보다 독립적인 형태의 주거생활을 통해, '남의 눈치 보는 삶'에서 '내 집에서 가꾸어 가는 나의 삶'으로 바뀌어갔으며, 사회를 구성하는 다양한 개인이나 집단과의 경험 속에서 지역사회의 일원으로 살아가는 삶을 경험하게 된다.

4. 정신장애인의 주거지원 현황

앞에서 살펴본 바와 같이, 정신장애인의 주거 안정성 강화를 위해서는 우선적으로 병원 및 시설 입원자, 입소자의 탈시설 욕구와 지역거주 정신질환자의 거주서비스 수요를 파악하고, 이에 필요한 정신질환자의 주거 규모를 추정하는 것이 우선적으로 되어야 한다. 정신장애인의 주거와 관련하여, 정신건강복지법 제34조 제1항에서는 지역사회 거주 정신장애인에 대한 거주대책, 제34조 제2항에서는 퇴원(퇴소) 정신장애인에 대한 지역사회 거주대책을 제시하고 있다. 실제로는 정신장애인이 지역사회에 거주하다가 입·퇴원을 반복하는 경우가 발생하기 때문에 지역사회 거주 정신장애인과 퇴원(퇴소)하는 정신장애인에 대한 주거대책에 차이가 있을 이유는 없으나, 〈표 7-2〉에 제시된 것처럼 정신요양시설이나 정신의료기관에서 지역으로 나올 사람들과 더불어 지역 내에서 주거지원이 필요한 사람들에 대한 기준들을 마련하고 이에 해당하는 정신장애인의 주택공급과 주거지원을 위한 법적 근거를 마련하여야 한다.

〈표 7-2〉 주거복지 관련법에서 고려해야 하는 대상자

<table>
<tr><th colspan="2">고려할 대상자</th></tr>
<tr><th>시설(병원)에서 지역으로</th><th>지역에서 지역으로</th></tr>
<tr><td>1. 주거지가 없거나 불명확한 사람
2. 경제적인 이유로 거주지를 구할 수 없는 사람
3. 지역지지체계가 전혀 없는 사람
4. 개별화된 지원서비스가 제공되지 않는다면 지역사회에서 독립생활을 유지하기 어려운 사람
5. 이용기간 만기로 인해 거주지가 필요한 사람
6. 공공후견사업의 피후견인이나 절차보조인 사업의 대상인자</td><td>1. 부양의무자로부터 적절한 부양을 받지 못하거나 보호자를 상실한 사람
2. 최저주거기준에 미달되고 위험에 노출된 환경에서 생활한지 2년 이상 된 사람
3. 자립생활에 대한 경험이 없으며 자립을 희망하는 사람
4. 공공임대주택 신청자격이 되지 않으나 거주지가 필요한 사람</td></tr>
<tr><td colspan="2">기타 정신건강심사위원회, 입원적절성심사위원회에서 지원주택이 필요하다고 추천된 자</td></tr>
</table>

출처: 전진아 외(2019). 정신건강복지 기본계획(2021-2025) 수립 연구. 한국보건사회연구원.

현재 정신장애인의 주택공급과 주거지원을 위한 관련법으로는 주거기본법과 장애인·고령자 등 주거약자 지원에 관한 법률 등이 있다. 사회적 낙인 및 차별이 두려워 장애를 갖고 있지만 장애등록을 하지 않은 65세 미만의 정신장애인은 해당이 되지 않는다. 또한 현재 병원에 입원해 있거나, 가족과 함께 거주하여 무주택세대구성원이 아니거나, 부양의무자의 소득재산기준으로 인해 저소득자가 아닌 경우는 주거취약계층에 해당되지 않아 지원을 받기 어렵다. 〈표 7-3〉은 주거복지 관련법에서의 현재 대상자와 제외 대상을 정리한 표이다. 불안정하거나 최저 주거기준에 못 미치는 주거상황에 놓여있는 지역사회의 정신장애인이 입주할 수 있도록 누락된 대상자를 포함하는 조건으로 주

거선택지를 늘리고 주거서비스 지원을 위한 법적 대상과 기준을 확대하는 것이 필요하다. 현재로서는 이 기준에 따라 독립적인 거주지 확보가 어려운 정신장애인은 정신건강복지법에 근거해 설치된 주거지원 시설에 입소하고 있다.

〈표 7-3〉 주거복지 관련 법 현재 대상자 및 누락대상자

주거복지 관련 법 현재 대상자	누락된 대상자	누락된 대상자를 포함하기 위한 조건
주거기본법: 제3조 제7항 장애인·고령자 등 주거약자 장애인·고령자 등 주거약자 지원에 관한 법률: 제2조제1항 가. 65세 이상인 사람 나. 장애인복지법 제2조제2항에 해당하는 장애인	1. 사회적 낙인 및 차별이 두려워 장애를 갖고 있지만 장애등록을 하지 않은 사람 2. 64세 이하의 사람	1. 정신질환으로 인해 외래 진료를 유지하고 있는 사람(정신건강복지법의 서비스 대상인 중증정신질환자) 2. 정신질환과 노인성질환을 이중장애로 갖고 있는 64세 이하인 사람
주거취약계층 주거지원 업무처리 지침 제3조 1. 쪽방, 고시원, 여인숙, 비닐하우스, 노숙인 시설, 컨테이너, 움막 등에서 3개월 이상 거주하는 사람 중 거주지 관할 시군구청장이 주거지원이 필요하다고 인정하는 사람 2. 입주대상자는 무주택세대구성원으로서 해당세대의 월평균소득이 전년도 도시근로자 가구당 월평균소득의 50퍼센트 이하인 자	1. 현재 병원에 입원해 있는 사람 2. 가족과 함께 거주하여 무주택 세대구성원에 해당되지 않는 사람 3. 부양의무자의 소득재산기준으로 인해 저소득자에 해당되지 못하는 사람	1. 복귀할 거주지가 불명확하여 병원이나 요양원에 3개월 이상 입원(소)중인 사람 2. 부양의무자로부터 적절한 부양을 받지 못해 분리가 필요한 사람 - 동주민센터의 신청으로 지방자치단체보장협의체나 별도 위원회에서 심사 후 추천한자

출처: 전진아 외(2019). 정신건강복지 기본계획(2021-2025) 수립 연구. 한국보건사회연구원.

정신장애인의 주거선호도를 보면 주거제공시설보다는 일반주택에서의 독립생활에 대한 선호도가 높은 편이다. 그럼에도 불구하고, 정신장애인이 선택할 수 있는 주거의 형태나 유형이 매우 제한되어 있다. 독립주택의 공급이 절대적으로 부족한 상황에서, 현재 정신장애인의 주거유형은 생활 시설이나 공동생활가정이 주를 이루고 있다. 이와 같은 주거시설은 지역사회 주거의 한 형태임에도 불구하고, 거주자의 자율적인 생활이 보장되지 않는 경우에는 물리적으로 소규모라는 형태 변화 외에는 시설과 흡사한 성격으로 운영될 수 있다는 우려도 있다. 또한 거주기간이 제한되어 있는 임시적 주거가 대부분이기 때문에 머무는 동안 주거불안정을 경험할 수밖에 없는 상황이다. 정신요양시설이나 정신의료기관에서 지역으로 나오는 정신장애인들의 대부분이 거주하는 정신재활시설은 〈표 7-4〉와 같이 몇 가지 유형으로 세분화된다. 현재 「정신건강증진 및 정신질환자 복지서비스 지원에 관한 법률」 시행규칙 제19조(정신재활시설의 종류 및 사업) 별표 10에 따르면, 정신재활시설은 주거를 제공하는 시설인 생활시설과 재활훈련시설(공동생활가정, 지역사회전환시설)로 나뉘고 재활훈련시설은 소규모 주거제공시설인 공동생활가정과 단기간의 훈련을 제공하는 지역사회전환시설로 나뉜다. 생활시설은 가정에서 생활하기 어려운 정신질환자에게 주거와 함께 생활지도, 교육, 직업재활훈련 등의 서비스를 제공하며, 가정으로의 복귀나 재활, 자립, 사회적응 등을 지원하는 시설이다. 공동생활가정은 완전한 독립생활은 어려우나 어느 정도 자립능력을 갖춘 정신질환자들이 재활 및 지원서비스를 제공받으며 자립역량을 기르며 공동 거주하는 곳이다. 지역사회전환시설은 정신병원이나 입소시설로부터 지역사회로 돌아가기 위한 중간단계의 주거 개념으로 단기간의 거주기간을 설정하고 자립생활 훈련이나 사회적응을 지원하기 위한 재활서비스를 제공하고 있다. 실제로는 정신병원이나 정신요양시설 이외에는 거처할 곳이 없는 거주자들이 대부분이기 때문에 장기적인 거주목적으로 재활훈련시설에 입주하는 비율이 높다는 구조적 문제가 있다.

〈표 7-4〉 정신건강복지법의 주거 제공시설 유형

<table>
<tr><th colspan="2">종류</th><th>사업</th></tr>
<tr><td colspan="2">생활시설</td><td>가정에서 생활하기 어려운 정신질환자 등에게 주거, 생활지도, 교육, 직업재활훈련 등의 서비스를 제공하며, 가정으로의 복귀, 재활, 자립 및 사회적응을 지원하는 시설</td></tr>
<tr><td rowspan="2">재활 훈련 시설</td><td>공동생활 가정</td><td>완전한 독립생활은 어려우나 어느 정도 자립능력을 갖춘 정신질환자 등이 공동으로 생활하며 독립생활을 위한 자립역량을 함양하는 시설</td></tr>
<tr><td>지역사회 전환시설</td><td>지역 내 정신질환자등에게 일시 보호 서비스 또는 단기 보호 서비스를 제공하고, 퇴원했거나 퇴원계획이 있는 정신질환자 등의 안정적인 사회복귀를 위한 기능을 수행하며, 이를 위한 주거 제공, 생활훈련, 사회적응훈련 등의 서비스를 제공하는 시설</td></tr>
<tr><td colspan="2">종합시설</td><td>2개 이상의 정신재활시설이 결합되어 정신질환자 등에게 생활지원, 주거지원, 재활훈련 등의 기능을 복합적·종합적으로 제공하는 시설</td></tr>
</table>

출처: 보건복지부(2021). 2021년 정신건강사업안내.

한편 주택공급과 동시에 정신장애인이 지역사회에서 살아가는 데 있어 필요한 주거와 관련된 다양한 편의가 지원될 필요가 있다(홍선미 외, 2014). 주거지원이란 주거문제를 가진 취약계층이 적절한 주거를 확보하고 유지함으로써 기본적인 삶을 영위할 수 있도록 돕는 활동이며, 동시에 장애인이 지역사회에서 살아가는 데 있어서 주거와 관련한 다양한 편의를 필요에 맞게 함께 제공하는 것을 뜻한다(홍선미 외, 2014). 이러한 배경에서 주거지원의 목적은 거주자의 주거안정성과 주거편의성을 동시에 높이는 것이다(홍선미 외, 2014). 주거안정성을 확보하기 위한 주거지원 서비스에는 주택 전·월세 보증금대출, 주택 구입자금 대출, 공공주택입주권보장, 소규모 주거시설 이용기회 보장, 주거비지원, 지역주민과 갈등 시 중재 및 옹호, 주거정책 옹호 등 정책 관련 사항과 서비스가 포함된다. 주거 편의성이란 장애인이 지역사회에서 살아가는 데 있어 주거와 관련하여 제공되어야 할 편의지원을 뜻한다. 주거편의성을 높이기 위한 주거지원 서비스는 주택이나 방에 대한 정보제공, 이사지원, 가구 및 생활용품지원, 주택의 수리나 보수 지원과 같은 주택 관련 서비스로부터 일상생활기술 지원이나 훈련, 청소나 세탁의 대행, 시설안전관리 지원, 정신보건서비스 연계지원 등의 생활지원서비스에 이르기까지 지역사회거주에 필요한 다양한 서비스를 포괄한다.

일본의 경우는 거주지원사업(居住サポート事業)[1]을 통해, 민간임대 주택(아파트, 단독 주택 등) 및 공영 주택의 입주를 희망하고 있지만 보증인이 없는 등의 이유로 입주가 어려운 장애인을 지원하고 있다. 입주에 필요한 조정 등에 관한 지원을 하는 동시에 집주인과의 상담·조언을 통해서 장애인의 지역 생활을 지원하는 사업이다. 거주지원사업의 사업주체는 시정촌이며, 시정촌에서 연계한 부동산에서 정신장애인을 위한 매물을 구별하고 특정 사이트에서 매물을 공개하고 있다. 당사자는 사이트에 올라온

1) 일본 후생노동성 홈페이지(www.mhlw.go.jp/shingi/2008/09/dl/s0924-9c_0005.pdf).

매물 중에서 거주지를 선택하고 선택한 거주지에 대해 시정촌의 공무원의 지원을 받아 계약과 입주를 진행하게 된다. 우리나라도 정신장애인의 거주와 치료에 필요한 정보제공을 각 지역의 정신건강복지센터나 정신재활시설을 통해 얻거나 서로 연계하고 있으나, 정신장애인의 탈시설 전환 및 지역사회 정착지원에 대한 책임성을 갖고 주택이나 주거지원서비스의 대한 접근성을 높이기 위한 공적 역할을 강화할 필요가 있다.

5. 커뮤니티케어에서의 주거

1) 커뮤니티케어의 주거 유형

커뮤니티케어에서 주거는 지역사회생활을 결정짓는 필수 인프라로 고려되고 있으며, 정신질환자 대상 커뮤니티케어 모델에서도 정신장애인의 사회복귀 및 정착지원을 위한 주거모델이 포함되어 있다. 커뮤니티케어에 포함된 정신장애인 주거지원모델에는 정신의료기관 6개월 이상 장기입원자가 퇴원후 단기간(3개월) 거주하는 중간집(Halfway-house) 형태의 자립체험주택을 설치하는 것과, 집중사례관리와 자립지원 프로그램을 함께 제공하는 지원주택 형태의 케어안심주택이나 독립주거로 자립을 지원하는 것이 있다.

자립체험주택은 단기훈련형 주거로 임시적 형태의 소규모 시설에 가깝다. 현재 정신재활시설 가운데 재활훈련시설로 운영

중인 지역사회전환시설과 유사한 형태이다. 지원주택(supported housing)의 한 형태인 케어안심주택은 입주자가 독립적인 주거공간을 확보하고 보다 자율적으로 일상생활을 영위하면서 필요한 지역사회지원서비스를 제공받는 방식이다. 최근 우리나라에서 노숙인, 노인, 장애인 등 여러 분야에서 시설방식을 탈피하고 보다 자율적인 주거를 제공하는 방식으로 지원주택이 적극 고려되고 있다.

지원주택은 주거를 제공한다는 점에서는 기존의 정신장애인 생활시설이나 공동생활가정 등과 유사하지만, 다음과 같이 운영이나 서비스제공 원칙에 있어서 차별화되는 점들이 있다. 첫째, 지원주택은 단순하게 '주거지'만을 제공하는 것이 아닌 입주자가 일상생활을 영위할 수 있도록 지원서비스를 함께 제공한다. 둘째, 지원주택은 입주자가 안정적으로 독립적인 주거생활을 유지하며 지역사회에서 생활할 수 있도록 입주자의 복합적이고 다양한 욕구에 맞는 주거지원서비스와 사례관리를 제공한다. 셋째, 지원주택은 내부에서 서비스를 제공하기보다는 지역사회 내 다양한 자원을 활용하고 관련 기관들과의 네트워크를 통해 입주자의 욕구에 맞춘 서비스를 연계한다. 이와 같은 지원주택의 특성에도 불구하고 실제 지원주택의 운영형태는 매우 다양하다. 지원주택 내 생활인들에게 주거지원서비스가 동일하게 제공되는 것은 아니지만, 지원주택 내부의 직원의 상주여부나 지원수준 등에 따라 지지적 주거(supportive housing)와 지원주거(supported housing)로 나누기도 한다. 지지적 주거는 독립적인 개인주택에 외부로부터 서비스가 제공되는 반면, 지원주거는 공동주거형 건물 또는 단지 내에 원룸이나 아파트 형태의 독립적인 개인공간을 제공하여 각자 생활하면서 지원주택 내에 생활지원을 위한 실무자가 있는 형태이다. 다음은 개인주택부터 주거제공시설까지 영국의 여러 정신장애인 주거유형의 특성을 비교한 표이다(홍선미 외, 2014).

〈표 7-5〉 영국의 지역사회 주거 유형 비교

유형	주거 분류	내용	비고(국내)
Level 1 독립주거 및 지지적 주거(supportive housing)	개인 주택	독립거주지 + 외부의 social care	재가장애인
Level 2-3 지원주거(supported housing)	공동주거 (Shared Living Home)	단지 내 개인별 아파트(침실, 거실, 주방, 욕실) + 독립생활 지원 staff	공동생활가정 주거제공시설
Level 4 주거제공시설 (residential care)	Residential Care Home Extra Care Housing	건물 내 개인별 unit (침실, 욕실, 간이주방) + 공동식사 가능 + 일상생활지원/요양보호 staff	장애인거주시설 정신장애인요양시설

출처: 홍선미 외(2014). 장애인 주거지원제도 강화를 위한 연구.

현재 커뮤니티케어에서 제공하는 지원주택은 입주기간이 정해 있는 한시적 형태인데 반해, 지원주택은 기본적으로 반영구적인 성격의 주거지로 별도의 거주기한이 정해져 있지 않는 것이 일반적이다. 다음은 미국의 물질남용 및 정신보건서비스국(Substance Abuse and Mental Health Services Administration: SAMHSA)에서 제시한 영구지원주택의 조건이다(SAMSHA, https://samhsa.gov).

영구지원주택은 〈표 7-5〉에서 살펴본 지지적 주거(supportive housing)의 성격을 갖고 있으며 거주기간의 제한이 없다는 특징이 있다. 단, 계약 및 협약 등에 따라 거주 기한이 제한되는 경우도 있다. 임대차법에 의해 지역사회의 일반주택 입주자로서 동등한 권리를 갖고 생활하며 외부의 선택적이며 자율적인 서비스를 필요에 따라 제공받는 주거에 해당한다.

지원주택의 가장 큰 특징은 입주자의 개별 욕구에 맞춘 지원서비스를 제공하는 것이기 때문에, 입주 대상자의 장애 및 질환에 대한 운영기관의 전문적 이해와 경험이 중요하다. 지원주택에서 입주자들은 가능한 독립적으로 생활하며, 입주자의 일상생활 및 주거유지를 하는 데 필요한 서비스를 제공받는다. 지원주택 운영기관의 서비스제공자는 입주자의 필요에 따라 지역사회에서 생활하는데 필요한 주택과 생활지원서비스를 제공하며, 사례관리자는 입주자와 논의하여 필요한 서비스를 조정하고 모니터링 한다. 주거비의 부담으로 인하여 입주할 수 없는 사람을 방지하기 위해, 해외에서는 지원주택의 주거비 부담수준을 입주자 소득의 30%에 맞추고 있으며 최대 50%를 초과하지 않도록 결정하고 있다. 일반적으로 독립적인 생활을 유지하면서 필요에 의해 제공받는 지원주택 거주자 지원 서비스로는 정신건강 및 의료서비스, 알코올 및 약물남용 예방과 치료서비스, 가족지지 및 부모교육, 직업교육 및 취업훈련, 상담, 사례관리, 주거비용지원 등이 있다.

〈표 7-6〉 지원주택의 조건

• 세입자는 자신의 이름으로 임대하면서 임대인으로서 모든 권리를 갖는다. 즉, 임대 시 비정신장애인에게는 적용되지 않는 조건이 따로 특별하게 요구되지 않는다. • 주택이란 서비스 참여를 전제로 하지 않고 제공된다. 서비스참여는 철저히 자발적으로 이루어지며, 서비스를 거부한다고 해서 퇴거조치를 당하지 않는다. • 세입자의 주택에 대한 선호도가 반영되어야 하며, 비정신장애인에게 주어지는 주택의 선택 범위가 세입자에게도 동일하게 주어진다. • 주택은 저렴해야 하며, 임대료와 공과금은 세입자 소득의 30%가 넘지 않아야 한다. • 주택은 지역사회와 통합되어야 한다. 즉, 세입자는 지역사회 내에서 분산된 형태의 주택에서 거주해야 한다. 또는 정신질환자들이 집단적으로 모여 있는 주택에서 거주하지 않아야 한다. 그리하여 세입자에게 비정신장애인 지역주민과 상호작용을 할 수 있는 기회가 주어져야 한다. • 주택에서 지켜야할 규칙은 비정신장애 세입자와 동일한 것이어야 한다. • 주택이란 영구적으로 제공되는 것이며, 임대관계의 연장은 세입자와 임대주가 서로 자유롭게 결정한다. • 세입자는 그들의 욕구와 선호에 기반하여 서비스의 범위를 선택할 수 있다. 그리고 세입자의 욕구가 변화하면 서비스도 수정되어 제공된다. 지원주택프로그램에서는 직접 서비스를 제공하거나 혹은 세입자를 지역 내 이용 가능한 서비스로 연계시키기도 한다.

출처: 민소영(2017). p. 57 재구성.

2) 정신질환자 커뮤니티케어의 주거복지강화 모형

화성시에서 시행 중인 정신질환자 커뮤니티케어 선도사업에서도 맞춤형 주거지원 및 서비스 연계를 통해 탈원과 탈시설을 희망하는 정신장애인에게 자립주택과 집중 사례관리를 지원하여 지역사회 복귀를 돕고 자립역량을 강화하도록 지원하고 있다. 정신건강복지법에 의거해 설치되고 있는 기존의 정신장애인주거형태와 달리, 자립체험홈, 자립지원주택, 위기쉼터와 같은 다양한 대안적 보호 및 주거지원체계를 마련하고 있다. 화성시에서는 정신건강복지센터 내에 주거지원팀을 신설하여 주거가 취약한 정신장애인의 지역사회복귀 및 정착지원을 하고 있다.

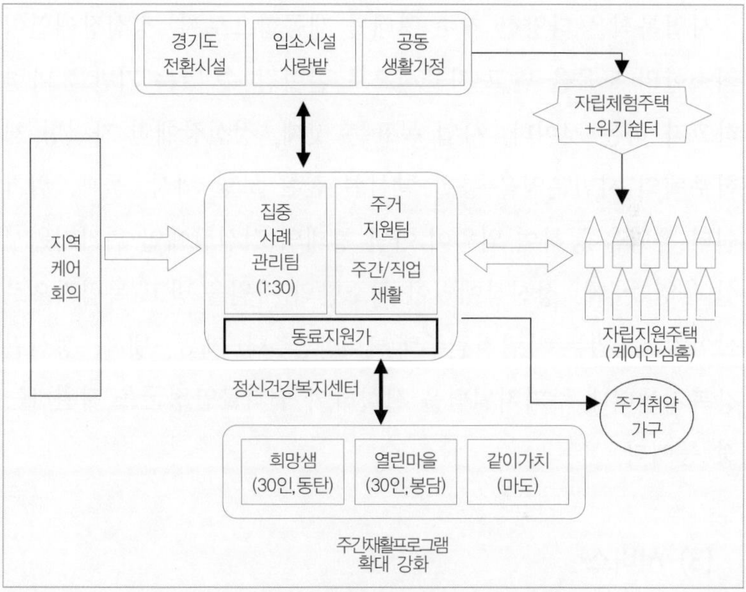

[그림 7-3] 정신장애인 주거복지 강화모형

출처: 홍선미 외(2019). 화성시 지역사회통합돌봄(커뮤니티케어) 선도사업 연구.

정신질환자 커뮤니티케어를 실시하고 있는 화성시의 정신질환자 주거복지강화모형의 세부 내용을 살펴보면 다음과 같다.

(1) 사업 대상

정신장애인 주거복지 강화모형은 정신장애인의 지역사회 정착과 거주를 돕는데 초점을 둔 주거지원모형이다. 세부 사업 대상은 퇴원 이후 불안정 거주자와 정신건강복지센터 이용자 중 1

인 거주 가정을 포함한다.

(2) 사업의 목적과 목표

사업목적은 다양한 거주 형태를 제공함으로써, 정신장애인이 최소한의 도움을 받고 자율적으로 살아갈 수 있는 기반을 마련하고자 하는 것이다. 사업 목표는 첫째, 정신장애인 자립형 체험주택의 시범운영을 통한 탈시설 전환 모형 제시. 둘째, 위기쉼터 운영을 통하여 입원이 아닌 형태의 정신장애인 위기지원시설 운영. 셋째, 정신장애인이 최소한의 지원을 받고 독립적으로 살아갈 수 있는 자립지원주택(케어안심주택) 제공. 넷째, 정신건강복지센터내 주거지원팀을 신설하여 주거불안정군을 지원하는 것 등이다.

(3) 서비스

체험주택과 케어안심 주택의 일상생활을 지원하는 서비스는 다음과 같다.

① 정서적 지지 및 상담

입주자가 지원주택에서의 삶을 모두 예측하여 적응하기란 어렵다. 또한 주택 외 다양한 체계들과 상호작용 하면서 어려움이 발생할 수도 있다. 정서적 지지 및 상담은 입주자에게 독립생활을 강화하고 다양한 지지체계를 지켜내는 데 도움을 줄 수 있기 때문에, 정기적으로 또는 입주자가 필요한 경우에 제공하도록 한다.

② 금전 및 재정관리 지원

금전 및 재정관리는 생활을 이어나가는 데 중요한 부분을 차지한다. 입주자는 본인의 필요에 따라 금전 및 재정관리와 관련한 서비스를 요청할 수 있으며, 이에 따라 지원주택 종사자는 적절한 지원 계획을 세워서 해당 서비스를 제공한다.

은행업무 지원	계좌조회 및 통장정리, 거래내역 조회, 공과금 수납 및 자동이체, 예금, 신용·체크카드 관련 업무 등.
금전관리 지원	급여 및 생활비 관리 지원, 금전관리 및 경제생활 교육 등.

③ 의료 및 건강관리 지원

입주자의 특성에 따라 다양한 의료 및 건강관리에 대한 욕구를 갖는다. 또한 정신과적 어려움으로 인하여 보다 개인적이고 특별한 지원들이 필요한 경우가 있기 때문에, 지원주택 운영기관은 입주자의 특성과 욕구에 적합한 건강 서비스를 지원하도록 한다.

신체 질환/장애	병원 진료 지원, 약물 관리 및 복용 지원, 선호에 맞는 병원 탐색 및 정보제공, 의사표현 지원 등.
정신 질환/장애	병원 진료 지원, 약물 관리 및 복용 지원, 선호에 맞는 병원 탐색 및 정보제공, 의사표현 지원 등.
예방 활동	구급약품 비치 및 활용방법 교육, 예방방법 안내 등.

④ 의복 및 섭식 생활 지원

주거지원 서비스에 포함하여 일상생활에 필요한 의식주 생활을 지원받을 수 있다. 입주자마다 생활 영역에 있어서 욕구가 다를 수 있으므로 욕구 파악을 통하여 적절한 지원 서비스를 제공한다.

의복 생활 지원	쇼핑몰 활용방법, 빨래 및 세탁 방법, 의류 보관 방법, 운동화 청소 방법 등.
섭식 생활 지원	기본 식자재 및 조리도구 구입, 마트·시장 등에서 장보기, 요리하기, 식자재 구입 및 보관방법, 안전사고 예방 교육 등.

⑤ 여가활동 등 기타활동 지원

일상생활 범위 안에 여가활동 등 기타 활동이 포함될 수 있다. 입주자는 개별적 성향에 따라 다양한 욕구를 지닌 개개인으로서 존중받기 때문에 운영기관에서는 이와 같은 욕구들을 어떻게 지원할 것인지를 고려하며, 운영기관에서 제공하지 못 할 경우에는 외부 서비스를 연계하는 방법도 있다.

여가활동	신체활동 지원(등산, 축구, 탁구 등), 실내활동 지원(영화관람, 독서, 음악감상 등), 체험활동 지원(고궁답사, 미술 및 박물관 견학 등). 여행지원(국·내외 여행정보 제공), 등.
기타활동	위 여가활동에 해당하지 않는 기타 활동들에 대한 지원.

⑥ 자원연결 및 정보제공

운영기관에서 자체적으로 입주자의 모든 욕구를 충족하기에는 현실적인 한계가 있을 수 있기 때문에, 지역 내에 있는 다양한 서비스제공기관들로부터 보다 많은 정보와 서비스를 확보하여 입주자가 활용할 수 있도록 한다.

자원연결 및 정보제공	지역 내 다양한 자원 탐색, 입주자의 욕구에 맞는 지역자원 연결, 정보제공 등.

⑦ 동료상담 및 지지

같은 정신과적인 문제를 경험하였거나 경험하고 있는 동료들의 상담과 지지는 입주자에게 큰 심리적 자원이 될 수 있다. 또한 입주자 스스로가 같은 경험을 가진 동료에게 본인의 이야기를 하고, 필요한 욕구들을 자연스럽고 진솔한 방식으로 표현하는 경험은 회복에 큰 도움이 된다.

동료상담 및 지지	- 동료상담(다양한 삶의 영역들) - 동료지지(같은 경험을 통한 공감과 지지)

6. 결론

커뮤니티케어의 대상자는 적절한 서비스 지원이 없이는 지역사회에서 독립적인 주거생활이 어려운 사람이 해당된다(남기철, 2016). 정신질환자 커뮤니티케어를 통해, 주거상황이 불안정한 경우에도 퇴원하여 생활할 수 있는 주택이 제공되고 주거유지에 필요한 다양한 형태의 주거지원서비스를 받을 수 있는 계기가 만들어진 것은 의미가 있다.

우리나라가 비준하고 2008년 5월 3일에 발효된 유엔 장애인의 권리에 관한 협약(Convention on the Rights of Persons with

Disabilities) 제19조(자립적 생활 및 지역사회에의 동참)에서는 모든 장애인이 지역사회로부터 소외되거나 격리되지 않고 다른 사람과 동등하게 지역사회에서 살 수 있는 권리를 갖는다고 하였다. 또한 이를 위해 장애인이 자신의 거주지 및 동거인을 선택할 기회를 가지며 특정한 주거 형태를 취하도록 강요받지 않고 활동보조를 포함해 가정 내 지원서비스, 주거 지원서비스 및 그 밖의 지역사회 지원 서비스에 접근할 수 있도록 효과적이고 적절한 조치를 취할 협약당사국의 의무에 대해 규정하고 있다. 유엔장애인권리위원회는 유엔장애인권리협약 제19조의 이행과 관련하여 2017년 10월 27일자 일반논평 제5호를 통해 장애인이 지역사회 내에서 자립적 생활을 영위할 수 있도록 '실질적인 절차상의 권리 부여', 장애인들이 인지할 수 있는 방법으로 자립적 생활 및 지역사회 참여에 대한 권리를 알리고 권리행사 방안에 대한 이해를 지원하는 '역량강화훈련 제공', '정신장애인 및 지적장애인과 현재 시설수용 아동에 대한 각별한 관심'과 시설 수용을 철폐하기 위해 구체적인 이행기간과 적합한 수준의 예산을 제시한 명확하고 목표가 분명한 '탈시설 전략의 채택', '합리적인 비용의 접근 가능한 주택', '기존 시설 및 주거서비스 탈시설 전략', '지역사회 내에서 자립생활 이행 모니터링 메커니즘 수립', 대표단체를 통한 '협의와 참여를 바탕으로 모니터링 실시' 등을 권고하였다.

현재의 소규모 시설 형태의 집합적 주거로부터 보다 자율적이며 독립적인 생활을 영위하며 지역사회와 연결성을 갖는 다양한 대안적 주거로 전환하기 위해서는 다음과 같은 정신장애인 주거지원 정책의 방향을 설정하고 이를 구현하기 위한 노력이 필요하다.

첫째, 시설에 우선하여 지역사회에 함께 거주한다는 탈시설의 철학이 중시되고, 자율과 선택에 기반을 둔 주거권의 개념이 강조되어야 한다는 점이다. 의미 있는 생활을 주도적으로 구성하도록 당사자의 자기결정을 존중하며, 특히 개인의 자율과 최소한의 개입이 보장되는 주거 형태에 대한 기준이 세심하게 마련될 필요가 있다. 기존 생활시설이나 공동생활가정의 주거 조건을 점검하고, 쾌적하고 안전한 정신장애인의 주거생활 기준을 마련하도록 한다. 입소자 1인당 면적을 확대하고 개인의 독립된 침식을 보장하는 수준으로 거주시설에 대한 시설 설치기준을 강화할 필요가 있다. 안정적인 주거를 제공할 목적으로 전환하는 경우의 공동 거주유형은 시설 내 보호 및 관리기능보다는 독립 주거공간으로 배치하고 건물관리 기능을 별도로 두는 것이 바람직하다. 기존 거주형 정신재활시설인 공동생활가정이 자립지원 주택 또는 서비스연계형 주택 등의 형태로 기능 개편하는 방안을 유도하기 위한 적극적인 방안도 모색할 필요가 있다. 개별 주거제공 시설에서 입소자를 선정하는 것이 아니라, 정신장애인 당사자가 자신에게 맞는 거주지를 선택할 수 있도록 공공영역의 주거지원 기능을 활성화하고 주거지원사례관리를 통해 지역사회차원에서 정신장애인의 사회복귀와 지역사회생활의 적응을 지원하는 방식으로 전환하도록 한다. 둘째, 자립생활에 이르기까지 다양한 욕구기반의 주거지원을 위한 선택지(전환지원시설, 지원주거, 독립주택 등)를 충분히 갖추어야 한다는 점이다. 정신장애인 개인의 상황과 욕구에 맞게 선택할 수 있는 주거형태를 다양하게 확충할 필요가 있다. 현재의 주거제공시설은 정신장애인의 안정된 주택마련보다는 자립 훈련을 통한 지역사회복귀에 있기 때문에 보다 독립적인 임대주택이나 지원주택과 같이 자율적인 삶의 방식을 존중하는 주거지원 방식을 법제화하고 공공주택 공급을 지속적으로 확대·보급할 필요가 있다. 최근 몇 년 간 지원주택의 제도적 기반을 갖추기 위한 노력이 이루어지면서, 지원주택을 필요로 하는 사회·경제적 취약계층인 노인, 발달장애인, 노숙인, 정신장애인 등의 영역에서 지원주택의 법제화가 추진되고 있다. 정신장애인 대상의 지원주택 공급을 위한 법적·제도적 근거가 마련된다면, 앞의 주거지원 방향에 맞춰 정신장애인의 주거권이 보장될 수 있을 것이다. 독립주거로의 흐름이 차단되고 과도기적인 임시 주거제공시설이 장기적인 주거의 대체재로 운영되고 있는 현실에서, 단계적 과정을 통한 점진적 주거안정화의 의미를 살리기 어렵고 거주자들은 미래의 주거 불안정성에 대한 우려와 불안을 겪게 된다. 주거 우선 지원의 원칙에 따라, 기간 제한의 훈련형 거주옵션을 기간제한 없는 자율적이며 안정적인 주거 형태로 전환하여 신규 주택을 공급하는 데 따르는 부담을 줄일 수 있을 것이다. 셋째, 단순히 거주지를 제공하는 차원을 넘어 적극적인 지역사회복귀나 사회참여를 지원하는 변화가 동반되어야 한다. 주거와 서비스의 기능적 분리를 통해 거주지 내에서의 개인의 삶을 보장하되 지역사회로부터의 소외나 분리를 막기 위해 지역사회 자원과 서비스를 활용하며 외부와의 연결성을 갖는 통합적 접근방식의 주거지원이 중요하다. 이는 단지 주거 공간만을 제공하는 개념이 아니라, 개인의 삶에서 주거취약성을 발생시키는 다양한 요소들을 포괄적으로 고려하고 이용자의 특성에 맞는 다양한 방식으로 정신장애인의 자립역량을 높이고 각자의 삶을 영위할 수 있도록 주변을 구성하는 이웃이나 지역사회와의 연결망을 확장하는 방식이다. 이와 같은 주거지원의 방향성은 지역중심의 삶을 통합적으로 지원하고자 하는 커뮤니티케어와 맥락을 같이 한다. 끝으로 정신장애인들이 지역사회에서 경험하는 주거불평등은 정신장애인에 대한 포괄적 사회적 배제로부터 비롯된 것이 많은 만큼, 정신장애인에 대한 사회적 편견을 줄이고 지역사회에서 자율적인 삶의 방식을 선택하며 주거지원을 받을 수 있는 주거의 권리를 가진 주체로 보는 것이 가장 중요할 것이다.

참고문헌

강은정 (2009). 호주 빅토리아주 정신건강 개혁 전략 2009~2019와 시사점. **보건복지포럼**, 2009(9), 77-87.

관계부처합동 (2018). 지역사회 통합 돌봄 기본계획.

국가인권위원회 (2019). 장애인 탈시설 로드맵 마련을 위한 정책권고.

국가인권위원회 (2020). 2019년 정신요양시설 방문조사에 따른 정신요양시설 입소자의 인권 개선을 위한 권고.

권오용, 김민, 최희승, 박인환, 김혜성, 박동진 (2018). 정신장애인의 지역사회 거주 · 치료 실태조사. 국가인권위원회.

김윤영, 윤혜영 (2018). 커뮤니티케어 해외사례와 함의 그리고 구상. **비판사회정책**, 60, 135-168.

남기철 외 (2016). 서울시 지원주택 추진 및 제도적 기반 구축. SH 서울주택공사.

민소영 (2017). 만성노숙인을 위한 지원주택의 외국 사례와 시사점: 미국을 중심으로. 제1회 지원주택 컨퍼런스 자료집.

박지혜, 이선혜 (2016). 정신장애인의 사회적 배제에 대한 위험 추정. **사회복지연구**, 47(4), 361-388.

배은미, 박희정 (2017). 정신장애인의 지원주거 경험 연구. **한국사회복지질적연구**, 11(1), 59-87.

배재용, 황도경, 김현규, 이지혜 (2020). 요양병원 선택입원군 의료급여 수급자 심층조사 및 관리방안 연구. 한국보건사회연구원.

배지영, 김광, 김용익, 김윤, 남기철, 석재은, 홍선미 (2020). 지역사회통합 돌봄 중장기 발전전략 수립 기반연구. 한국보건복지인력개발원.

보건복지부 (2018. 3. 13). '재가 · 지역사회 중심으로 사회서비스 제공' 커뮤니티케어(Community Care) 본격 추진. 보도자료.

보건복지부 (2018. 6. 7). '지역사회의 힘으로 자신이 살던 곳에서 돌봄 받는 나라'로 경로설정. 보도자료.

보건복지부 (2018a). 지역사회돌봄 기본계획.

보건복지부 (2018b). 커뮤니티케어 지역사회중심 사회복지의 완성, 2018년 한국지역사회복지학회 추계학술대회 자료집, 1-11.

보건복지부 (2018c). 커뮤니티케어 추진방향. 제4차 커뮤니티케어 정책 토론회 자료집, 27-38.

보건복지부 (2019). 지역사회돌봄 선도사업 추진계획.

보건복지부 (2020). 지역사회돌봄 선도사업 자체추진 가이드북.

비마이너 (2011. 6. 28). 옴스테드 판결 당사자, 오바마를 만나다.

손세관 (1990). 주거의 의미에 관한 현상학적 고찰(A Phenomenological Investigation on the Meaning of Dwelling). **대한건축학회 논문집, 6**(2), 43-51.

이건세 (2019). 일본 지역포괄케어 시스템의 현황과 한국 지역통합돌봄 구축의 과제. **대한공공의학회지, 3**, 9~26.

이윤경 외 (2020). 2020년도 노인실태조사. 보건복지부 · 한국보건사회 연구원.

하유정 (2011). 영국 정신보건정책의 최근 동향: No Health without Mental Health 전략. **정신건강정책포럼, 5**, 123-135.

한겨레21 (2010. 3. 3). 정신장애인은 이웃의 자격이 없다?

홍선미, 김도희, 김문근, 염형국, 이용표 (2016). 정신장애인 지역사회 통합을 위한 해외사례 비교연구 실태조사.

홍선미, 김도희, 신권철, 이상민, 전진아 (2020). 정신장애인 인권 관련 법령 · 정책 개선과제 연구.

홍선미, 김민석, 박남수, 전진아, 전준희 (2019). 화성시 지역사회통합 돌봄(커뮤니티케어) 선도사업 연구.

홍선미, 변경희, 하경희 (2014). 장애인 주거지원제도 강화를 위한 연구. 국가인권위원회.

황도경, 김태완, 박금령, 여나금 (2016). 장기입원 수급자 실태조사 및 생계급여 적정 지급방안 연구. 한국보건사회연구원.

Bollnow, O. F. (1961). Lived-space. *Philosophy Today, 5*(1), 31-39.

Bromage, B., Kriegel, L., Williamson, B., Maclean, K., & Rowe, M. (2017). Project Connect: A community intervention for individuals with mental illness, *American Journal of Psychiatric Rehabilitation, 20*(3), 218-233, DOI: 10.1080/15487768.2017.1338038

Cooper, C. (1974). The house as symbol of the self. The people, place, and space reader.

Department of Health, UK (2011). No health without mental health: A cross-government mental health outcomes strategy for people of all ages. Supporting document–the economic case for improving efficiency and quality in mental health.

Dovey, K. (1978). Home: An ordering principle in space. *Landscape, 22*(2), 27-30.

England, N. (2015). Building the NHS of the Five Year Forward View: The NHS England Business Plan 2015–16. In: NHS England, London.

England, NHS (2016). A report from the independent Mental Health Taskforce to the NHS in England.

Hayward, D. G. (1975). Home as an environmental and psychological concept.

Iacobucci, G. (2019). NHS 10 year plan pledges improvements in stroke, heart attacks, and mental health.

Korosec-Serfaty, P. (1985). Experience and use of the dwelling. In *Home environments* (pp. 65-86). Springer, Boston, MA.

Lewis, A. (2019). 정신질환 범죄자 치료 강화 간담회 자료집. 대한민국 국회, 법무부.

Porteous, J. D. (1976). Home: The territorial core. *Geographical Review,* 383-390.

UK Dept. of Health (1999). A National Service Framework for Mental Health. Modern Standards and Service Models.

4부

법제와 프로그램의 대개혁

8장
법제와 프로그램의 대개혁: 지역사회생활의 권리 실현을 위한 입법추진전략

염형국, 조미연

1. 정신장애인 권익옹호

1) 정신장애인 권익옹호기관의 필요성

(1) 정신장애인 권익옹호의 필요성

정신병원이나 정신요양시설과 같은 정신보건시설에 입소하여 생활하는 정신장애인 당사자들은 폭행·폭언이나 부당한 격리·강박·작업지료 등의 인권침해를 당하더라도 직접 이의를 제기하거나 외부의 권리구제절차를 밟기는 매우 어려운 상황이다. 미국의 경우에 연방법에 의해 주 정부가 장애인권리보호 및 옹호시스템(P&A)을 두도록 하고 있고, 각 주별로 장애인권리보호 및 옹호시스템을 두어 전문옹호자와 변호사가 고용되어 정신보건시설 재원자의 권리옹호서비스를 제공하고 있다. 영국의 경우에 1983년 정신보건법 개정으로 독립된 장애인권리보호 및 옹호서비스를 제공해 왔다. 무엇보다 이용자의 접근이 용이하도록 지역 가까운 곳에 정신장애인 권익옹호사안을 조사하고 지원할 수 있어야 한다. 그렇기 때문에 국가인권위원회와는 별도의 정신장애인 권리옹호시스템을 마련할 필요가 있다. 현행 아동복지법에 근거하여 아동보호전문기관이 설치·운영되고 있고, 노인복지법에 따라 노인보호전문기관이 설치·운영되고 있으며, 장애인복지법에 의하여 장애인권익옹호기관이 설치·운영되고 있다.

정신건강 영역에서의 권익옹호 개념은 정신장애인의 낙인 및 차별폐지와 관련해서 발전해 왔다. 정신질환자에 대한 인식을 변화시키고 낙인이나 차별구조를 바꾸는 데에 목적을 둔 다양한 행동들을 그 내용으로 한다. 우리나라에서 정신장애인에 대한 권익옹호기능을 담당하고 있는 기관은 장애인권익옹호기관, 국가인권위원회, 수사기관을 들 수 있다. 장애인권익옹호기관은 장애인학대 사건에 대처하기 위해 장애인복지법 개정으로 2017년부터 전국의 18개 기관이 설치·운영되고 있다. 이러한 장애인권익옹호기관이 장애인복지법상 장애인에 대한 학대예방 및 권익옹호의 역할을 담당하고 있으므로, 별도의 정신장애인권익옹호기관을 설치할 필요가 없다는 의견도 제시되고 있다.

국가인권위원회는 장애인차별금지법에 따른 장애 차별 판단과 다수인 보호시설에서의 인권침해에 대한 구제 역할을 담당하고 있다. 국가인권위원회는 5곳의 지역사무소를 두고 있기는 하나 기본적으로 중앙집중화된 조직이다. 인권침해 조사를 담당할 인력이 부족하여 조사와 처리가 지연되는 문제가 발생하고 있고, 장애를 포함하여 다양한 차별과 인권침해문제를 포괄적으로 다루고 있다 보니 정신장애인을 위한 전문 권익옹호기관으로 보기에는 다소 무리가 있다. 특히 정신장애인에 대한 인권침해 대부분이 민간영역에서 이루어지고 있는데, 국가인권위원회는 조사와 그에 따른 시정권고를 하는 것에 그치고 있어 실효적 권리옹호기구로서의 역할에 한계가 있다. 한편 수사기관이 담당하는 형사사건 중 정신장애인 인권침해사건은 극히 일부분에 그치고 있고, 심각한 정신장애인 인권침해사건인 경우에도 정신장애에 대한 이해부족, 장애 감수성 부족 등의 문제로 제대로 된 수사가 이루어지지 않는 경우가 많다.

한편 2013년 민법 개정으로 시행되고 있는 새로운 성년후견제도는 판단능력이 부족한 정신장애인의 의사결정을 지원하거나 필요시 의사결정을 대신함으로써 정신장애인의 권익옹호 기능을 일부 수행한다. 그러나 성년후견을 신청함으로써 오히려 정신장애인 당사자의 권리를 제한하거나 침해할 우려가 상존하고 있고, 당사자의 의사에 반하여 성년후견이 신청·개시된다면 오히려 당사자의 자기결정권을 침해하는 것이다. 그렇기 때문에 유엔장애인권리협약에 근거한 유엔장애인권리위원회의 한국 정부 국가보고서 심의에서도 성년후견제도와 같은 의사결정대체제도를 의사결정지원제도로 전환할 것을 권고하기도 하였다.

(2) 국내 장애인 권익옹호기관의 현황

우리 사회 곳곳에서 일어나고 있는 장애인학대 사건에 대처하기 위해 지난 2015년 장애인복지법 개정으로 장애인 학대에 대한 예방과 피해 장애인 지원을 위한 '장애인권익옹호기관' 설립근거가 마련되었다. 그에 따라 2017년 1월 1일부터 장애인학대를 예방하고 피해장애인에 대한 지원 및 사후관리를 담당하는 전문기관이 중앙 및 17개 시도에 설치·운영되고 있다. 국가인권위원회는 장애인에 대한 차별 내지 인권침해가 확인되더라도 시정권고 결정을 내릴 수 있을 뿐 피해자에 대한 지원은 사실상 불가능하다. 반면 장애인권익옹호기관은 장애인 당사자의 권리옹호를 위한 실체적 진실발견 및 증거수집의 방법으로 활용될 수 있는 조사를 거쳐 필요한 경우 가해자에 대한 고소·고발 등의 사법적 대응뿐 아니라 피해자에 대한 사후지원의 역할을 맡고 있다. 장애인권익옹호기관은 상담전화, 홈페이지, 이메일 등을 통해 장애인 인권침해 관련 사건 조사를 개시하고, 그중 장애인 학대 의심사건에 대해 방문대면상담, 현장조사를 거쳐, 법률지원(소송, 법률지문, 법률의견서 송부 등) 및 피해자 사후지원(긴급분리, 피해자 쉼터 인계, 의료지원, 전문가 심리상담지원, 주거지원·생계지원 등 복지연계)을 하고 있다.

국가는 장애인학대 예방을 위한 지역 간의 연계체계를 구축하기 위하여 중앙장애인권익옹호기관을 설치·운영하고 있고, 시·도는 학대받은 장애인을 신속히 발견·보호·치료하고 장애인 학대를 예방하기 위하여 지역장애인권익옹호기관을 설치·운영하고 있다. 장애인권익옹호기관은 장애인의 학대예방을 통한 권리확보와 피해 장애인의 옹호와 조력을 담당하고 있다.

▶중앙장애인권익옹호기관 주요업무

- 지역장애인권익옹호기관 지원
- 장애인학대 예방 관련 연구, 실태조사
- 장애인학대 예방 관련 프로그램의 개발

- 장애인학대 예방 관련 교육 및 홍보
- 장애인학대 예방 관련 전문 인력 양성
- 장애인학대 예방 관련 정책의 개발
- 장애인학대 전산시스템 개발
- 협력체계 구축 및 교류
- 장애인권익옹호에 관한 국제교류

▶지역장애인권익옹호기관 주요업무
- 장애인학대 신고접수, 현장조사 및 응급조치
- 피해장애인의 보호 및 피해회복
- 장애인학대사례판정위원회 설치·운영
- 피해장애인 등에 대한 상담 및 사후관리
- 장애인학대예방 관련 교육 및 홍보
- 협력체계 구축 및 교류

2) 정신장애인 권익옹호기관의 설립

(1) 정신장애인 권익옹호기관의 운영원칙

정신장애인 권익옹호기관은 정신장애인이 인권침해나 차별을 당한 경우에 이를 조사한 후 그에 대한 구제조치를 취할 수 있어야 한다. 이를 위해 조사권과 접근권, 조치권이 부여되어야 한다. 또한 인권침해 피해자를 가해자로부터 격리하여 보호하고 지역사회 내에서 자립할 수 있도록 지원하는 역할을 하여야 하고, 가해자를 형사고발하거나 피해자를 위하여 손해배상청구소송도 제기하는 등 권리구제의 역할에 만전을 기해야 한다. 아울러 사회복지서비스 신청권에 근거하여 정신장애인 당사자들이 자신의 개별적인 상황과 욕구에 부합된 개별화된 복지서비스를 제공받을 수 있도록 서비스지원기관으로서의 역할도 필요하다. 다음은 권익옹호기관이 적절히 운영되기 위한 원칙을 해외의 사례를 통해 제시한 것이다.

> **▶ 정신장애인 권익옹호기관의 운영원칙**
>
> - 서비스 제공자(시설)로 부터 독립되어야 한다(국가인권위원회, 지자체 등 독립된 공공기구 또는 공적권한을 위임받은 전문 민간단체에 의한 옹호).
> - 무료로 서비스가 제공되어야 하며 국가와 지자체가 예산을 전액 지원해야 한다.
> - 서비스 제공기관이 권리옹호제도를 인지하고 환자 및 거주인에게 입원·입소시 권리옹호제도에 대해 공지하고, 서면으로 이의제기 절차를 알려줄 의무가 부여되어야 한다. 이의신청이나 신고를 방해할 경우 처벌 규정 등을 통해 실제 작동할 수 있도록 해야 한다.
> - 권리구제신청이 없을 경우라도 권리침해 징후가 있을 경우 직권에 의한 조사가 가능해야 하고, 이 경우 시설에서 협조하도록 해야 한다. (인권위 방문조사와는 다름 / 사전공지 없이 조사가 가능해야 한다.)
> - 피해자를 피해 상황 또는 가해자로 부터 분리하고, 보복 등 2차 피해를 당하지 않도록 신속한 보호조치가 이루어져야 한다(쉼터 등 피해자 보호제도를 겸비할 필요성).
> - 법에 의한 조사권한을 갖추고 있어야 한다.
> - 권익옹호기관에 시설에서의 인권침해, 피해자의 특성(정신장애인의 특성)에 대한 전문적 이해를 갖춘 인력이 필요하다.
> - 정신장애인 당사자의 참여가 보장되어야 하며 의사가 존중되어야 하며 충분한 정보가 제공되어야 한다.
> - 권리옹호기관이 가해자를 상대로 직접 소송을 제기할 수 있어야 한다.

(2) 정신장애인 권익옹호기관의 설립방안

정신장애인을 위한 권익옹호기관의 설립에 있어서 기존 장애인권익옹호기관의 역할을 확대하는 방안과 별도의 정신장애인 권익옹호기관을 설립하는 방안이 논의되고 있다. 각각의 장·단점에 대해 검토해 본다.

① 기존 장애인권익옹호기관에 정신장애인 권익옹호역할 부여

현행 정신건강복지법은 국가·지방자치단체가 정신질환자의 법적 권리보장 및 인권보호사업 등을 하도록 규정하고 있다. 정신장애인을 포함한 장애인 전반에 관한 권익옹호를 위하여 장애인복지법에 장애인권익옹호기관의 근거를 두고 있으나, 후술하다시피 장애인복지법 15조 등의 제약으로 정신장애인은 장애인복지체계 내에 포함되지 못하고, 장애인권익옹호기관에서도 정신장애인에 대한 인권침해 문제를 자신들의 업무범위로 적극적으로 설정하지 못하고 있는 상황이었다. 실제로 중앙장애인권익옹호기관이 매년 발간하는 장애인 학대현황을 살펴보더라도 2019년 장애인 학대사례 945건 중에 정신장애인 학대사례는 55건으로 5.8%에 그치고 있다.

2021년 5월 기준으로 지역 장애인권익옹호기관은 경기도에 2개소, 경기도를 제외한 각 시·도에 1개소가 설치되어 전국에 18개소가 운영되고 있다. 이는 전국 평균 등록장애인 14만6,279명당 1개소가 설치된 셈으로, 기관당 대응하는 모 집단 인구수는 아동보호전문기관의 11만6,602명/1개소보다는 많고, 노인보호전문기관의 23만6,086명/1개소보다는 적은 편이다. 그러나 지역기관의 절대 수가 적고, 기관별 관할 범위가 매우 넓어 기관종사자가 업무를 수행하는 데에 많은 부담이 따르고 있다. 지역장애인권익옹호기관의 인력규모와 관련하여 기관당 평균종사자 수는 5.9명이고, 그중 상담원은 평균 2.8명이다. 장애인권익옹호기관의 종사인력은 장애인복지법 시행령 제36조의9에 의거하여 사회복지사, 특수교육교원, 임상심리사, 정신건강전문요원, 변호사에 해당하는 자격을 지니거나 그 외 보건복지부장관의 인정을 받은 해당 분야의 전문가이어야 한다. 기관 조사결과 15개 기관 83명의 종사자 중 92.8%에 해당하는 77명이 사회복지사이고, 5명이 변호사로 나타났다.

2020년 기준으로 전체 등록장애인 수는 2,633,026명이고, 이 중 정신장애인은 103,525명으로 3.3%를 차지하고 있다. 그러나 2016년 정신질환실태 역학조사 결과에 따르면 정신질환 평생유병률은 26.6%, 정신질환 1년 유병률은 11.9%로 최소 470만 명 이상이 정신질환을 가지고 있는 것으로 추산되고 있다.

기존 장애인권익옹호기관이 정신장애인(정신질환자)의 권익옹호 역할을 맡는 경우에도 그 전제로 ① 대상을 등록정신장애인에 국한해서는 안되고 정신건강복지법상의 정신질환자를 포괄하여야 하고, ② 종사인력 중에 정신장애인에 대한 이해와 감수성을 가진 정신건강전문요원이 반드시 포함되도록 하여야 한다. ③ 또한 기관당 대응하는 모 집단의 인구수에 있어 등록하지 않은 정신질환자를 포함시켜 지역기관의 절대 수를 훨씬 늘려야 하고, ④ 정신장애인의 상당수가 입원·입소되어 있는 정신병원과 정신요양시설에 대한 접근권·조사권을 법령에 명시하여야 한다.

② 별도의 기관 신설 등

기존의 장애인권익옹호기관이 장애인복지법상 등록장애인 중심으로 사업을 진행하고 있어 정신장애인(정신질환자)은 소외되고 있다. 또한 지역 장애인권익옹호기관 종사인력 중에 정신장애인 문제에 대한 전문성과 감수성을 가진 정신건강전문요원이 참여하는 경우는 거의 없기 때문에 정신장애인 권익옹호를 담당할 전문성도 많이 떨어진다. 또한 정신건강복지법상의 정신병원과 정신요양시설 등은 장애인복지법의 적용을 받지 않고 있어서 정신병원 등에 접근하여 조사를 시행하기 위해서는 별도의 접근·조사권한이 법령에 규율될 필요가 있다. 이러한 필요를 근거로 하여 정신건강복지법을 개정하여 정신질환자권익옹호기관을 별도로 설립하자는 주장도 제기되고 있다.

21대 국회에 전해철 의원의 대표발의로 정신질환자권익옹호기관을 설치·운영하는 내용의 정신건강복지법 개정안이 지난 2020년 11월 발의되었다.

정신건강증진 및 정신질환자 복지서비스 지원에 관한 법률 일부개정 법률안[1)]

(전해철 의원 대표발의) 주요내용

가. 정신질환자 등의 권익을 증진하기 위하여 중앙정신질환자권익옹호기관 및 지역정신질환자권익옹호기관을 설치함(안 제15조의4 신설).

나. 정신질환자 등에 대한 상담 및 교육 등의 역할을 수행할 수 있도록 정신질환자이거나 정신질환자이었던 사람 중 일정한 교육과정을 이수한 사람을 동료지원가로 등록할 수 있도록 함(안 제18조의2 신설).

다. 국가와 지방자치단체가 정신질환자 등이 정신건강증진시설에 입원

> 등을 하거나 정신건강증진시설에서 퇴원 등을 할 때 정신질환자 등의 의사가 충실히 전달되고 반영될 수 있도록 지원하는 서비스를 제공하도록 함(안 제38조의2 신설).
>
> 라. 지방자치단체의 장은 성년인 정신질환자 등이 자력으로 후견인을 선임하기 어려운 경우 성년후견개시 등의 심판을 청구할 수 있음(안 제38조의3 신설).
>
> 마. 입원 등을 한 사람 또는 절차보조인이 입원심사소위원회에 의견을 진술할 수 있도록 하고, 퇴원 등 또는 처우개선심사를 하는 경우 정신건강심사위원회가 심사대상자와 절차보조인의 의견을 듣도록 함(안 제47조제2항 후단 및 제57조제2항).

권익옹호기관이 인권침해에 대응하기 위해서는 인권침해에 대한 조사권이 필수적이다. 장애인복지법상 장애인권익옹호기관의 경우에도 현장조사권을 가지고 있고, 조사 방해·거부 시 제재 규정을 두고 있으며, 아동보호전문기관이나 노인보호전문기관 역시 조사권한을 보유하고 있다. 미국 장애인권익옹호기관의 경우 다수인 시설에 대하여 사전 고지 없이 현장조사 및 자료제출 요구를 할 수 있는 권한이 있다. 정신장애인에 대한 인권침해는 정신병원 등 폐쇄적인 공간에서 은밀히 일어나는 경우가 많아서 현장조사와 응급조치 등의 권한 없이는 정신장애인이 실제로 권리를 구제받을 수 없을 것이다. 개정안에 따르면 특히 지역정신질환자권익옹호기관의 경우 '고용, 주거, 복지, 의료, 요양'이라는 특정한 분야에 대하여 '권익증진활동'이라는 내용을 알 수 없는 모호한 활동을 기능으로 하고 있어 단순히 사회서비

1) 의안번호: 2105408 제안일자: 2020-11-17 제안자: 전해철 의원 등 10인 제안회기: 제21대.

스를 제공하거나 지원하는 서비스 제공자인지, 권리를 옹호하고 권리침해에 대응하는 권익옹호기관인지 알 수 없다. 입법발의된 정신질환자권익옹호기관의 모호한 역할과 기능, 아무런 권한이 없는 점 등을 보면, 정부와 국회는 정신장애인에 대한 실질적인 권익옹호에는 관심이 없고, 생색내기식 정책을 하려는 것이 아닌지 의심된다.

정신건강복지법 개정을 통해 장애인권익옹호기관과는 별도의 정신질환자권익옹호를 위한 전담기관을 설치하는 경우에도 해당 기관이 실질적인 권익옹호 역할을 담당할 수 있도록 접근권 및 조사권한이 부여되고 인권침해 피해를 당한 정신질환자에 대한 복지지원 등 피해자지원이 이루어져야 하며, 정신질환자 권익옹호에 전문성과 감수성을 가진 전담인력이 참여해야 하고, 지역적으로 접근이 가능하도록 최소 시도에 1곳 이상이 설치되어야 한다.

2. 정신장애인의 변호인 조력권

1) 변호인 조력권 개관

헌법 제12조 제1항 전문은 "모든 국민은 신체의 자유를 가진다."라고 규정하여 신체의 자유를 보장하고 있는데, 신체의 자유는 신체의 안전성이 외부로부터의 물리적인 힘이나 정신적인 위험으로부터 침해당하지 아니할 자유와 신체활동을 임의적이고 자율적으로 할 수 있는 자유를 말한다(헌법재판소 1992. 12. 24. 선고 92헌가8 결정 전원재판부 [위헌] [형사소송법제331조단서규정에대한위헌심판] 참조). 정신건강복지법상 보호의무자에 의한 입원조항은 정신질환자의 보호의무자 2인의 동의와 정신과전문의 1인의 진단만 있으면 정신질환자를 본인의 의사에 반하여 정신의료기관에 입원시킬 수 있도록 하고 있으므로, 정신질환자의 신체의 자유를 제한한다(헌법재판소 2016. 9. 29. 선고 2014헌가9 결정 [정신보건법 제24조 제1항 등 위헌제청] 참조).

보호입원은 정신질환자가 입원치료 여부를 스스로 결정할 수 없도록 하고, 정신질환자의 신체의 자유를 인신구속에 버금가는 수준으로 제한한다. 보호입원이 정신질환자 본인에 대한 치료와 사회의 안전 도모라는 측면에서 긍정적인 효과가 있다고 하더라도, 보호입원 과정에서 정신질환자의 신체의 자유 침해를 최소화하고 악용이나 남용 가능성을 방지하여야 하며, 이것이 정신질환자를 사회로부터 일방적으로 격리하거나 배제하는 수단으로 이용되지 않도록 해야 한다.

강제입원은 기본적으로 신체의 자유를 제한 내지 박탈하는 인신구속의 성질을 가지므로 부당한 강제입원으로부터 환자의 권리를 보호할 수 있는 절차의 마련이 필요하다. 예컨대 신체의 자유를 제한당하는 당사자에 대한 사전고지, 청문 및 진술의 기회, 강제입원에 대한 불복, 부당한 강제입원에 대한 사법심사, 국가 또는 공적기관에서 제공하는 변호인의 조력과 같은 절차가 보장될 필요가 있다. 그런데 정신보건법은 심판대상조항과 같은 보호입원제도를 두면서 이러한 절차들을 전혀 마련하고 있지 않다.

현행 정신건강복지법에 의하면, 정신질환자를 2주 이상의 치료를 위한 입원을 하게 하려는 경우에 정신의료기관의 장은 서로 다른 정신의료기관 등에 소속된 2명 이상의 정신건강의학과 전문의의 일치된 소견이 있고, 입원적합성심사위원회의 입원적합성 심사를 거쳐야 한다. 입원적합성심사위원회는 정신과전문의, 법조인, 정신보건전문요원, 정신질환자의 가족, 정신보건시설 운영자 등을 위원으로 하여 구성된 위원회이다. 피보호입원자로서는 위와 같이 비교적 다양하고 전문적인 인적 구성으로 이루어져 중립적이고 전문적인 제3자의 지위를 가진 입원적합성심사위원회에서 보호입원의 적합성 여부를 다툴 수 있으므로, 부당한 보호입원이나 장기입원에 대한 적절한 구제책이 마련되어 있다는 의견이 있을 수 있으나, 입원적합성심사위원회에서는 피보호입원자를 직접 대면하여 그의 진술을 충분히 청취하는 절차를 거치지 않은 채 대부분 서류를 위주로 심사가 이루어지고 있는 점, 무엇보다도 피보호입원자가 이미 보호입원된 상태에서 사후적으로 입원의 필요성 등을 심사하게 되어 결국은 처음 입원의 필요성이 있다고 인정한 정신과전문의 1인의 진단에 상당히 의존할 수밖에 없는 점 등에 비추어 보면, 입원적합성심사위원회가 보호입원 당시의 위법·부당성을 충분히 심사할 수 있을 것으로 기대하기 어렵다. 2019년 입원적합성심사위원회를 통한 퇴원율은 1.5%(2017. 5. 30. 위원회 신설 이후 심사건수 44,279건 중 663건[2])에 불과한 것을 보면, 입원적합성심사위원회에 의한

---

2) 보건복지부 제출 입원적합성심사위원회 현황 자료, 맹성규 의원, 2019년.

실효적인 구제가 이루어지지 않고 있음을 알 수 있다.

한편 피보호입원자가 인신보호법에 따라 법원에 인신구제 청구를 함으로써 사후적으로 위법한 보호입원에 대한 사법심사를 받을 수 있으므로, 위법한 보호입원이 있더라도 피보호입원자가 충분히 구제될 수 있다는 반론이 있을 수 있다. 그러나 인신보호법상 구제청구는 보호입원의 위법성을 심사함에 있어 심판대상 조항에서 정한 보호입원 요건이 구비되었는지 여부를 심사함에 그칠 가능성이 있는 점, 인신보호법상 구제청구는 사후적인 구제수단이어서 피보호입원자의 구제청구와 보호입원 사이에는 시간적 간격이 있는 점, 피보호입원자는 정신의료기관에 격리수용되어 있어 구제청구 절차 자체를 이용하기도 쉽지 않은 점, 구제청구 절차가 진행되면 정신의료기관이 정신질환자를 퇴원시키거나 다른 정신의료기관으로 전원시키는 방법으로 그 절차를 무력화시킬 수 있는 점 등을 종합하여 보면, 인신보호법상 구제청구라는 사후적 구제수단이 마련되어 있다고 하더라도 이러한 구제수단이 피보호입원자를 위법·부당한 보호입원으로부터 충분히 보호하고 있다고 보기 어렵다.

헌법 제12조 제4항은 신체의 자유와 관련하여 “누구든지 체포 또는 구속을 당한 때에는 즉시 변호인의 조력을 받을 권리를 가진다”고 규정하여 신체구속을 당한 사람에 대하여 변호인의 조력을 받을 권리를 기본권으로 보장하고 있다. 그리고 “변호인의 조력”은 “변호인의 충분한 조력”을 의미한다. 이러한 변호인의 조력권은 형사절차상 체포·구속된 경우뿐만 아니라 위법한 행정처분이나 사인에 의해 부당하게 수용시설에 갇힌 피수용자에게도 보장되어야 하고, 이러한 취지로 인신보호청구에 있어서도 피수용자가 경제적 형편이 어렵거나 그 밖의 사유로 개인적으로 변호인을 선임할 수 없을 때에는 법원에 국선변호인의 선정을 청구할 수 있도록 하고 있다(인신보호법 제12조 제2항[3] 참조).

신체구속을 당한 사람에 대하여 변호인의 충분한 조력을 받게 하기 위하여서는 무엇보다도 먼저 신체구속을 당한 사람이 변호인과 충분한 상담을 할 수 있도록 해주어야만 할 것이므로 변호인의 조력을 받을 권리의 필수적 내용은 신체구속을 당한 사람과 변호인과의 접견교통일 것이다. 변호인은 접견을 통하여 인신구속된 피수용자의 상태를 파악하여 그에 따른 적절한 대응책을 강구하고, 피수용자로부터 정신의료기관의 부당한 입원치료 유무를 확인해야 할 것이다. 그런데 이러한 일은 수용된 자와 변호인의 대화내용에 대하여 비밀이 완전히 보장되고 어떠한 제한, 영향, 압력 또는 부당한 간섭 없이 자유롭게 대화할 수 있는 접견을 통하여서만 가능하고 이러한 자유로운 접견은 수용된 자와 변호인의 접견에 관계 직원의 참여가 없어야 가능할 것이다. 만약 관계직원이 가까이서 감시하면서 대화내용을 듣거나 녹취하거나 또는 사진을 찍는 등 불안한 분위기를 조성한다면 변호인의 이러한 활동은 방해될 수밖에 없고 이는 변호인의 조력을 받을 권리를 기본권으로 보장한 헌법정신에 크게 반하는 일이다.

---

3) 인신보호법 제12조(심리의 공개 및 국선변호인 선임) ② 피수용자와 구제청구자는 변호인을 선임할 수 있다. 구제청구자 등이 빈곤이나 그 밖의 사유로 변호인을 선임할 수 없는 경우 구제청구자 등의 명시적 의사에 반하지 아니하는 이상 법원은 직권으로 변호인을 선정하여야 한다. 다만, 구제청구가 명백하게 이유 없는 때에는 그러하지 아니하다.

2) 절차보조사업과의 구별

정신질환자 절차보조사업은 정신질환자가 입원치료 과정에서 치료의 필요성 등을 이해하는 도움을 주고, 각종 절차를 보조하여 치료 과정에 자기 주도적으로 참여할 수 있도록 도움을 주기 위한 보건복지부의 시범사업이다. 정신의료기관 및 정신요양시설에 비자의입원·입소 중인 사람 중 서비스 제공에 동의한 사람에게 우선적으로 서비스를 제공한다. 서비스 내용은 ① 정신질환자의 권리 및 치료 관련 정보의 전달, 이해 도움, 당사자의 의견 경청, 동료로서의 이해와 공감 등의 입원 생활 지원, ② 정신건강심의위원회에의 심사 청구 절차 지원, 자의입원, 동의입원 등으로의 전환 도움, 인신보호법에 따른 구제 신청 안내 및 도움, 후견인 선임 신청 안내 및 절차 도움 등 당사자 의향을 반영한 각종 절차 지원, ③ 당사자 자조모임, 동료지원 등 퇴원 후의 치료 및 지역사회 연계계획 수립 지원 등이다.

변호인의 조력권은 인신구속이 진행되는 과정에서 인신구속 절차에 관해 법률적 전문지식이 있는 사람에 의해 작동되어야 하고, 경제적 자력과 무관하게 보편적으로 지원되어야 한다. 절차보조 서비스는 명칭과는 달리 비자의입원되어 있는 상황에서 절차와 무관하게 입원한 환자에게 관련 정보를 전달하고, 입원생활을 지원하거나 구제 또는 심사청구절차에 대한 안내와 도움을 주는 것일 뿐 실질적으로 진행되는 구제신청 또는 심사청구 과정에서의 지원은 이루어지지 못한다. 또한 법률 비전문가가 사업에 참여하고 있어, 인신구속에서의 실질적인 도움을 얻기는 어렵다.

여전히 많은 정신질환자 또는 정신장애인이 의사결정능력이나 자기주장이 부족하거나 본인이 처해 있는 상황에 대한 어떠한 정보도 제공받고 있지 않은 탓에, 자신이 어떠한 절차로 입원되어 있는지, 어떻게 하면 퇴원할 수 있는지조차 모르고 폐쇄병동에서 보내고 있는 상황에서 절차보조 서비스 대상자를 병원이나 시설에 입원·입소 중인 사람 중 서비스 제공에 동의한 사람으로 한정하고 있고, 정신질환자가 입원되어 있는 정신병원·정신요양시설에서 절차보조사업단의 진입을 거부하는 경우에는 정신병원·정신요양시설에 들어갈 수조차 없는 것은 그 사업의 한계점을 드러낸다.

3) 정신장애인 권익옹호와 변호인 조력권(국선대리인 제도)

정신병원 입·퇴원 과정에서 정신장애인의 권익옹호가 실질적으로 가능하기 위해서는 입·퇴원과 관련된 법적 절차에 있어서 법률전문가인 변호인이 결합하여 법률적 지원이 이루어져야 한다. 예컨대 정신병원 강제입원 과정에서 입원되는 당사자가 원하는 경우에 변호인의 접견이 가능하여야 하고, 입원과 관련하여 정신건강복지법이 보장하고 있는 입원적합성심사위원회의 입원적합성심사에 당사자와 변호인이 직접 참여하여 강제입원의 부당함을 다툴 수 있어야 하며, 인신구제청구절차뿐만 아니라 정신보건심판위원회에의 퇴원청구 시에도 당사자와 변호인이 직접 참여하여 진술할 수 있는 권리가 보장되어야 한다. 나아가 현행 인신보호법상 국선변호인 제도를 개선하여 '국선대리인 제도'를 마련할 필요가 있다. 2018. 6. 인신보호법 시행 10년의 평가와 과제 심포지엄[4]에서 제안된 국선대리인 제도 내용을 정리하면 아래와 같다.

인신보호법 문제점 및 향후 전망과 과제[5]

가. 피수용자는 범죄자가 아니므로 형사상 국선변호인 선임을 대체하여 '대리인'으로 명칭을 변경해 '국선대리인 제도'를 신설해야 함.

나. 인신보호청구는 형사절차에서 체포구속적부심과 동일한 차원의 구제절차임에도 불구하고 청구단계의 변호사 선임이 포함되지 않은 것은 형평성에 어긋남. 따라서, 인신구제청구 시작단계부터 국선변호인의 선임을 요청할 수 있어야 함.

다. 제3조에 따르면 '다른 법률에 구제절차가 있더라도 상당한 기간 내에 규제받을 수 없음이 명백해야' 인신보호를 청구할 수 있도록 불명료하게 규정되어 있음. 그러나 인신보호법을 통한 즉각적 구제절차의 실효성을 담보하기 위해서 '상당한 기간 내'를 '즉시 구제가 가능한 기간'으로 보아야 할 것임.

라. 현행법은 청구자에게 신청의 인지대를 면제하고 있으며 법원이 직권으로 국선변호사를 선정하고 있음. 또 정신감정 등의 비용은 민사소송법상 소송구조를 통해 구제할 수 있도록 하고 있음. 이에 대하여 인지대 면제 이외에도 소송 서류 송달 비용 면제, 정신감정 비용은 신청이 아닌 법원이 직권으로 정신감정을 해야 할 필요가 있음.

4) 2018. 6. 27. 국회의원회관 제9간담회의실, 주최: 박주민 국회의원, 대한변호사협회.

5) 오재욱 변호사(대한변협 사법인권팀 위원).

3. 정신장애인 지역사회생활의 권리 실현을 위한 입법추진전략

1) 장애인복지법 15조는 왜 문제인가

(1) 장애유형 내 정신장애인에 대한 차별

정신장애인은 장애인이자 정신질환자이다. 정신적 장애를 갖고 있으면서 동시에 정신질환으로 의학적 치료가 필요하다. 장애인으로서 다른 장애인처럼 복지서비스가 필요하면서 동시에 완치되기 어려운 정신질환으로 평생 치료를 받아야 한다. 2000년 이후 장애인복지법상 법정장애의 범주에 정신장애인이 포함되었다. 그러나 2007년 장애인복지법 15조 개정으로 정신보건법의 적용을 받는 사람에 대해서는 장애인복지법을 적용하지 않기 시작하였다. 장애인복지법 15조는 장애인 중 '정신건강복지법(기존의 정신보건법)' 적용을 받는 장애인에 대하여는 이 법의 적용을 제한할 수 있도록 규정하고 있다. 이 규정은 정신장애인에 대한 장애인복지법과 정신건강복지법상 중복 수혜를 막아 다른 장애인과의 형평성을 기하기 위한 취지로 보인다.

그러나 실무에서는 장애인복지법 15조의 취지보다 내용이 과도하게 해석되고 있다. 정신장애인이 장애인복지법 및 정신건강복지법에 의해 당연히 누려야 할 복지와 서비스를 누리지 못하는 상황이 됐다. 정신장애인은 정책 지원으로부터 고립상태이다. 장애인복지법 15조로 인해 정신장애인은 등록장애 15개 유형 안에 포함되지만, 장애인으로서의 동등한 권리를 누리지 못하는 차별을 받고 있다.

정신장애인은 장애유형 중에서 가장 높은 기초생활보장수급률, 가장 낮은 취업률을 나타내고 있고, 복지 사각지대에 놓인 정신장애인은 우리 사회에서 가장 극단적인 소외계층으로 전락되었다. 이러한 이유로 정신장애인 당사자 단체, 장애인권단체들은 장애인복지법 15조의 폐지를 주장하며 정신장애인도 일반 장애인복지서비스의 대상에 포함시켜 줄 것을 요구해 왔다.

(2) 장애인 복지전달체계에서의 분리

장애인복지법과 정신건강복지법 사이에서 정신장애인들이 제대로 된 복지서비스를 받지 못하고 있는 원인은 복지전달체계의 부처 간 칸막이 현상 때문이다. 복지부 내에 정신장애인 담당부서는 건강정책국 산하 정신건강정책과이고, 장애인복지는 장애인정책국 산하 장애인정책과가 담당하고 있다. 실제로 일반 장애인복지전달체계와 정신건강전달체계는 대상자에 따라 완전히 분리되어 장애인복지전달체계에서 정신장애는 소관업무가 아닌 상황이 되었다.

장애인복지전달체계에서는 정신장애인에 대한 복지서비스 제공을 장애인복지법 15조를 통해 거부하고, 장애인복지법 15조는 이러한 서비스 제공거부를 정당화시켰다. 장애인복지법 15조는 '서비스 중복 방지'가 아닌 '정신장애인에 대한 장애인복지 서비스 제한'으로 왜곡되어 지자체 행정에서도 정신장애인에 대한 과도한 서비스 배제가 이루어지고 있다. 타 장애유형을 담당하는 장애인정책국은 보건복지부 내에 1차관 소관이고, 정신건강

정책국은 2차관 소관이어서 양 전달체계 간의 간극은 벌어져 있고, 그 장벽은 매우 두터운 상황이다.

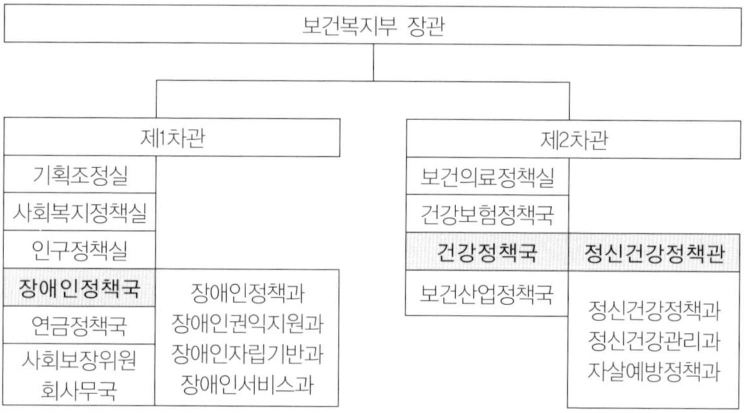

[그림 8-1] 2021 보건복지부 조직도 참고

(3) 정신건강전달체계에서의 복지적 관점 부재

최근 보건복지부 내 정신건강정책과는 정신건강정책관으로 승격되었다. 정신건강정책관 산하에 정신건강정책과, 정신건강관리과, 자살예방정책과를 두고 있다. 그러나 정신건강정책관 내에 정신장애인의 복지업무를 담당하여야 할 정신건강복지과는 존재하지 않고, 중앙 부처 수준에서도, 지역 전달체계에서도 의료적 패러다임이 팽배해 있다. 정신건강복지센터 중 대부분을 의료법인이 수탁을 받아 운영하고 있고, 정신장애인의 문제는 오로지 의료의 문제로만 치부되고 있다. 정신과 약물만으로는 정신장애인의 삶의 질을 담보할 수 없다. 정신장애인의 낮은 삶의 질은 치료의 빈곤이 아니라 복지의 빈곤이 초래한 결과이다.

정신장애인은 정신건강복지법에 의해 복지서비스를 받도록 하였지만, 기존 정신보건법에 복지와 관련된 내용은 정신재활시설에 관한 내용뿐이었다. 지난 2016년 정신보건법이 전면 개정되어 정신건강복지법이 되면서 4장에 복지서비스의 제공이 신설되었지만, 예산반영이 전혀 안된 껍데기만 있는 규정[6]이었고, 정신장애인은 복지의 대상이 아닌 병원 입원과 약물치료의 대상으로만 삼는 정책이 이때껏 유지되어 왔다. 정신장애인이 장애인복지법 및 정신건강복지법에 의해 당연히 누려야 할 복지와 서비스를 누리지 못하였다.

그렇기 때문에 아직 6만 명이 넘는 정신장애인들이 정신병원에 입원되어 있고, 1만 명이 넘는 정신장애인들이 정신요양시설에 수십 년 동안 수용되어 있다. 2018년 기준으로 전국적으로 정신재활시설의 수는 349개소에 불과하고, 입소시설 기준 2,005명, 이용시설 기준 4,617명밖에 수용하지 못하는 실정이다. 이러한 현실 탓에 정신병원·정신요양시설에서 나오더라도 지역사회에 나와 살 곳이 없어 정신병원에 머물러야 하는 이들도 많다. 그나마 있는 정신재활시설도 입소기간이 최대 5년(2+3)으로 제한되어 5년이 지나면 원치 않아도 퇴소를 해야 하고, 퇴소하고 갈 곳이 없으면 다시 병원으로 가야하는 현실이다. 장애인복지와 정신건강복지 간의 서비스 격차가 극대화되어 일례로 서울시의 경우에 장애인 대상 직업재활센터는 130개소가 넘는 반면에 정신장애인 대상 직업재활센터는 7개소에 불과한

---

6) 위 지원을 위하여 필요한 사항은 보건복지부령으로 정하도록 하였으나, 구체화된 하위법령이 만들어지지 않았음.

상황이다.

기초 지방자치단체(시군구)의 장애인복지 담당은 많은 경우에 정신장애인 복지는 정신건강복지법에 따라 보건소에서 관리하는 것으로 이해하고 있다. 지역에 있는 대부분의 장애인복지관에는 정신장애인을 위한 프로그램은 존재하지 않고, 정신장애인을 위하여 정신건강복지센터에서 연계할 수 있는 지역의 복지 프로그램은 사실상 정신재활시설 외에 존재하지 않는다. 지역의 장애인복지관에 문의하여도 정신재활시설을 안내해 주고 있다. 정신재활시설 이용을 예약하더라도 최소 1개월, 길게는 3~4개월 이상 대기하여야 한다.[7]

2) 장애인복지법 15조 폐지

(1) 장애인복지법 15조 폐지의 필요성

정신장애인에 대해 정신건강복지법에 의한 복지서비스 지원이라는 정책을 선택한 것이 장애인복지법상 보편적인 장애인 복지서비스의 포기를 의미하지 않는다. 정신건강복지법은 보편적인 장애인복지서비스를 규정하고 있는 것이 아니라 정신장애인의 지역사회 통합에 필요한 복지서비스를 열거[8]하고 있기 때문

7) Story of Seoul 함께 가는 여정(20) 정신장애인과 장애인복지법. http://www.storyofseoul.com/news/articleView.html?idxno=4024

8) 정신건강복지법 제4장 복지서비스의 제공
제33조 복지서비스의 개발
제34조 고용 및 직업재활 지원
제35조 평생교육 지원
제36조 문화·예술·여가·체육활동 등 지원

에 정신건강복지법을 이유로 정신장애인을 장애인복지법에서 배제하는 것은 잘못된 정책결정이다. 장애인복지법의 적용을 받는 장애인들이 누리는 복지서비스에서 정신장애인이 배제됨으로써 복지차별이 발생하고 있으므로, 장애인복지법 15조(정확하게는 "정신건강복지법의 적용을 받는 장애인" 부분을 삭제)는 폐지되어야 한다. 장애인복지법 15조 폐지를 통해 장애인복지전달체계와 정신장애인복지전달체계가 분리된 것을 장애인복지전달체계로 통합해야 한다.

장애인복지법 15조 폐지가 이루어지면 정신장애인과 타 유형의 장애인 간 복지차별이 해소될 것이다. 정부가 현재는 장애인복지정책 수립시에 정신장애인은 정책적 고려 대상으로 삼고 있지 않지만, 앞으로는 장애인복지정책을 수립할 때에 정신장애인도 정책고려대상이 된다. 또한 장애인복지관 등 장애인복지서비스 제공기관에서 정신장애인에 대한 복지서비스를 확대할 수 있다. 특히 정신재활시설이 없는 지역에서는 장애인복지관 등을 통해 정신장애인 복지서비스 제공이 늘어날 것이다. 한편 장애인권익옹호체계, 장애인활동지원제도, 장애인고용지원제도 등 장애인의 지역사회 생활을 지원하는 다양한 제도를 정신장애인도 보편적 서비스로 이용할 수 있게 될 것이다.

제37조 지역사회 거주·치료·재활 등 통합 지원
제38조 가족에 대한 정보제공과 교육.

장애인복지법 일부개정법률안
(인재근의원 대표발의)

의안 번호	11117

발의연월일: 2021. 6. 28.
발 의 자: 인재근・고영인・최종윤
양이원영・김홍걸・김영배
송갑석・조오섭・서동용
김민기・소병훈・양경숙
박홍근 의원(13인)

제안이유 및 주요내용

현행법 제15조(이하 제15조)는 정신장애인에 대한 현행법 적용을 제한하고 있음. 정신장애인이 현행법과 「정신건강증진 및 정신질환자 복지서비스 지원에 관한 법률」(이하 정신건강복지법)의 중복 수혜 대상이 될 수 있다는 이유임.

그런데 현행 정신건강복지법이 복지서비스의 근거 규정을 담고 있을 뿐, 관련 재정지출과 세부적인 전달체계의 규정은 미비한 실정임.

이런 상황에서 제15조가 국가 또는 지방자치단체가 설치하거나 장애인복지시설에 위탁하여 제공하는 주거편의・상담・치료・훈련 등의 현장 복지서비스 전달체계 내에서 정신장애인에 대한 배제와 차별의 규정으로 사용되면서, 정신장애인을 복지서비스의 사각지대로 내몰고 있다는 지적이 있음.

이에 제15조에서 「정신건강증진 및 정신질환자 복지서비스 지원에 관한 법률」을 삭제하여, 정신장애인이 다른 장애인과 균등한 복지를 영위할 수 있도록 하려는 것임(안 제15조).

이처럼 정신장애인의 숙원이던 장애인복지법 15조 폐지안을 지난 2021년 6월 28일 국회 보건복지위원회 인재근 의원(더불어민주당)이 대표발의[9]하였고, 이후 2021년 12월 2일 개최된 국회 본회의에서 장애인복지법 제15조 폐지안이 1년의 유예기간을 두

9) 의안번호: 2111117, 제안일자: 2021-06-28, 제안자: 인재근 의원 등 13인, 제안회기: 제21대.

고 가결되었다. 이는 장애인복지법 15조에서 정신장애인들을 장애인복지법 적용에서 배제하는 내용을 삭제하여 정신장애인도 장애인복지법 적용 대상에 포함하도록 하는 내용이다. 이번에 발의된 장애인복지법 15조 개정안은 정신장애인을 단지 '환자'로서 치료의 대상으로만 보지 않고, 동등한 인권의 주체이자 복지의 수급권자로 바라보는 출발점이 된다는 데에서 그 의미가 크다.

(2) 장복법 15조 폐지 이후의 과제

그런데 장애인복지법 15조를 폐지하더라도 정신장애인의 복지서비스가 완벽하게 이루어지는 것은 아니다. 장애인복지법은 15개 장애유형 모두를 대상으로 하고 있으므로, 정신장애인의 고유한 욕구를 담아내기는 어렵다.

> "우리 자녀가 휠체어를 타는 것도 아닌데, 장애인복지법 15조를 없앤다고 해서 우리한테 필요한 게 생길까요? 저는 그렇게 생각하지 않는다. 정신장애를 가진 사람에 게 맞춘 별도의 법, 정신장애인복지법이 꼭 있어야 한다. 그걸 만들어 주세요."[10)]

장애인복지서비스기관에서 정신장애인에 대한 전문서비스를 제공하기에는 한계가 있다. 발달장애인 영역도 보편적인 장애인복지서비스 제공에서의 한계와 발달장애인의 고유한 복지수요

---

10) 2020년 5월 19일 제1차 가족지원활동가 세미나 중 정신장애인 부모 발언 내용.

필요에 의해 발달장애인지원법이 제정되었듯이, 정신장애인의 고유한 복지욕구를 수용할 수 있는 정신장애인복지법 제정이 필요하다.

한편으로 현행 정신건강복지법에서 재활서비스를 제공하는 정신재활시설과의 서비스 중복과 혼란이 발생할 우려도 있다. 장애인복지법은 장애인복지서비스의 수급자격으로 장애등록을 요구하고 있는데, 이를 정신장애인에게도 똑같이 적용할 경우에 장애등록을 하지 않은 상당수의 정신질환자가 배제될 수 있다. 또한 현 정신보건 전달체계와 장애인복지전달체계 내에 이해관계자들의 저항도 잘 수렴할 필요가 있다.

3) 정신건강복지법 체계 전면개편

(1) 정신보건법에서 정신건강복지법으로

1995년 정신질환자에 대한 치료에 관해 규정한 정신보건법은 의료법의 하위법으로 제정되었다. 당연하게도 정신질환자에 대한 복지서비스에 관한 규정을 두지 않았다. 2000년 장애인복지법령 개정으로 등록장애인 범주에 정신장애가 포함되었다. 그러나 2007년 장애인복지법 제15조 개정으로 정신보건법의 적용을 받는 사람에 대한 장애인복지법 적용 배제가 규정되었다. 그때부터 복지서비스에 대한 규정이 없는 정신보건법제에 따른 정신장애인 보건정책이 유지되어 왔다. 정신장애인들이 장애인복지에서 제외되었기 때문에 병원 입원과 약물치료라는 의료 대상으로만 존재하게 되었다. 2016년 정신보건법이 전면개정되어 정신건강복지법으로 재편되었으나, 정신장애인에 대한 복지서비스 공백은 여전한 상황이다.

이러한 정책의 결과로 지금도 7만5천여 명의 정신장애인이 정신병원·정신요양시설에 입원·입소되어 있고, 정신장애인은 장애유형 중에서 가장 높은 기초생활보장수급률, 가장 낮은 취업률을 나타내고 있다. 이러한 복지 사각지대에 놓인 정신장애인은 우리 사회에서 가장 극단적인 소외계층으로 전락되었다.

(2) 정신건강복지법의 근원적 한계

정신건강복지법 제4장에서 복지서비스 지원을 규정하고 있으나, 관련된 하위법령이 없고, 예산반영이 전혀 안된 껍데기만 있는 규정이다. 정신건강복지법으로 전면개정된지 4년이 지났지만, 실제 지역사회에서의 서비스는 변한 것이 없다. 정신장애인은 장애인복지법에 의해서도 정신건강복지법에 의해서도 복지 지원을 받지 못하는 찬밥신세이다. 이러한 상황은 특단의 사정변경이 없는 한 앞으로도 지속될 것이다. 2020년 기준 전국의 등록 정신장애인 수는 104,000명이다. 2016년 기준으로 정신질환 평생유병률(평생 동안 한번 이상 정신질환의 경험을 가진 사람의 비율)은 25.4%로 성인 4명 중 1명이 평생에 한번 이상의 정신질환을 겪고 있는 것으로 나타나고 있다.[11]

정신건강복지법은 정신건강정책국 산하 정신건강정책과에서 담당하고, 하위 전달체계로 지역의 보건소, 정신건강복지센터를

---

11) e-나라지표 정신질환 유병률 통계.
https://www.index.go.kr/potal/main/EachDtlPageDetail.do?idx_cd=1441

두고 있다. 정신건강정책과에서는 정신건강증진계획을 수립하고, 정신보건기관을 관리·감독할 뿐, 부서별 업무내용상에 단 한 줄로만 표기된 '정신질환자에 대한 복지서비스 제공대책 수립 및 추진'에 대해서는 딱히 관심을 둘 여력이 없다. 의료 인력이 중심인 보건소와 대부분 대형병원에서 수탁받아 운영하고 있는 정신건강복지센터에서 복지서비스를 기대하기는 사실상 어렵다.

정신건강복지법에 근거해서는 정신장애인에 대한 제대로 된 복지서비스가 제공되기 어려움을 인정하고, 정신건강복지법은 의료법의 특별법으로서 정신건강증진 및 정신질환자에 대한 의료서비스를 지원하는 법으로 개편하고, 현재 정신건강복지법에 규정된 정신재활시설과 정신요양시설은 장애인복지법에 의한 시설로 전환하거나 가칭 '정신장애인복지법'상의 시설로 개편하여야 한다.

(3) 대체입법의 필요성

장애인복지법 15조를 폐지하면서 정신건강복지법을 정신건강증진법으로 개편하게 되면 정신장애인의 고유한 복지수요를 충족시킬 수 있는 별도의 법으로 가칭 '정신장애인복지법'이 제정될 필요가 있다. 장애인복지법 15조를 폐지함으로써 정신장애인도 일반 장애인복지전달체계를 통해 복지서비스를 받을 수 있으나, 그럼에도 여전히 존재하는 정신장애인의 특수한 욕구에 대응할 수 있는 지원체계가 필요하다. 정신건강증진법은 기존의 정신건강정책에서 의료영역을 중점으로 다루고, 추가적으로 정신병원 입퇴원과 관련된 권익옹호 근거를 마련하여야 한다.

정신장애인복지법상의 복지정책을 수행하는 행정단위는 장애인복지전달체계 내에 두도록 하여 정신장애인에 대한 보건의료전달체계와 복지전달체계를 분리하는 것이 중요하다. 이렇게 장애인복지전달체계에서 정신장애인복지정책을 수행하는 경우에 장애등록을 하지 않은 상당수의 정신질환자에 대한 정신장애인복지 제공을 어떻게 해야 할지가 문제된다. 이러한 문제에 대해 일본의 경우는 장애등록을 한 정신장애인에게는 장애수당과 장애인연금과 같은 현금급여와 그 밖의 복지서비스를 모두 제공하고, 장애등록을 하지 않은 정신질환자에게는 정신질환으로 인한 복지욕구에 따른 서비스는 제공하되, 현금급여에서는 제외시키는 정책을 펴고 있다. 우리나라에서도 장애등록을 하지 않은 정신질환자에 대한 서비스 공백을 막기 위해서 정신장애인복지지원법에 따른 서비스의 자격요건을 일본의 사례와 같이 둘 필요가 있다.

정신장애인에 대한 서비스 차별 해소를 위한 대안으로 '장애인복지법 15조 폐지 + 정신건강복지법을 정신건강증진법으로 개편 + 정신장애인복지지원법 제정'의 방안에 관해 기존의 장애인복지법, 정신건강복지법상의 이해관계자들의 의견을 하나로 모으기 어렵다면, 과도기적인 방안으로 장애인복지법을 확대 개편한 가칭 '장애인종합지원법[12]'을 제정하여 그 대상을 '신체장애인 + 발달장애인 + 정신장애인' 3유형으로 나누는 방안도 고

12) 기본법 성격의 장애인권리보장법 정부 입법이 추진(2022년까지)되고 있으므로, 장애인복지법은 그에 발맞춰 가칭 '장애인서비스법'으로 전면개정 될 수 있음. 따라서 가칭 장애인서비스법 또는 장애인종합지원법에서 정신장애인에 대한 복지서비스가 배제되지 않도록 입법운동을 전개해 나가야할 것임.

려해 볼 수 있다. 장애인종합지원법에서는 장애 3 유형 공통의 복지수요를 규정하는 동시에 신체장애·발달장애·정신장애의 개별 복지수요를 각각 규정하게 된다.

9장
대안정신보건프로그램의 탐색: 정신약물의 신화에 대한 도전

▍배진영

1. 도입

정신장애인은 전염병 이외에 강압치료가 사회적으로 용인되는 유일한 집단이다. 강압치료를 용인하는 기저에는 정신장애인에 대한 사회방위적인 관점과 사회보장적인 관점이 충돌, 교차, 혼화된 상태로 존재한다(신권철, 2012). 정신장애인의 질병을 고쳐주기 위한 치료적인 목적과 함께, 사회적 안전을 확보하기 위해 이들을 통제하고자 하는 목적이 동시에 내포되어 있는 것이다. 때문에 강압치료가 효용성을 갖기 위해서는 두 가지 질문에 적절한 답변을 제공할 수 있어야 한다: (1) 강압치료는 치료적으로 도움이 되는가? (2) 정신장애인의 폭력성에는 근거가 있는가?

먼저 정신장애인에 대한 강압치료는 치료적 효과를 지닐까? 강제치료를 고려할 때에는 환자의 의사에 반하는 치료에 대한 효과와 안정성을 뒷받침할 수 있는 강력한 의학적 근거가 필요하다(Badre, Barnes, Lehman, & Steingard, 2020). 그러나 연구

결과에 따르면, 증상의 심각성을 통제했을 때, 폐쇄병동 입원자가 개방병동 자의입원자에 비해 자살로 인한 최종 사망률이 높은 것으로 나타난다(Badre et al., 2020). 이처럼 감금치료는 정신장애인을 보호한다는 것으로 정당화되기 어려운 측면을 가지고 있다. 한편, 강제적인 정신약물의 복용은 어떠한가? 항정신병약물은 초기 약물연구에서부터 조현병의 증상에 작용한다는 근거가 여전히 불명확하며(Rappaport et al., 1978; Whitaker, 2010), 대신에 약물이 전두엽과 망상체부활계의 화학적 억제를 통하여 냉담(apathy), 무관심(indifference) 그리고 유순함(docility)을 생산하도록 작용한다(Breggin, 2013). 이 약물을 사용하는 당사자들은 이러한 효능을 일종의 '둔감해짐'으로 경험(이용표 외, 2019)하게 되는데, 이는 약물복용 이후의 행동변화가 본래의 증상 변화이기보다 새로운 장애의 발생일 수 있음을 시사한다. 또한 항우울제의 효능에 관한 Pigott(2011)의 대단위 연구에서도 12개월 추적기간 동안 지속되는 초기 관해상태에 도달한 환자의 비율은 단지 2.7%(108/4,041)에 불과하다고 보고하고 있어 약물의 효능은 의문이 제기된다. 더불어 정신약물이 단기적으로는 증상을 경감시킴으로써 효능을 가지는 것으로 보이지만, 장기적(7년 이상)으로 사용되었을 때에는 그에 반하는 결과를 보여주기도 한다.

두 번째로 정신장애인의 폭력성에는 근거가 있는가? 1년 이상 정신질환을 앓은 사람들과 일반 인구 1만 명 이상을 대상으로 연구한 결과 정신질환은 공격행동에 4% 정도밖에 기여하지 않았으며, 공격행동에 대한 예측 요인은 주로 남성, 빈곤계층, 약물남용이었다(Badre et al., 2020). 즉, 정신질환이 공격성에 전혀 기여하지 않는다고 말할 수는 없지만, 정신질환자들이 모두 위험하다는 관념은 명백하게 잘못된 것이다.

이처럼 사회보장적 관점에서 강압치료는 치료적으로 도움이 되지 않을 수 있고, 사회방위적 관점에서도 강압치료는 적절한 근거가 부재하다. 따라서 이번 장에서는 강압치료의 많은 부분을 차지하고 있는 정신약물의 과도한 사용문제를 검토하고 강압치료에 대한 대안이 되어줄 수 있는 정신보건프로그램들을 탐색해 보고자 한다. 먼저 정신장애인에게 약물치료가 확대되는 역사적 흐름을 살펴보고, 정신약물의 정신질환에 대한 효과를 다양한 연구물들을 통해 검토해 보고자 한다. 그리고 대안정신보건프로그램의 사례를 통해 각 프로그램이 어떤 점에서 대안성을 제공해주는지 분석하고, 실천적 함의를 살펴보겠다.

2. 정신장애인은 왜 약물을 복용하게 되었을까

실태조사 결과에 따르면, 우리나라 정신질환자 중 97.7%가 정신과 약물을 복용하고 있다(이용표 외, 2017). 거의 모든 정신질환자들이 약물치료를 받고 있다고 봐도 무방한 수치이다. 정신과적 치료에는 심리상담치료, 작업치료 등 약물치료 이외에도 다양한 방법들이 존재한다. 그럼에도 왜 대다수의 정신질환자들은 약물치료를 받고 있는 것일까? 그 정도로 약물치료의 효능이 우수하기 때문일까?

실제로 약물을 복용하고 있는 정신질환자들의 경험을 조사한 결과를 검토해 보면, 대부분이 약물을 복용하고 있음에도 기존의 증상이 지속된다고 응답하였고(배진영 · 이용표, 2020), 연평균 9.7회의 정신적 위기를 경험하고 있었다(이용표 외, 2017). 증상의 정도가 어느 정도 경감되는 것은 사실이지만 약물을 복용한다고 해서 정신적 고통이 발생하기 전과 유사한 상태로 복귀하지는 못하는 것이다. 이처럼 약물의 효능이 그렇게 명확하지 않음에도 약물을 복용하는 정신질환자의 비율이 절대적으로 높은 것에는 무언가 다른 이유가 존재한다.

1) 정신약물 혁명의 시작

우리가 어떤 병을 갖게 되었을 때, 항생제와 같은 약물을 복용해야 하는 이유는 명료하다. 약물은 질병의 원인을 제거해주어 질병으로부터 해방시켜 주기 때문이다. 따라서 보통의 약물 개발과정은 어떤 질병의 원인이 무엇인지 규명하는 것에서부터 시작한다. 질병의 원인이 무엇인지 알고 난 뒤, 그 원인을 제거할 수 있는 화학 공식을 계산하여 약물을 개발하는 것은 당연한 수순인 것이다. 이처럼 약물치료는 어떤 질병의 원인을 아는 것과 매우 관련이 깊다. 질병의 병태생리에 맞는 작용기전을 가진 약물을 개발하는 것이 바로 약리학의 기본이다.

임상의학은 시각적인 관찰을 통해 질병을 감각적으로 인식 가능한 것으로 정의하고, 수학의 통계를 통해 정량화하며, 해부병리학적인 소견에 따라 분류한다(박시성, 2007). 즉, 질병이란 감각적으로 인식 가능하고 구별 가능한 것으로 전제된다. 때문에 임상의학에서는 눈으로 보고, 손으로 만지거나 두드려보고, 귀로 들어보는 행위를 동원한 '경험적 관찰' 방법에 기반하여 의학과 의학기술을 발전시켜왔다(권상옥, 2009). 경험적 관찰 방법이 발전할수록 인간은 더욱 많은 질병을 구별하고 그 병소를 확인할 수 있게 되었다. 대표적으로 CT나 MRI와 같은 현대기술은 이전에는 시각적으로 확인할 수 없었던 질병의 병소와 원인을 규명해내고 있으며, 그에 맞는 약물 또는 외과적 처치를 거쳐 병인이 완전히 제거되었는지 확인할 수도 있다.

그러나 정신질환은 다른 신체적 질환과 달리 인간의 감각기관으로 인식될 수 없다. 누군가 조현병 진단을 받더라도 우리는 그의 신체에서 조현병에 관한 병소를 확인할 수가 없는 것이다. CT나 MRI와 같은 첨단의료기기를 통해서도 정신질환의 신체적 병리는 눈으로 확인되지 않는다. 때문에 정신질환을 다루는 정신과 의사도 여전히 문진 시 당사자가 말하는 개별적인 서술과 주관적인 경험에 의존하여 정신과적 치료를 이행할 수밖에 없다. 즉, 정신적 고통에 대한 객관적인 관찰은 불가능한 영역에 있는 것이다.

객관적인 관찰이 불가능함에 따라 정신질환의 원인 역시 여전히 미궁 속에 있다. 대표적으로 조현병의 원인이 뇌 신경전달물질인 도파민의 과다 분비에 있다는 가설이 정신의학계에서는 대개 수용되고 있지만, 이 역시 '가설'에 불과하다. 그에 대한 경험적인 증거가 불충분하기 때문이다. 이러한 정신질환의 불명확성은 정신약물의 독특한 개발과정에도 영향을 미쳤다.

대표적으로, 정신약물학의 혁명을 불러일으킨 약물로 잘 알려진 클로르프로마진(chlorpromazine)은 아주 '우연히' 개발되었다. 클로르프로마진의 효시는 페노티아진(phenothiazine)이라는 합성물로, 엉뚱하게도 염료를 연구하던 중에 합성된 물질이다. 이후 페노티아진의 항히스타민 효능이 밝혀지면서 페노티아진 유도체들은 항히스타민제로 개발되었고, 당시 프랑스 해군군의관이었던 앙리 라보리(Henri Laborit)는 합성 항히스타민제가 마취제의 효능을 강화할 수 있는지를 연구하고 있었다(정영인·박숙현, 2006). 그는 페노티아진 계열의 유도체 중에서도 클로르프로마진에 주목하였는데, 이를 우연히 환자들에게 사용하자 그가 기대했던 외과적인 효과 이외에도 환자가 주변의 일들에 '무관심'해진다는 것을 발견하였다(Scull, 2016). 라보리는 무감각해지는 약물의 효과에 근거하여, 주변의 정신과의사들에게 이를 사용해 보도록 권유하였다. 피에르 데니커(Pierre Deniker)와 하인츠 레만(Heinz Lehmann) 등의 정신과의사들은 직접 클로르프로마진을 환자들에게 사용해 보았고, 조현병과 조증 환자들의 양성 증상이 경감된다는 것을 임상실험을 통해 증명했다(Shorter, 1998). 이후 클로르프로마진은 유럽에서 라각틸(Lagactil), 미국에서 소라진(Thorazine)이라는 이름으로 상품화되었는데, 비록 정신질환의 원인은 제거해 주지 못하지만 주요한 증상들은 완화시켜 줌으로써 정신질환자들의 일상생활을 다시 가능하게 해주는 약물로 알려지게 되었다(Shorter, 1998).

클로르프로마진의 뒤를 이어 각종 항정신병약물, 항우울제 등 수많은 종류의 약물들이 우후죽순 개발되었다. 이러한 정신약물들은 물론 단계적으로 준비해 온 과학적 연구에 의한 것이기도

하지만, 앞서 살펴본 것처럼 우연이라는 행운이 더해진 것이기도 하다(Shorter, 1998). 이처럼 정신약물은 특이하게도 우연히 발견된 약물 효과가 인간에게 어떤 작용을 하는지 그 기전을 밝힘으로써 정신질환의 원인과 병태생리를 규명하는 '거꾸로 된' 약물개발과정을 가지게 되었다(정영인 · 박숙현, 2006).

어쨌거나 1세대 항정신병약물인 클로르프로마진의 탄생은 적어도 뇌엽절제술과 같은 외과적인 처치로부터 정신장애인들을 구출해 주었다. 뇌엽절제술을 개발한 포르투갈의 신경의학자 에가스 모니스(Egas Moniz)에게 노벨 의학상이 수여되었을 만큼 당시에는 유용한 수술로 여겨졌다. 언론에서는 뇌엽절제술이 마치 인간의 정신에서 광기를 깔끔하게 뽑아내는 수술이라고 홍보하기도 했다. 하지만 실제로 뇌엽절제술이 각광받았던 것은 불안하고 안절부절하고 환청이나 망상과 같은 증상으로 가득 차 있던 사람을 무기력하고 무관심하고 어린아이와 같은 모습으로 만들었기 때문이다. 그런데 이와 비슷한 효과를 가진 알약이 발견되었으니 정신의학계에서는 혁명이 아닐 수 없었다.

2) 약물에 담긴 담론: 생의학 담론과 자본주의

클로르프로마진의 발견으로 대표되는 정신약물 혁명은 정신의학에 중대한 의의를 가진다. 19세기, 임상의학은 경험적 관찰에 기반한 빠른 발전을 통해 과학의 영역으로 편입하게 되었다. 그러나 같은 시기 정신의학은 정신적 고통의 원인을 규명하지 못했을 뿐 아니라 뇌엽절제술, 전기충격치료와 같은 비과학적이고 부정적인 모습의 치료법을 행하고 있었기 때문에 과학의 반열에 함께 오르지 못하였다. 이처럼 의학과 의학이 아닌 것의 경계에 있던 정신의학은 과학으로써 인정받기 위해 임상병리적인 방법을 적용하여 정신적 고통을 생물학적 관점으로 설명하고자 하였다. 정신적인 고통을 '정신질환'으로 의료영역에 끌어들여 '의료화'하려는 노력들이 뒤따랐고(Shorter, 1998), 뇌와 척수의 해부구조에 관한 연구, 현미경을 통한 정신질환의 해부학적 원인에 관한 연구 등 신종 기법들도 개척되었지만(Scull, 2016), 정신질환에 대한 뇌병변가설을 성공적으로 뒷받침하는 근거는 발견되지 않았다. 이처럼 정신과의사들은 오랜 시간에 걸쳐 정신적 고통의 뿌리가 신체에 있다고 주장하였으나, 병소의 발견은 물론 정확한 치료법도 규명하지 못한 것이다.

정신질환의 생물학적 원인의 탐구와 증명은 여전히 미지의 세계에 있지만, 정신약물의 시대가 도래하게 되면서 정신과의사들도 다양한 충격요법을 포함한 조잡하고 잔인한 외과적 치료에 의존하던 과거를 청산하고, 현대 의학을 상징하는 약물이라는 도구를 거머쥐게 되었다. 지금은 정신의학도 어느 정도 다른 과목들과 어깨를 나란히 할 수 있을 정도의 수준에 이르렀지만, 이렇게 되기까지 아주 많은 노력과 자본의 움직임들이 있었다.

정신질환 진단 및 통계편람 3판(Diagnostic and Statistical Manual of Mental Disorders-Ⅲ: DSM-Ⅲ)의 주요 설계자인 로버트 스핏처(Robert Spitzer)는 정신의학 진단편람을 제작한 것이 제약회사에게 '황금광시대'를 안겨다 주었다고 말했다(Carter & Kamens, 2020 재인용). 미국의 경우 한 약물이 미국식품의약국

(US Food and Drug Administration: FDA)의 승인을 받기 위해서는 해당 약물로 치료할 수 있는 질환이 존재한다는 의미에서 제약회사가 적응증을 제출하여야 한다. 그러나 DSM-Ⅲ가 설계되기 이전인 1970년대 초까지만 해도 정확한 진단체계가 부재하였기 때문에, 균일한 환자 집단을 모집하여 임상실험하는 것조차 어려웠고 이는 제약산업이 부흥하는 데에 큰 장애물이 되었다. 이에 제약회사와 미국 정신의학회는 합세하여 진단을 표준화하고자 노력하기 시작했다(Scull, 2016). 그렇게 1980년 DSM-Ⅲ가 세상에 나왔고 이에 힘입은 제약업계는 DSM의 진단 범주와 약물 사이에 연결고리를 채움으로써 신약의 개발과 판매 기회를 창출해 나갔다(Scull, 2016; Carter& Kamens, 2020 재인용). 이후로도 DSM-Ⅲ에서의 정신과 진단이 하나의 생물학적 병리와 연결되고 이러한 병리는 곧 약물로 연결된다는 관점이 공고해졌고, 정신질환은 제약업계와 정신과 의사를 포함한 무수한 이해관계자들 속에서 생의학적 담론과 자본주의의 지배를 받게 되었다.

3) 담론을 잇는 사회제도적 약물 압박

비단 생의학적 담론과 자본주의에 의해서만 정신장애인이 약물을 복용하게 되었다고 말할 수는 없을 것이다. 우리 사회와 제도 곳곳에는 이러한 담론을 잇는 약물 압박의 장치들이 스며들어있다. 신권철(2012)에 따르면, 정신장애인에 대한 사회적 대응으로는 사회방위적 대응과 사회보장적 대응이 있다. 이 두 가지는 늘 충돌, 교차, 혼화해 왔다.

〈표 9-1〉 정신질환자/정신장애인에 대한 사회방위적 대응과 사회보장적 대응

정신질환자/정신장애인에 대한 사회적 대응	사회방위적 대응	사회보장적 대응
국가적 권능의 근거	치안 권능 (police power)	가부장적 권능 (parens patriae power)
수용(收容)의 목적	사회적 안전	취약한 개인의 보호
수용(收容)의 요건	타해위험과 사회적 안전	자해위험과 생존능력의 부족
수용절차와 주체	사법심사 및 사법기관	의료심사 및 의료(복지)기관
당사자의 권리 내용	수용에 따르는 (형사)절차적 기본권의 강조	치료 및 생활보장을 위한 사회적 기본권의 강조
사회적 대응의 제도들	강제입원제도 치료감호제도 치료명령제도 강제불임제도	장애인사회복지제도 장애인차별금지제도
대상	정신질환자	정신장애인

출처: 신권철 (2012). 정신질환자의 법적 지위: 배제에서 통합으로. 서울대학교 대학원 국내박사학위논문.

정신장애인에 대한 약물치료에서도 이 두 가지 대응이 교차한다. 정신장애인이 약물을 복용하게 되는 가장 큰 이유가 당사자의 증상을 다스리기 위한 치료적인 목적이라고 생각되지만(사회보장적 대응), 실은 사회적 안전을 확보하기 위해 정신장애인의 증상을 약물로써 통제하고자 하는 목적 또한 내포되어 있다(사회방위적 대응). 다르게 말하면 정신장애인에 대한 '범죄자 프레임'은 '약물 프레임'과 긴밀히 연결되어 있다. 기본적으로 정신장애인의 일탈적 행동은 사회규범에 어긋나는 것 또는 위험한 것으로 해석되어 왔다. 그 연결성이 누적되고 강화되다 보니,

반대로 누군가의 범죄나 일탈적인 행동을 정신과적인 것으로 해석하여도 대부분이 자연스럽게 수긍한다. 이처럼 범죄성이나 위험성과 정신질환 간의 경계는 흐릿해진다.

이때 생의학적 담론은 대중들에게 아주 매력적인 대안으로 다가온다. 생의학적 모델은 정신장애인의 일탈적인 행동을 생물학적 이상을 기반으로 설명하고 처치해야 한다고 주장한다(Engel, 2012). 이로써 정신장애인의 행위는 심리적, 사회적 측면에서의 통찰은 배제된 채 오로지 생물학적인 문제로만 환원된다. 즉 정신장애를 가진 사람이 일탈적인 행동을 보이더라도 그것은 생물학적인 부조화로 인한 행동이기 때문에 이를 바로잡아 주는 약물만 복용하면 '만사 오케이'인 것이다. 그렇게 생의학적 담론은 정신장애인을 둘러싼 어려움과 고통 대부분을 약물이라는 도구로 '간편하게' 해결하고자 해왔고, 우리 사회는 생의학 담론, 특히 약물치료가 정신장애인으로부터 일반 시민을 보호해 주는 방패가 되어준다는 신념을 키워왔다. 정신장애인에 대한 '범죄 프레임', 사회방위를 가장한 '약물 프레임'과 생의학적 모델 간의 긴밀한 관계는 다음 기사를 통해서도 여실히 드러난다.

정신질환자 범죄, 3년 전부터 급증 … 주사제 치료 강제화 필요

최근 3년 전부터 정신질환자의 범죄가 급증하고 있어 약물 순응도를 높이기 위한 주사제 치료강제화가 필요하다는 주장이 나왔다. 정부가 정신질환자의 사회 복귀를 법적으로 강제화만 할 것이 아니라, 치료감호시설 확대와 함께 약물치료를 보완해 지속적인 환자 관리를 해야 한다는 것이다. (중략) ○○○교수는 조현병 환자가 10만 명에 달할 정도로 그 수가

> 늘어나는 것은 치료약물 복용을 중단하기 때문이라고 강조했다. 이 질환은 복용중단으로 재발하더라도 약물 용량을 조절하거나 다른 약물로 교체, 새로 추가한다면 조현병이나 뇌전증 증상을 성공적으로 소실시킬 수 있지만 그러지 못하고 있다는 것. ○교수는 증가하는 정신병적 상태의 정신질환자가 범죄 증가의 직접적인 원인이 되고 있다고 분석했다. 때문에 약물치료와 재활을 통해 조절을 해야 한다는 것.
> (중략) 때문에 ○교수는 정신질환자의 숫자를 줄여 관련 범죄도 줄이기 위해서는 외래치료명령제를 활용해 환자를 제대로 치료해야할 것을 주장했다. ○교수는 "일정 기간 약물을 지속적으로 투여해야만 정신병이 소실된 상태가 이어질 수 있고, 안정된 상태가 이어져야만 재활과 심리 치료가 가능하다"며 "아무리 부모가 치료를 받게 병원을 데려가도 환자가 자의로 치료를 중단하고 약물을 복용하지 않는 경우가 많다. 이 경우 재발은 시간문제"라고 설명했다. 이어 "장기지속형 주사는 주사 즉시 치료약물이 한달에 걸쳐 서서히 몸속에 들어가 작용하므로 한 달 내내 치료약물을 복용하는 것과 같은 효과를 갖는다"면서 "약물순응도가 낮아 발생하는 재발을 막는 데 장기지속형 주사제가 탁월한 효과를 보인다"고 말했다. (하략)
>
> 출처: 팜뉴스(http://www.pharmnews.com).

이 기사의 가장 큰 전제는 정신질환이 생물학적 이상에서 야기된다는 것이다. 동시에 정신질환자의 증가가 정신질환 범죄의 증가에 직접적인 원인이 된다고 언급하면서, '정신질환자는 잠재적 범죄자'라는 범죄 프레임을 부추긴다. 정신질환자가 증가한 것은 치료감호소의 수용능력이 초과하여 정신질환 범죄자들이 풀려나는 사례가 늘었기 때문이라는 주장은 마치 정신질환을 가진 사람들이 있어야 할 곳은 다름 아닌 '감옥'이어야 한다는 말처럼 느껴질 정도이다. 이때 기사에서 범죄예방에 대한 대안책으로 제시하는 것은 '약물'이다. 심지어 일반적인 약물은 당사자들이 복용을 중단하기 때문에 약물 중단이 없도록 장기지속형 주사를 강제적으로 투여하는 것을 궁극적인 대안으로 제시한다. 정신장애 당사자가 가지는 생의학적인 문제와 범죄위험을 이 약물 하나로 잠재울 수 있다고 느껴지게 하는 대목이다. 이러한 사고의 연결고리들이 누적되고 강해지다보니 정신질환은 약물로써 해결될 수 있다는 신념, 약물이 정신질환자로부터 사회를 지켜주는 방패라는 신념이 사회 깊숙이 자리하게 된 것이다.

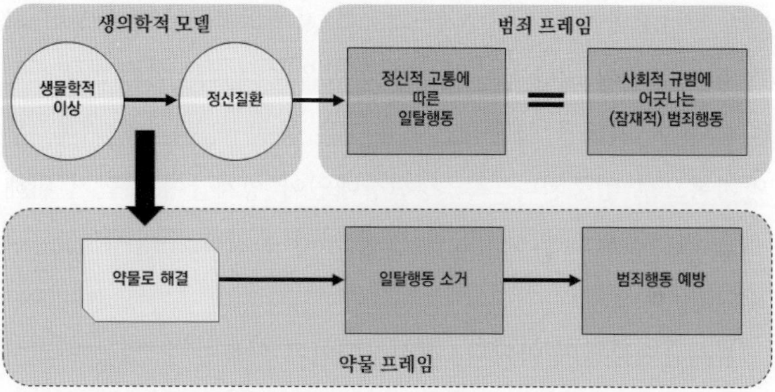

[그림 9-1] 생의학적 모델, 범죄 프레임, 그리고 약물 프레임

약물 프레임은 정신장애인의 생존권에도 영향을 미친다. 2017년 장애인 실태조사(김성희 외, 2017)에 따르면, 전체 장애인 가구의 15.0%가 국민기초생활보장의 생계급여 수급자인 것으로 나타났다. 그중 정신장애인의 경우에는 절반 이상(54.7%)이 생계급여 수급가구인 것으로 나타났으며 장애유형 중에서도 가장 높은 수치이다. 두 번째로 수급비율이 높은 뇌전증장애인의 34.6%와 비교하였을 때에도 매우 큰 차이를 보인다. 이처럼 정

신장애인은 생계에 어려움을 겪게 될 가능성이 장애인 중에서도 월등하게 높다.

정신장애인이 생계급여를 받기 위해서는 근로능력평가를 거쳐야 한다. 이때 근로능력이 없다고 판정되면 별다른 조건 없이 생계급여 수급이 가능하다. 이 과정에서 정신장애 당사자는 자신의 근로무능력을 입증하기 위해 의학적 평가와 활동능력 평가를 받아야 한다. 의학적 평가를 통해서는 정신장애 당사자가 제출한 진단서, 진료기록부 등의 서류를 검토하는데, 정신질환의 경우에는 3개월 이상 충분한 치료를 시행하였음에도 증상이 지속되는 경우에 해당 진단서를 발급받을 수 있다. 이때 3개월 이상 충분한 치료를 시행하였다는 것은 통원·입원치료 기록, 투약기록으로 입증된다. 즉, 정신장애인이 생계급여를 받기 위해서는 기본적으로 약물치료를 일정 기간 유지할 수밖에 없는 구조이다.

생계급여뿐만이 아니다. 정신장애인이 이용할 수 있는 주거시설의 입소규정에는 약물 치료를 유지하고 있어야 한다는 내용이 포함되어 있다. 이처럼 정신약물은 정신장애가 있는 사람들에게 병원에서부터 강요되고 있으며, 그를 둘러싼 주변 사람들을 모두 약물 복용의 감시자로 만들고 있다.

3. 약물은 정신질환을 낫게 하는 것일까

'정신약물'은 정신 및 행동장애(F00-F99)와 뇌전증(G40, G41)

으로 진단받은 사람에게 주로 처방되는 항정신병약물(antipsychotic drugs), 항우울제(antidepressants), 기분안정제(mood stabilizers), 항불안제(antianxiety drug), 수면제/진정제(hypnotics/sedatives), 중추신경자극제(psychostimulants), 항경련제(anticonvuls-ants), 인지기능개선제(cognitive enhancers) 등을 모두 포괄하는 용어이다. 특히 항정신병약물, 항우울제와 같은 명명은 해당 약물이 정신증과 우울증에 대한 특정한 치료제라는 의미를 내포하고 있다. 이렇게 정신약물이 질환에 상응하는 약물명을 갖게 된 것은 불과 1970년 이후부터이다. 그 이전만 해도 정신약물은 어떤 질환의 증상을 경감하는 것으로만 여겨졌지, 특정 질병을 표적으로 치료하는 것으로는 이해되지 않았기 때문이다(Moncrieff, 2000).

현재 정신약물은 특정한 정신질환의 증상을 야기하는 뇌의 이상을 정상화시키는 데 도움을 주는 치료제로 여겨진다. 여러 이론들을 통해 항정신병약물은 조현병을 야기하는 신경전달물질의 불균형을 정상화하고, 항우울제는 우울을 일으키는 생물학적 과정을 바로잡는다는 것이 기정사실화되어 있다. 정신약물은 특정한 정신질환에 의한 뇌의 비정상적 상태를 정상화시켜 주는 치료 수단이라는 관점이 강력하게 자리하고 있는 것이다.

한편, 정신장애 당사자들의 약물복용 경험은 이와 사뭇 다르다. 대부분의 정신장애인은 발병으로 인해 멀어졌던 현실과 다시 가까워지기 위해서 약물 복용을 수용한다. 그러나 약물은 정신적 고통뿐만 아니라 약물을 복용하는 사람 자체를 '위압'하며 오히려 '현실의 문턱을 넘지 못하게' 하기도 한다(배진영·이용표,

2020). 다음 인용문은 약물을 복용하는 정신장애인의 경험을 잘 보여준다.

나 자체를 위압하는 약물

이렇게 활자로 된 거나 어떤 정보 같은 거가 입력이 잘 안 되는 거가 느껴지는. 그니까 보고는 읽는데 이게 유기적으로 연결이 되어 갖고 내가 이게 이해가 돼야 되는데 그게 잘 안 되는, 정보입력이 안 되는.

아주 약물에 취해 가지고 내가 정말 상대방이 이야기하는 어떤 내용도 거의 신경도 못 쓰고 그럴 정도가 되면 환청도 아마 거의 잘 안 들릴 가능성이 있다고 보여져요.

현실의 문턱을 넘지 못하게 하는 약물

약을 먹으면 꼼짝을 못해요. 왜냐하면 그냥 누워있는 거죠. 뭐, 힘도 없고 그냥 먹고 자고 먹고 자고 반복하는 거죠.

그 전에는 하루치 일이야. 일주일이 가도 그 일을 못 해. 눈치가 보여서 (직장에) 못 있겠는 거예요. 월급은 월급대로 많이 받으면서.

퇴원한 다음에 다시 전에 일하던 중고가전제품 매장 가서 일을 하다가 이제 몸에 일단 기운이 안 가더라고요. [연구자: 왜요?] 약물 먹으니까. … 파는 건 되는데 (물건을) 들 때 이렇게(고꾸라지게) 되니까. … 너무 힘이 들어가지고 그만 뒀는데.

출처: 배진영 · 이용표(2020). pp. 41-82.

이러한 실제 경험에 따르면 정신약물은 새로운 관점에서 이해될 필요가 있다. 직접 약물을 복용하는 당사자의 경험도 정신 약물이 그들의 질병을 '고치는 데'에만 작용하는 방식으로 드러나지는 않는다. 실제로도 특정한 정신약물이 특정한 질병을 정상화시킨다는 것에 대한 확실한 증거는 부재하며, 정신적인 고통

자체가 어떠한 신경화학적 이상과 관련 있다는 증거 또한 부족하다. 때문에 정신과 약물은 사람들에게 도움이 될 수도 있고 그렇지 않을 수도 있는, 뇌의 기능에 영향을 미치는 물질이라는 점에서 "정신활성"약물(psychoactive drugs)[1]로 여겨지는 것이 더욱 적절할 수 있다(Moncrieff, 2020). 정신과 약물은 우리의 신체와 정신 상태를 변화시킬 뿐, 그 효과가 때로는 긍정적일 수도 때로는 부정적일 수도 있다는 중립적인 관점이다.

하지만 현재 약물치료를 중심으로 이루어지고 있는 임상 실천에서는 약물의 효과만을 맹신하거나 치료의 유일한 수단으로 여기고 있다. 약물을 중단하였을 때 증상이 재발하거나 재입원될 수 있다고 간주하여(Aldridge, 2012), 증상의 관해(remission)에 접어들었다 하더라도 최소 1~2년 이상은 약물복용을 지속할 것을 권고하고 있다(Alvarez-Jimenez et al., 2016; Bowtell et al., 2018). 그러나 사실상 약물복용을 유지해야 하는 최적의 기간은 규명된 적이 없고, 약물을 감량하거나 중단해야 할 시기를 규정하는 지침 역시 존재하지 않는다(Bowtell et al., 2018). 미국정신의학회에서 조차도 약물을 중단했을 때에 재발할 사람과 그렇지 않을 사람을 구분할 수 있는 지표가 없으므로 정신질환이 있는 경우에는 그저 무기한으로 정신 약물을 복용하도록 권고한다(Aldridge, 2012 재인용). 우리나라의 정신장애 당사자들 역시 초

1) Moncrieff(2020)는 정신과 약물을 '정신활성'약물로 여김으로써 약물의 영향에 대한 대안적 설명이 가능하다고 언급한다. 정신활성약물은 해당 약물을 복용하는 모든 사람에게 특정한 정신적, 행동적 변화를 유발한다는 의미를 내포하며, 이는 정신과 약물과 정신활성제(알코올, 코카인 등 쾌감을 주는 물질)의 본질이 다르지 않음을 의미한다. 모든 정신활성약물은 사람들이 생각하고 느끼고 행동하는 방식에 영향을 미치며 그 효과가 정신질환에 긍정적인 영향일수도, 혹은 몸과 마음에 불편감을 줄 수도 있다.

기 진료에서부터 최소한 10년 이상의 약물 복용을 권고받고 있으며(장혜경, 2006) 주변 환경에서는 당사자들로 하여금 약물을 '평생 동반하는 몸의 한 부분(남상희, 2004)'으로 수용하도록 떠민다.

이처럼 정신과의사들이 상당히 장기간 동안 정신약물을 복용하도록 권고하고 있음에도 불구하고, 정신과 약물의 객관적인 정보를 마련하기 위한 금단 증상에 대한 연구, 약물 복용의 장기적 결과에 대한 연구는 상당히 부족한 실정이다. 반면에 약물치료의 효과성을 입증하기 위해 단기간(1년~2년) 약물복용을 유지한 집단과 약물을 중단한 집단을 추적조사하여 비교하는 방식의 연구는 다수 존재한다. 대개 이러한 연구들에서는 약물을 중단한 집단이 더욱 높은 재발률과 재입원율을 보이고 있다(Kane et al., 1982; McCreadie et al., 1989; Chen et al., 2010; Boonstra et al., 2011; Gaebel et al., 2011; Gitlin et al., 2001; Wunderink et al., 2007). 다음 Wunderink 등(2007)의 연구에서도 18개월 간 약물을 복용한 집단과 복용하지 않은 집단을 비교해 본 결과 약물을 복용한 집단이 더욱 좋은 결과를 보였다.

약물 복용 집단 VS 약물 중단 집단: 18개월 추적조사
(Wunderink et al., 2013)

Wunderink 등(2007)은 지속적으로 약물을 복용한 집단 63명과 약물을 서서히 감량한 집단 65명을 18개월 이후에 비교하였다. 그 결과 약물복용 집단에서는 재발률이 21%였던 반면, 약물중단집단에서는 재발률이 43%로 나타났고 이 둘 사이의 차이는 유의미하였다. 즉, 해당 연구에 따르면 정신장애 당사자의 재발을 막기 위해서는 약물을 복용하는 것이 더욱 나은 조치로 보인다.

한편 Wunderink 등(2013)은 18개월 추적조사와 동일한 집단을 대상으로 7년 추적조사를 한 번 더 실시하였다. 그 결과는 이전의 연구결과(Wunderink et al., 2007)와 매우 극적인 대조를 보여준다.

약물 복용 집단 VS 약물 중단 집단: 7년 추적조사 (Wunderink et al., 2013)

〈표 9-2〉 Wunderink 등(2013)의 연구 결과

구분	약물복용집단	약물중단집단
재발률	68.6%	61.5%
증상적 완화	66.7%	69.2%
기능적 완화	19.6%	46.2%*
회복률	17.6%	40.4%*

*은 유의미한 차이를 의미함

동일한 집단을 대상으로 7년 이후에 다시 한 번 더 비교한 결과, 약물을 중단한 집단이 현저히 높은 기능적 완화와 회복률(증상적 완화와 기능적 완화를 모두 충족한 상태)을 보여주었고, 재발률이나 증상적 완화는 두 집단 간에 차이가 없었다.

그 밖에도 Wils 등(2017)은 조현스펙트럼장애 진단을 가진 사람들을 대상으로 약물을 복용한 집단과 약물을 중단한 집단으로 구분하여 10년 이후에 비교하였다. 그 결과 증상이 완화된 비율은 약물복용집단과 약물중단집단이 서로 동일한 반면, 증상이 완화되지 않은 비율은 약물복용집단이 31%로 약물중단집단(10%)에 비해 3배 높게 나타났다. 즉, 10년 동안 약물을 장기간 복용한 사람들과 그렇지 않은 사람들을 비교하였을 때 특별한 차이가 없었을 뿐더러, 약물을 복용했을 때의 예후가 더욱 좋지 않았던 것이다.

Morgan 등(2014)은 10년 이후 증상이 회복된 사람들이 약물을 복용해 왔는지의 여부를 조사하였다. 회복한 사람들 중 절반가량(56%)만 약물을 복용하고 있었고, 회복하지 않은 사람들 중에서는 89%가 약물을 복용하고 있었던 것으로 드러났다. Harrow 등(2012)은 20년간의 추적연구를 실시하였다. 4.5년부터 점차 시간이 지남에 따라 약물을 복용하지 않는 환자들에게서 증상이 유의하게 경감하였고 회복의 기간이 더욱 길게 나타났다.

이처럼 약물을 복용한 집단과 약물을 중단한 집단 간의 비교는 단기간에 이루어졌을 때와 장기간에 걸쳐서 이루어졌을 때에 서로 상반되는 결과를 보여주고 있다. 이는 정신장애의 진행 과정이 각 개인에 따라 이질적으로 드러난다는 것과 약물에 대한 현재의 지침이 모든 사람들의 효과를 담보하지는 못함을 증명할 뿐만 아니라(Wils et al., 2017), 오히려 약물의 중단이 장기적으로는 회복에 도움이 될 수도 있음을 암시하고 있다(Wunderink et al., 2013).

4. 대안정신보건프로그램의 사례

1950년대 이후 정신장애인들은 인슐린쇼크, 전기충격요법, 전두엽제거술과 같은 학대적인 치료방법과 강제적인 정신약물치료에 저항하기 시작하였다. 특히 1960년대 항정신병약물이 널리 확산되면서 그 부작용과 오남용에 논쟁이 불붙었는데, 이때 북미에서는 정신약물에 반대하는 정신장애 당사자들의 행동주의가 크게 발전하였다. 1970년 초 미국 포틀랜드 오레건에서 창립된 정신장애자유전선(Insane Liberation Front)는 강제약물, 강제입원, 쇼크치료에 격렬하게 저항한 대표적인 당사자 단체이다. 1978년 주디 챔벌린(Judi Chamberlin)이 발간한 "우리 스스로: 당사자가 주도하는 정신건강체계의 대안(On Our Own: Patient Controlled Alternatives to the Mental Health System)"은 억압적인 정신보건제도와 화학적 구속복으로써의 약물에 대항하는 목소리를 담아, 이후 치료에서의 자기결정권을 보장하고 당사자 욕구에 맞는 대안적 서비스체계를 수립할 것을 요구하는 당사자운동에 불을 지폈다.

정신장애 당사자들이 이와 같이 약물에 저항하는 것에는 약물복용에 따른 신체적인 고통과 사회적인 상실이 주요한 원인이 된다고 볼 수 있다. 또한 앞서 소개한 것처럼 정신약물을 장기적으로 사용함으로 인해 정신장애의 치료나 사회적, 직업적 기능에 부정적인 결과를 초래하여 약물로 인한 새로운 사회적 장애가 촉발되기도 한다. 그러나 정신약물의 위험성과 장기적인 비효과성에도 불구하고 정신약물을 중단하거나 최소화하는 것에는 현실적인 문제가 잔존한다. 약물을 중단하거나 사용량을 변화시키는 것은 대부분 금단증상이나 부정적인 약물반응을 초래하며 이는 현실적으로 정신장애의 재발과 구분하기 어려운 고통을 가져다주기 때문이다(Breggin, 2013).

따라서 정신장애 당사자들의 치료에 대한 자기결정권 보장을 위해 정신약물을 중단하거나 최소화하는 방법을 채택한다고 하더라도 그 과정에서 당사자를 어떻게 지지하고 보호할 수 있는지에 대한 구체적인 대안이 마련되어야 한다. 그러나 이러한 구체적 지침은 주류적인 정신의학에서는 발견되지 않는다. 기존 정신의학의 도식 내에서는 약물로만 치료하는 것이 익숙하기 때문에 약물을 통한 화학적 처치 이외에 지역사회에서의 관심과 지지를 어떻게 조직화할지에 대해서는 경험이 부족하기 때문일 것이다. 이러한 약물지배적 정신보건환경에서 세계 일부 지역에서는 최소약물치료 또는 비약물치료를 견지하면서 성공적인 결과를 이끌어내고 있는 우수한 대안적인 프로그램들이 실행되고 있다. 여기에서는 그 대표적인 사례로서 일본의 베델의 집, 핀란드의 오픈다이얼로그, 스위스의 소테리아하우스을 소개한다.

1) 일본: 베델의 집

일본 홋카이도 우라카와 지역에 위치한 '베델의 집'은 정신장애 당사자들이 국가에서 제공하는 사회복지에만 기대지 않고 당사자의 주도적인 삶을 되찾기 위해 스스로 형성한 공동체이다(김호현, 2016). 베델의 집에서 거주하는 당사자들은 일반 사회에서는 금기시 되는 환청이나 망상에 대한 이야기를 자유롭게 말할 수 있고, 자신의 정신적 고통의 정도에 따라 힘들다고 느껴질 때에는 언제든지 퇴근할 수 있는 등(이용표, 2018) 그들만의 대안적인 이념과 사상들로 삶을 꾸려가고 있다. 그중에서도 '당사자연구'라는 독특한 프로그램은 베델의 집의 핵심적인 접근법으로 알려져 있는데, 그 이유는 기존의 생의학적 담론의 지배를 거부하는 정신장애에 대한 차별화된 접근법이기 때문이다.

(1) 당사자연구의 토대: 베델의 집

당사자연구가 제공하고 있는 대안적 요소들을 살펴보기 이전에 당사자연구의 토대가 되는 베델의 집의 철학을 먼저 다뤄볼 필요가 있다. 베델의 집의 실천적 지향성을 담고 있는 가치는 '말', '고생', '약함'이다(이진의, 2017 재인용).

먼저, 베델의 집에서 정신장애 당사자는 자신의 '말'을 되찾게 된다. 오래 전부터 정신장애인은 환각과 망상을 포함한 정신적인 고통을 그대로 표출하고 말로 표현하는 것에 대해 사회적인 억압을 받아왔다. 그들의 말과 행동은 전문가 또는 '이성적인 사람들'로부터 '비이성'으로 여겨졌기 때문이다. 비이성은 치료와 소거의 대상으로 여겨져 진단명이나 전문적인 용어로 탈바꿈 된다. 이러한 반복적인 경험은 당사자들에게 병적으로 해석된 언어만 남게 하고 자신의 말은 상실하게 한다. 베델의 집에서는 이러한 현상을 당연한 것으로 바라보지 않고 '표현하는 것의 위기'라고 바라보았다. 때문에 베델의 집에는 '세끼 밥보다 회의'라는 표어가 있을 정도로 다양한 이야기의 장을 마련하고(이진의,

2017), 당사자들에게 자기표현의 기회를 제공하며 이야기에 참여하여 서로가 떠받쳐주도록 한다(浦河べてるの家, 2002). 그 과정에서 당사자들은 자신의 말을 되찾고 스스로에 대해 고민하는 힘을 다시 얻게 되는 것이다(이용표, 2018).

또한 베델의 집에서 발생하는 당사자의 모든 어려운 경험들은 문제나 불행이 아닌 '고생'으로 불린다(べてる しあわせ研究所, 2009). 대부분의 정신장애인들은 오랜 병원생활을 통해 지역사회에서의 생활을 잃게 되는데, 그로 인해 이들은 인간적인 행위를 해볼 기회를 박탈당하고 '사람으로서 당연히 하게 되는 고생' 역시 빼앗기게 된다(浦河べてるの家, 2002). 베델의 집은 정신장애인의 삶이 치료와 재활의 반복으로만 회복될 수 없다고 생각하며, 병으로 인한 고생, 일할 수 없는 고생, 지역 안에서의 고생, 인간관계에서의 고생 등 '고생으로 가득 찬 삶'을 '함께' 살아갈 것을 선택하는 것이 회복의 길이라 여긴다(斉藤道雄, 2002). 인간에게 부여된 고생을 다시 되찾게 되면서 베델의 집 당사자들은 자신의 정신적 고통과는 관계없이 스스로 살아가는 것에 대해 고민하고 존재를 고뇌하게 된다(斉藤道雄, 2002).

부정적인 가치로 여겨지는 '약함' 역시 베델의 집 당사자들에게는 동료들과 유대할 수 있는 소중한 기회로 여긴다(浦河べてるの家, 2002). 베델의 집은 약함을 인연으로 만나 함께 살아온 공동체이고, 약함은 그들에게 있어서 서로 기댈 곳이 되고 관계를 맺게 하는 중요한 단서이다(이진의, 2017). 약함이란 강함이 약해진 것도, 강함으로 나아가기 위한 과정도 아니며, 그 자체로 가치를 지닌다(斉藤道雄, 2002). 이때, 베델의 집에서는 각자가 가

진 '약함을 공개'하고 서로 도와주는 과정을 통해 '유대'하는 것을 중요시한다(이진의, 2017). 이러한 실천 지향을 통해, 베델의 집에서는 고생과 고민이 권유되고 병이라는 것이 긍정되며 지금 이대로도 괜찮다는 생활 방식, 또는 이대로 있을 수밖에 없다는 생활 방식이 제창된다(斉藤道雄, 2002). 현재 베델의 집은 단 하나의 방식이 세상을 바라보는 유일한 잣대가 아니라는 것을 사람들에게 일깨워주고(이진의, 2017) 의학적 담론에 의한 약물의 필요성을 공동체 내의 자원으로 대체함으로써, 그 자체만으로도 대안적 담론의 가능성을 충분히 담지하고 있다.

(2) 당사자연구의 실천과 방법

당사자연구는 다양한 접근과 철학을 흡수하고 동시에 그것을 자기의 것으로 체화하면서 완성되어 왔다(이진의, 2017). 증상뿐만 아니라 생활상의 과제, 인간관계, 직장 등 다양한 고생들을 연구테마로 삼을 수 있으며, 자신이 고생의 주인공이 되어 주체적으로 연구해보고자 하는 자기 주도적 자세를 가지는 것으로 연구가 시작된다. 그리고 그 고생의 의미와 패턴, 구조 등을 '스스로 그리고 함께' 파악하고, 각자에게 맞는 '자기를 돕는 방법'을 모색하여 병에 대한 이해를 도모해 가는 일련의 '연구 활동'을 펼친다(べてる しあわせ研究所, 2009). 당사자연구는 매뉴얼을 정해놓지 않는 것을 중요한 방침으로 정하고 있는데, 이는 일정한 형식에 얽매이지 않고 다양한 가능성을 열어두기 위함이다(이용표, 2018). 전체적인 진행방식은 다음과 같다.

〈표 9-3〉 당사자연구의 과정 및 방법

순서	단계	내용
1	사람과 문제의 분리	당사자의 증상이 일상에서 반복적으로 발생하면 사람과 문제가 뒤엉켜 그 사람 자체를 문제와 동일시하게 된다. 사람과 문제를 분리하여, 문제에만 초점을 맞춤으로써 당사자는 제 3자의 시점에서 거리를 두고 문제를 바라보는 시선을 갖게 된다.
2	자기병명 붙이기	자기병명이란 의학적인 병명이 아닌 스스로 안고 있는 고생의 의미나 상황을 반영하여 스스로 붙이는 '병명'을 말한다. 이러한 자기병명은 동료와 함께 자신이 지닌 고생의 특징을 서로 공유하는 과정에서 드러나기 시작하며, 고생을 자기의 것으로 전환시키는 중요한 과정이다. 의학적인 병명이 아닌 스스로 안고 있는 고생의 의미나 상황을 반영하여 스스로 병명을 붙인다.[2)
3	고생의 패턴·과정·구조의 설명	당사자가 스스로의 고생에 대해 정보를 수집하고 고생을 일으키는 방법, 행동, 과정에서의 규칙성과 반복성을 밝혀낸다. 이를 동료들과 함께 공유하면서 고생의 패턴과 메커니즘을 규명해 나간다. 고생의 메커니즘은 이후 도식화, 삽화, 역할극을 통해 시각화되어 공유된다.
4	'자기를 돕는 방법' 고안	고생의 패턴을 발견하고 나면, 문제에 대한 새로운 대처법을 동료들과 함께 고안하고 대처법의 효과를 검토하며 그 기술을 익힌다. 당사자연구를 통해 구체화된 문제를 동료들과 함께 시연하여 연습한다.
5	실천 결과의 검증	새로운 대처법을 개발한 뒤에는 이를 실제 생활에서 시도하고 그 실효성을 확인하거나 개선점을 찾아낸다. 연습 결과를 검증하고 난 뒤, 좋았던 점과 더욱 개선할 점을 동료와 공유하며 다음 연구와 실천으로 이어나간다.

출처: 이진의(2017). 정신장애인 '당사자연구' 참여경험에 관한 연구. 가톨릭대 석사학위논문.

이러한 당사자연구가 대안적 프로그램으로서 의의를 가지는

---

2) 자기병명을 붙이는 방법에는 특별한 규칙이 없다. 그 사람의 고생을 쉽게 이해할 수 있도록 유머감각을 발휘하여 붙이면 된다. 예로는 '여기 봐줘 증후군 자해형', '상대해줘병 구급차 자주 타는 타입' 등 당사자들의 경험에 현실감을 그대로 담은 병명이나 '조현병 전력질주형', '조현병 모친으로부터 떨어지지 못하는 의존증'과 같이 의학적 진단명에 자신이 겪는 곤란을 조합한 병명 등이 있다(이진의, 2017).

이유는, 먼저 의학으로부터 부여받은 의학적 병명을 떼어내고 정신장애인 스스로가 본인의 병을 명명하고 해결할 수 있는 권력을 회복한다는 것이다. 베델의 집에서 스스로에게 붙여주는 자기병명은 의사가 진단한 의학적인 사실이나 꺼림칙한 꼬리표와는 완전히 다른 것이다. 한 사람이 인간으로서 열심히 살아온 증거이자 자신의 병으로 인한 체험을 소개할 매개체가 되어주기 때문이다(浦河べてるの家, 2002). 또한 자기병명을 붙인 사람은 스스로가 그 고생에 대한 전문가로서 인정받음으로써, 그 고생을 해결해나갈 주도권도 획득하게 된다.

당사자연구의 대안성 두 번째는, 고생을 해결함에 있어서 정신약물이 어떤 득과 실을 주는지 객관적으로 분석하고, 가장 최선의 방법을 도출하여 당사자가 스스로 약물 사용 여부를 결정할 수 있도록 해준다는 것이다. 베델의 집 당사자들 역시 정신약물을 복용하는 것만으로는 정신장애를 포함한 총체적인 삶을 회복하기 어렵다는 것을 오랜 경험을 통해 깨닫게 되었다고 한다(斉藤道雄, 2002). 또한 약에 의한 강한 부작용 때문에 의료적인 접근이 오히려 문제가 될 수 있다는 위험성을 인식하며 생활하고 있다(김호현, 2016). 무엇보다도 당사자연구는 약물에 대한 복용 여부를 당사자가 결정하도록 하고, 약물을 복용하든 복용하지 않든 어떤 결과가 초래될 수 있는지 당사자 개인이 인지하고 연구하는 과정을 진행한다.

베델의 집의 당사자연구에 대한 효과성을 구체적으로 검증한 연구는 아직 이루어진 바 없다. 그러나 해당 지역의 100개의 정신병상으로 이루어진 적십자병원이 20여년에 걸쳐 점차 입원자

수가 감소하다가 2014년에 완전히 폐쇄된 것은(이용표, 2018), 베델의 집의 최소약물을 토대로 한 약물에 대한 당사자 결정주의가 정신장애인의 재입원 억제에 기여했음을 간접적으로 보여준다고 할 수 있다.

2) 스위스: 소테리아하우스(Soteria House)

(1) 소테리아의 시작: 미국 캘리포니아의 소테리아 프로젝트

소테리아하우스의 시초는 1971년 정신과 의사 로렌 모셔(Loren Mosher)에 의해 시작된 캘리포니아의 소테리아이다. 로렌 모셔는 미국정신건강연구소(NIMH) 조현병연구센터의 첫 센터장으로 로버트 랭(Robert Laing)의 킹슬리 홀에서 영감을 받아 캘리포니아 산호세 지역에서 소테리아 프로젝트를 시작하였다. 그는 '조현병 진단을 받고 기능이 저하되어 입원이 필요하다고 여겨지는 사람들을 항정신병약물을 사용하지 않고, 병원이 아닌 아담하고 가정집 같은 공간에서 완전히 치료할 수는 없는가?'라는 질문에 봉착하게 된다. 이어서 그는 비의료적인 환경에서 치료받은 사람들의 치료 결과를 통상적인 입원/외래환자의 치료 결과와 기간별로 비교해보는 연구를 구상하였고, 이러한 질문과 고민은 소테리아 캘리포니아라는 새로운 실험적 시도로 이어졌다.

소테리아 캘리포니아는 초발 정신증 또는 두 번째 정신증 삽화를 경험한 청년을 대상으로 하였고, 약물을 최소로 혹은 전혀 복용하지 않는 것을 지향하였다. 아담하고 가정적인 주거 환경을 만들었고 직원들 또한 비의료적이고 훈련받지 않은 사람들로 고용하여 정서적 지원을 제공하였다(Mosher & Bola, 2004).

소테리아 캘리포니아의 핵심적인 철학은 'Being with(함께 있기)'이다(Mosher & Bola, 2004). 정신증을 경험하는 사람에 초점을 두고, 비강압적이고 비통제적이며 능동적으로 공감하는 관계를 발전시키는 데에 초점을 둔다. 정신증을 경험하였다고 해서 반드시 치료를 한다거나 통제해야 한다는 관점으로 바라보지 않는 것에서 출발하는 것이다. 특히 직원들의 '비전문성(혹은 순수함)'은 한 명의 '사람'으로서 입주자를 대할 수 있게 해주었고, 그 덕분에 고도의 훈련된 전문성으로 인해 입주자들의 경험이나 문제들이 이론적, 인지적 개념으로 덧씌워지는 것을 방지하였다(Mosher & Menn, 1979).

소테리아 캘리포니아의 효과성은 이후에 이루어진 연구와 추적조사들을 통해 입증되었다. Mosher & Menn(1978)은 소테리아 입주자와 일반 의료병동 환자를 2년간 추적하여 그 효과를 비교하였다. 의료병동 환자들은 모두 약물을 복용한 것에 반해 소테리아 입주자들은 8%만이 약물을 복용하였다. 2년 이후 두 집단 간에는 증상 수준의 측면에서는 유의미한 차이가 발견되지 않았으며, 소테리아 입주자들은 그 이후에도 약물을 덜 복용하였고 외래 진료를 덜 이용하였다. 또한 소테리아 입주자들이 더욱 나은 고용수준과 더욱 높은 자립 비율을 보여주기도 했다.

이러한 결과는 Bola & Mosher(2003)에서도 드러난다. 소테리아 입주자와 일반 의료병동 환자를 2년 간 추적비교한 결과 약물을 복용하지 않으면서 소테리아를 이용한 사람 중 42.6%는 2년이 지난 시점에서도 잘 기능하고 있었고, 그중에서 응급병상에 재입원한 사람은 3분의 1 미만으로 평균 20일 미만의 입원기간을 가졌다. 이들의 증상은 낮은 수준이었으며 증상의 개선 정도도 좋은 편이었다. 평균적으로 파트타임 또는 풀타임 근무를 하고 있었고 사회적 기능 점수도 높게 나타났다. 이러한 우수한 효과성에도 불구하고 캘리포니아의 소테리아 프로젝트는 정신의학자들로 이루어진 의료프로젝트연구검토위원회로부터 재정이 삭감되면서 1983년 마감하게 된다(Whitaker, 2001).

(2) 소테리아의 적용: 스위스 베른의 소테리아 하우스

소테리아 캘리포니아에 깊은 인상을 받은 정신과 의사 Ciompi는 소테리아 모델을 스위스 베른으로 가져와 새롭게 적용하였다. 소테리아 베른은 공공 건강보험과 보건의료시스템의 재정 지원을 받아 다른 정신건강서비스 및 지역 정신건강전문가들과 밀접한 협력을 통해 프로그램이 운영된다. 병원에서의 환경이 정신증을 경험하는 사람들에게 반치료적일 수 있다는 관념에서 시작하여, 가능한 한 스트레스를 최소화하는 환경을 구축하는 것을 우선시 한다. 모든 입퇴소의 결정은 당사자에 의하며 원하는 경우에는 가족 및 친구와 공동으로 결정한다. 소테리아 캘리포니아와 달리 직원으로 간호사, 임상심리사 등 전문적인 훈련을 받은 사람이 고용될 수 있지만, 모든 직원이 전문가인 것은 아니다. 현재 근무 중인 직원 중에는 교육종사자, 예술가가 있으며 그중에는 당사자인 직원도 있다(WHO, 2021).

소테리아 베른은 초기 캘리포니아 모델에서의 경험들에 기반을 두되, 다양한 심리적, 사회적, 생물학적 치료에 대한 가능성을 포괄적으로 열어두었다. 또한 Ciompi가 창안한 '정서-논리(Affect-logic)' 이론에 따라 조현병에 대한 다각적인 이해를 시도하는 등 구체적인 이론적 토대를 바탕으로 하고 있다는 점에서 캘리포니아 모델과의 차이를 보이고 있다.

소테리아 베른의 심리사회생물학적 이론에서는 정신적 고통의 발생과 장단기적인 진행에는 생물학적 요인, 사회적 요인, 환경적 요인, 심리적 요인이 모두 중요한 영향을 미친다는 점을 강조한다. 따라서 기존의 환원주의적인 생의학적 모델보다 더욱 통합적이고 포괄적인 심리사회생물학적 모델을 기반으로 한다. 그에 따라 소테리아 베른은 정신적인 고통을 경험하고 있는 당사자의 내부와 외부에 존재하는 정서적인 긴장감을 체계적으로 감소시키는 것을 모든 실천의 목적으로 삼는다(Ciompi, 2017). 이는 다음의 소테리아 베른의 원칙들을 통해 구체적으로 살펴볼 수 있다.

〈표 9-4〉 소테리아 베른의 실천원칙

구분	실천원칙
1.	작고, 개방적이고, 편안하고, 자극이 없고, 가능한 일반적이고, 전통적인 의료시설 외부에 위치한 치료적 환경에서 인간적이고 심리치료적인 지원을 지속적으로 제공한다.
2.	당사자가 급성기인 경우, 적절한 교육을 받고 신중하게 선정된 치료팀 구성원 중 한 명이 당사자와 지속적으로 "함께한다(being with)."
3.	치료를 시작하는 급성기부터 사회 및 직업재활을 제공하는 시기까지 개별적이고 일관적인 치료를 제공한다.
4.	당사자의 가족 및 중요한 주변 인물들과 긴밀한 협력을 지속한다.
5.	당사자, 친인척 및 보호자, 치료팀은 치료 내용, 현존하는 위험성과 가능성 등에 대해 모두 동일한 정보를 공유한다.

6.	현실적으로 가능한 목표와 추후의 주거 및 직장에 대한 기대에 대해 당사자 및 그의 사회적 관계망 간의 합의를 이룬다.
7.	항정신병약물은 당사자 및 가족과의 협업을 통해 저용량을 사용하도록 하고, 특수한 경우에는 중단할 수 있다. 약물사용의 최종 목표는 당사자 스스로가 약물에 대한 통제를 할 수 있게 되는 것이다.
8.	서비스에 대한 통합적인 네트워크를 통해, 최소 2년 간은 파트타임 또는 통원 방식의 사후관리와 재발 방지를 제공한다.

출처: Ciompi, L.(2017). pp. 10-13.

소테리아 베른이 대안적 프로그램이 될 수 있는 이유로는 약물복용에 대해 압박을 가하는 일반적인 치료 환경에서 탈피하여 충분한 정보에 입각하여 자발적으로 약물 복용을 통제 및 선택할 수 있다는 점이다(Calton et al., 2008). 복잡한 대규모의 병원에서 이루어지는 폐쇄적인 치료 과정, 치료과정에서의 주변 관계망의 부재, 무차별적이고 강압적인 치료방식 등 기존의 생의학적 모델에 따른 정신의학적 실천은 오히려 긴장감을 증가시킨다. 때문에 당사자의 정서적 긴장감을 체계적으로 감소시키고자 하는 소테리아의 목적은 일반적인 병원 치료에서는 달성되기가 힘들다(Ciompi, 2017). 약물 그 자체도 긴장감의 수준을 낮추기보다 당사자가 느끼는 약물에 대한 거부감과 약물 복용을 강압하는 수단들에 의해 정서적 긴장감을 얼마든지 높일 수 있어(Ciompi & Hoffman, 2004), 소테리아에서는 온전히 치료적인 수단으로 여겨지지 않는다. 소테리아 베른의 이론에 따르면 정서적 긴장감의 증가는 정신증의 장기적인 진행에 나쁜 영향을 끼칠 수 있기 때문이다. 따라서 소테리아에서는 '모든 정신과 약물은 당사자의 선택에 의해 복용되며 강요되지 않는다'는 것을 핵심 원칙으로 삼고 있다.

이러한 실천은 소테리아의 근본적인 철학인 'Being with'의 가치와도 일맥상통하다. 소테리아에서는 의사결정지원이 매우 활발하게 이루어지는데, 특히 당사자 스스로가 내린 결정이 스스로 편안하게 느껴질 때까지 함께 보내는(being with) 시간에 아주 큰 강조점을 둔다. 이러한 철학은 모든 순간의 활동에 스며들어 있으며, 당사자의 의견과 결정이 소테리아의 직원과 사전에 공유되지 않더라도 항상 존중된다(WHO, 2021).

입소시에 당사자는 '증상에 관한 설문'과 '사전의료지시서'를 작성하게 되는데, 이 설문을 작성함으로써 소테리아 하우스의 구성원들은 각자의 위기에 대한 여러 가지 방안을 모색할 기회를 얻게 된다. '증상에 관한 설문'에서는 본인의 정신적 증상에 관한 취약성, 심리사회생물학적 모델의 설명, 스스로 생각하는 정신증의 발생 이유와 어떤 삶의 경험이 정신증에 기여하였는지 등을 묻는다. 그리고 당사자가 자신의 병에 대해 설명할 수 있는 고유한 모델을 개발할 수 있도록 논의의 기초를 형성한다. '사전의료지시서'의 경우에도 재발의 예방을 위한 설문으로 활용되며, 위기를 앞두었을 때에 당사자에게 어떤 전조 증상이 있고 그것을 알아차릴 수 있는 방법은 어떤 것이 있는지, 위기가 발생하였을 때에 어떤 지원을 받고 싶고 어떤 지원이 실제로 도움이 되었는지 혹은 도움이 되지 않았는지 등을 질문한다.

소테리아 베른은 평균적으로 54일(최소 3일~763일) 간 입주했었던 당사자들을 대상으로 하여 증상의 정도, 주거 상태, 고용 상태, 종합적 상태의 측면에서 효과성을 평가하였다. 그 중 41%

는 완전한 회복을 보였고, 39%는 소테리아에 거주해 있는 동안 약물을 복용하지 않았으며 그중 75%는 퇴록 이후에도 우수한 상태를 보였다(Ciompi & Hoffman, 2004). 2년 추적조사에서는 소테리아 집단과 일반치료 집단(스위스 및 독일에서 전형적인 병원에서 치료받은 사람)을 네 가지 측면에서(증상의 정도, 주거 상태, 고용 상태, 종합적 상태) 비교한 결과, 두 집단 사이에서 차이가 발견되지 않았으며 소테리아 집단이 더욱 우수한 예후를 보이고 약물복용량도 현저하게 적었다(Ciompi et al., 1992). 소테리아 베른을 이용한 사람 중 27%는 2년 동안 약물을 전혀 복용하지 않았던 반면, 일반치료 집단에서는 5%만이 약물을 복용하지 않았다(Ciompi & Hoffman, 2004).

3) 핀란드: 오픈다이얼로그

(1) 욕구맞춤접근의 시작

핀란드에서는 1968년 공공 정신보건서비스에서 적용할 수 있는 조현병에 대한 치료적 접근을 개발하기 위해 핀란드조현병프로젝트(Finnish National Schizophrenia Project)를 장기간 수행하였다. 이 프로젝트를 통해 치료공동체를 구현하고, 정신역학에 기반한 개별적인 장기간 치료법을 개발하고자 하였다(Bola et al., 2009). 그중에서도 서부 라플란드(Lapland) 지방의 케로푸다스(Keropudas) 병원에서 실시한 '욕구맞춤접근(Need-adapted approach)은 어떠한 종류의 치료보다도 '치료회의(treatment meeting)'를 우선적으로 조직하는 방식을 채택하였다.

욕구맞춤접근은 이름에서 드러나는 것과 같이, 당사자 개인의 특수하고 다양한 욕구에 따라 모든 치료과정이 조정되어야 한다는 것이 주요한 철학이다(Seikkula & Alakare, 2007). 이때 당사자의 욕구뿐만 아니라 당사자와 가장 가까이서 상호적인 환경을 이루고 있는 가족 및 주변 관계망들의 욕구도 함께 포괄되어야 하는데, 이러한 포괄적인 욕구 사정을 위해서 이루어지는 것이 치료회의이다.

욕구맞춤접근이 '치료회의(therapeutic meeting)'에서 시작되어 체계화된 만큼, 이 회의는 중요한 의미를 갖는다. 당사자가 경험하고 있는 문제시 되는 상황과 관련된 모든 인물들(당사자, 가족, 친구 등)이 모여 해당 이슈를 논의하고 대화하는 토론의 장으로 역할하기 때문에(Seikkula & Alakare, 2007), 참여자들과 전문가들은 그 문제에 관한 정보를 다각적으로 수집할 수 있다. 이렇게 수집한 정보들을 바탕으로 하여 치료회의에 참여한 사람들은 공동으로 치료 계획을 수립하거나 필요한 모든 결정을 내릴 수 있게 된다. 치료회의는 기존의 주류적인 심리치료나 의학적 치료와는 달리 특정한 개인에 의해 주도되는 것이 아니기 때문에 모든 참여자들이 계획과 결정에 동등하게 기여하게 되는데, 이러한 전체 과정은 궁극적으로 심리치료적 효과를 낳기도 한다(Seikkula & Alakare, 2007).

또한 욕구맞춤접근에서 주목해야 할 점은 약물의 사용이다. 약물치료가 전적으로 배제되는 것은 아니지만, 약물을 우선적으로 사용하기 이전에 공감적인 접근으로 당사자를 지원하고자 한다(Räkköläinen et al., 1991). 그 이유는 욕구맞춤접근의 심리치료적 관계 속에서 당사자로부터 얻는 정보와 역량이 매우 크게 작용하는데, 약물은 이러한 당사자의 창의성과 학습 능력에 부정적인 영향을 미치기 때문이다(Alanen, 2009).

(2) 오픈다이얼로그의 실행

욕구맞춤접근의 치료회의에 구체적인 실천원칙들이 추가되면서, 개별적인 프로그램으로써 용이성을 획득하게 되었다. 당사자, 그의 가족과 지인을 포함한 주요한 사회적 관계망, 전문가가 모두 참여하는 방식의 오픈다이얼로그(Open Dialogue)가 바로 그것이다(이용표 외, 2018).

오픈다이얼로그라는 명칭은 전 가족 구성원과 사회적 관계망 중심의 치료법을 설명하기 위해 처음 사용되었다. 모든 관련 구성원들이 처음부터 회의에 참여하여 주제가 되는 상황을 대화를 기반으로 하여 새롭게 이해하는 것을 강조한다(Seikkula & Alakare, 2007). 오픈다이얼로그는 7가지의 실천원칙을 가지고 있으며, 각 원칙들은 개별적인 것이 아니라 상호 관련되어 작동하므로 하나의 연결선상에서 바라보아야 한다.

〈표 9-5〉 오픈다이얼로그의 실천원칙

구분	실천원칙	내용
1	즉각적인 지원	가장 극심한 상태에 놓인 환자의 주거지에서 24시간 이내에 첫 회의를 주선함.
2	사회적 관계망 관점	당사자의 사회적 관계망에 있는 관련된 인물들, 가족들, 기타 핵심 인물들(고용주, 직장 상사, 동료, 이웃, 친구, 공공기관 종사자 등)은 초기 미팅에 항상 초대됨. 이러한 관계망과의 토론을 통해 문제를 정의함.

3	유연성 및 유동성	당사자 및 가족 구성원의 구체적으로 변화하는 욕구에 따라, 각 개인에게 가장 적합한 치료법을 사용하고 치료에 대한 반응을 반영함.
4	책임감	처음 연락을 받은 전문인력은 첫 치료회의를 조직하고 팀을 구성하는 책임을 지님.
5	심리적 연속성	다학제 팀을 구성하여 여러 치료 시설을 돌아다니거나 중간에 치료에서 벗어나는 현상을 예방함. 다양한 치료법들을 활용해 영역 간 보완하여, 응집력 있는 치료 과정으로 통합함. 해당 팀은 퇴원 및 입원 세팅 모두에서 치료에 대한 책임을 가지고, 그 기간은 "필요한 만큼"으로 정의됨.
6	불확실성의 관용	위기상황의 불확실성을 받아들이고, 지속적 회의, 팀 개입, 열린 결말, 약물치료가 아닌 당사자의 심리적 활동을 중시, 모든 사람의 목소리를 중시하는 실천 등을 포괄함.
7	대화주의 (다양성)	오픈다이얼로그는 대화의 증진에 초점을 두어 상호작용을 장려하고 당사자 및 가족의 변화를 촉진함. 이를 위해 대화를 통한 새로운 이해를 구축하고, 당사자의 정신증적 언어를 중시함. 또한 당사자, 가족, 사회적 관계망, 전문가들의 목소리가 동등하게 받아들여지는 민주적, 주체적 구조를 형성함.

출처: 이용표, 송승연, 배진영(2018). pp. 291-319.

오픈다이얼로그가 가지는 대안성은 먼저 사회적 관계망과 협력하는 태도에 있다. 기존 생의학적 모델에서는 의료진과 당사자의 수직적인 구조에서 치료가 이루어진다. 이처럼 '전문가'가 모든 것을 조망하고 환자로 하여금 전문가의 결정을 따르도록 하는 현 구조는 당사자의 발화를 최소화 하고 전문가의 발화와 용어가 치료 과정을 지배하게 만든다. 그에 반해 오픈다이얼로그의 모든 참여자들(당사자, 사회적 관계망, 전문가 등)은 당사자와 주변 인물들이 직면해 있는 문제에 대해 '알지 못하는(not knowing)' 위치에서 시작하도록 한다. 또한 해당 문제를 '정신질환'으로만 국한하지 않고 그것을 둘러싼 일련의 사건들로 바라봄으로써, 그 사건들에 대한 정보와 당사자 및 주변인물들의 다층적인 발화를 통해 해당 문제를 이해하고자 한다(Fisher, 2017). 이러한 태도는 문제가 되는 사건을 둘러싼 개인들과 환경의 역사를 공동으로 발굴하고 실질적으로 도움이 되는 대안을 공동으로 결정할 수 있는 분위기를 조성하기 때문에, 의료적 실천보다도 더욱 전인적이고 포괄적인 시각을 획득해 낼 수 있다.

두 번째로 오픈다이얼로그는 당사자가 정신증적인 위기에 처해 있는 상황을 '창문이 열린 상태'로 바라본다(이용표 외, 2018). 즉 창문이 열려있는 상태, 즉 당사자의 상태가 가장 극심한 시기(위기 발현 이후 24시간 이내)에 치료회의를 개최하는 것을 원칙으로 한다(Seikkula & Alakare, 2007). 이 시기 당사자의 서술이 이해하기 힘든 것으로 여겨질 수 있지만, 이 시기는 오히려 그들이 위기 이전에는 분명하게 표현할 수 없었던 두려움과 트라우마 등을 이야기할 수 있는 창구가 된다(이용표 외, 2018). 즉각적인 대응이 이루어지기 위해서는 증상이 가장 심할 때가 오히려 좋은 기회라는 사고의 전환이 내포되어 있는 것이다(이용표 외, 2018). 실제로 오픈다이얼로그의 위기상황에서의 즉각적인 대응과 신중한 경청은 당사자로 하여금 안전함을 느낄 수 있게 해주고 병의 예후를 개선시킨다(Seikkula & Alakare, 2007). 또한 대화 중심적인 오픈다이얼로그에서는 당사자의 발화에서 얻어지는 정보와 이를 표현하는 당사자의 심리적 역량을 중시하기 때문에, 위기상황에서 별도의 결정 과정 없이 약물을 사용하는 것을 최대한 지양하도록 한다. 그 이유는 약물이 당사자의 창의성과 심리 상태를 둔감하게 만들어 대화를 진행하는 데에 부정적인 영향을 미치기 때문이다(Alanen, 2009). 위기상황에서 약물을 무조건적으로 투여하는 것은 위기를 발현시킨 문제 상황을 해결할 수 있는 기회를 차단하고 수개월의 치료가 끝난 뒤에도 그 기회가 다시 나타나지 않을 수 있으므로 신중하게 고려되어야 할 문제이다(이용표 외, 2018). 때문에 오픈다이얼로그에서는 24시간 이내에 즉각적으로 대응할 것과 약물의 사용은 최대한 보류하는 것을 원칙으로 한다.

Seikkula & Olson(2003)의 2년간 추적조사에 따르면 오픈다이얼로그 집단은 전통적인 의학 치료를 받은 집단에 비해 입원기간, 약물복용, 재발률 등의 측면에서 훨씬 우수한 결과를 보였다. 구체적인 결과는 다음과 같다.

〈표 9-6〉 통상적 치료집단과 오픈다이얼로그 집단 간 비교

비교	통상적 치료집단	오픈다이얼로그 집단
입원일수	117일	14일
정신약물 복용	100%가 약물 복용	약 30%가 약물 복용
재발률	71%가 최소 1회 재발 경험	25%가 최소 1회 재발 경험
정신증적 증상 유무	약 50%가 경증 증상 보임	약 21%가 경증 증상 보임

출처: Seikkula, J., & Olson, M. E.(2003). pp. 403-418.

또한 덴마크, 핀란드, 노르웨이, 스웨덴 등 북유럽 4개국에서 초발 조현병 환자를 대상으로 한 NIPS 프로젝트는 오픈다이얼로그가 진행됨에 따라 약물치료에 대한 욕구도 감소한다는 것을 명확하게 보여주었다. 5년간 추적연구에서 종료시점에 56%의 환자가 항정신병약물을 복용하지 않은 상태에 있었고, 모든 환자 중에서는 49%, 조현병 환자 중에서는 39%가 증상을 보이지 않았다(Alanen, 2009). 이처럼 오픈다이얼로그가 북유럽에서 주목을 받자, 그 성과에 대한 객관적인 검증이 요청되었고, 이에 따라 Altonen 등(2011)은 오픈다이얼로그의 개발자가 아닌 전문가들을 섭외하여 철저히 통제된 연구를 진행하였다. 1990년부터 라플란드 지방의 모든 환자들은 오픈다이얼로그 치료를 받게 되었는데, Altonen 등(2011)은 오픈다이얼로그가 도입되기 전인 1985-1989년과 도입된 이후인 1990-1994년을 각기 비교하는 연구를 실시하였다. 해당 기간 초발 입원환자에 대한 모든 사례 기록을 상세하게 조사하고 각 사례에 대해 정신과 의사가 진단을 내리도록 한 결과, 모든 조현스펙트럼 장애가 오픈다이얼로그 시행 이후 절반의 수준으로 감소하였다고 결론을 내렸다(이용표 외, 2018).

5. 대안정신보건프로그램의 실천적 함의[3)]

기존의 전통적인 모델인 생의학적 모델과 대안적 프로그램인 오픈다이얼로그, 소테리아 베른을 비교하면 다음 표와 같다. 대안적 프로그램들과 생의학적 모델은 서로 다른 특징을 지니고 있지만, 대안적 프로그램들 간에는 공통적인 요소들이 발견된다.

3) 이용표 · 배진영(2020)을 바탕으로 작성함.

〈표 9-7〉 각 대안 프로그램과 생의학적 모델의 비교

구분	생의학적 모델	오픈다이얼로그	소테리아 베른	당사자연구
정신장애의 본질	생물학적 부조화	사회적 구성물	심리사회생물학적 구성물	삶 속 고생의 일부
위기 상황에 관한 인식	약물처치나 입원으로 통제되어야 할 상황	극단적 경험을 이해할 수 있는 창문이 열리는 시기	생물학적, 심리사회적, 스트레스 요인들로 정서적 긴장감이 증가한 상태	동료들과 함께, 스스로 고민해나갈 인간으로서의 과제
주체	의료진	당사자, 가족, 다양한 분야의 전문가로 구성된 치료모임 참여자	당사자, 스태프, 가족과 친구를 포함한 사회적 관계망	당사자, 동료, 원조자 등으로 구성된 당사자연구 참여자들
초점	증상	참여자들 간의 대화를 통해 드러나는 문제	당사자의 환경적, 정서적 요인들	고생의 의미와 패턴
치료 매개체	전문적 진단과 약물	문제에 대한 공유와 대화	공감적 관계, 안전한 치료적 환경	고생에 대한 공유, 대화, 연구 및 대처법의 연습
약물에 관한 관점	가장 강력한 치료수단	사회심리기능을 약화시켜 치료와 회복을 방해할 수 있음	정서적 긴장감을 주어 치료에 적합하지 않을 수 있음	최소약물주의, 당사자의 결정과 연구 결과를 존중

출처: 이용표, 배진영(2020). pp. 21-52.

첫 번째로 생의학적 모델과 대안적 모델은 정신질환의 본질에 대한 관점이 상이하다. 생의학적 모델에서는 정신장애의 본질을 '생물학적 불균형'이라는 하나의 요인으로만 바라본다. 반면에 대안적 모델들에서는 정신장애가 다양한 요인들의 구성물이라는 관점을 취한다. 이는 대안적 프로그램들이 기존의 환원주의

적 모델에서 탈피하여, 다원적이고 통합적인 접근의 가능성을 제공한다는 것을 시사한다. 오픈다이얼로그는 당사자와 가족이 겪은 현재 및 과거의 어려움들과 정신증 사이에 연결성이 있다는 것을 포착하고, 소테리아 베른은 정신장애가 심리사회생물학적인 요인들로 인해 발생된 것이라고 바라본다. 당사자연구 역시 당사자들의 '고생' 속에서 과거 경험과 관련된 경험적인 패턴들을 규명해 내고 있다.

둘째, 생의학적 모델은 정신적 위기를 사회적으로 통제되어야 할 부적절한 상황으로 바라보는 반면, 대안적 프로그램들은 다음 단계로 나아갈 수 있는 하나의 성장 과정이라고 바라본다. 따라서 대안적 모델에서는 위기상황에서 발현되는 정신적인 고통을 억누르거나 소거하기보다, 위기상황 자체를 기회로 삼아 지역사회에서의 더 나은 삶을 구축하고자 한다. 오픈다이얼로그의 지속적인 치료회의는 당사자의 정신증에 대한 단서와 정보들을 수집하여 위기를 통해 당사자와 사회적 관계망에 있는 모든 사람들이 그 속에서 함께 발전해 나가는 총체적인 과정에서 의미를 찾는다(Fisher, 2017). 소테리아 베른은 정신적 위기상황을 정서적 긴장감이 증가한 상태라고 바라보기 때문에, 당사자가 정서적으로 안정된 상태에 들어서고 나면 지역사회로의 점진적인 통합과 그 이후의 과정으로 나아갈 수 있다고 본다. 당사자연구도 '고생'이란 인간이 겪게 되는 당연한 과제이기에 공동의 연구과정을 통해 해결할 수 있다고 바라본다. 이처럼 생의학적 모델에서 정신적 위기상황은 비극으로 비추어지지만 대안적 모델에서는 희망적이고 긍정적인 요소로 거듭난다.

셋째, 생의학적 모델에서의 치료 주체는 의료진만 존재하지만, 대안적 모델에서는 해당 문제와 가까이 위치해 있는 모든 사람들이 포함된다. 정신적 고통이 단순히 개인의 문제가 아니며, 주변이 함께 공유하고 공동으로 해결해야 하는 문제임을 전제로 한다. 때문에 대안적 프로그램에서의 치료 주체는 전문적 지식을 보유한 사람이 아니라 해당 문제를 함께 지켜보고 경험해 왔던 사람들이 된다. 오픈다이얼로그와 소테리아에서 문제 상황에 대해 가장 많은 정보와 단서를 지닌 주체는 당사자와 그의 관계망이므로 이들이 치료회의나 치료과정에 대한 협의 및 결정에 참여하는 것은 필수적으로 강조된다. 당사자연구에서는 가족보다도 동료들이 주로 참여하게 되는데, 이는 연구에 참여하는 대부분의 당사자들이 베델의 집에서 공동 거주하고 생활하기 때문이다.

넷째, 생의학적 모델에서는 정신장애인의 다양한 삶의 요소들 중 증상에만 관심을 두지만, 대안적 모델에서는 증상을 둘러싼 당사자의 일상까지 함께 바라본다. 때문에 대안적 모델들은 모두 당사자가 스스로의 삶에 통제권을 갖는 것을 최종 목표로 삼는다. 오픈다이얼로그에서는 대화의 장을 마련하여 그들이 '필요로 할 때'까지 사회적 관계망과 당사자의 변화를 도모한다(Fisher, 2017). 소테리아는 퇴소한 이후에도 최소 2년간의 애프터케어를 제공하여 당사자가 지역사회에 완전하게 정착하고 안정적인 일상을 되찾을 수 있도록 한다. 당사자연구는 당사자의 고생이 그의 직업활동이나 일상 속에서 어떤 의미와 패턴을 가지는지 공동의 작업으로 고민하고 대처법을 개발한다.

다섯째, 생의학적 관점에서는 생물학적 부조화의 유형을 분류하고 명명하는 전문적 진단과 신경전달물질 등을 변화시키는 약물만을 치료 수단으로 삼는다. 반면 대안적 모델에서는 정신장애의 본질이 다양한 요인들의 구성물이라고 바라보기 때문에 화학적 치료만 시행하는 경우 오히려 회복이 저해될 수 있다고 간주한다. 따라서 정신장애를 둘러싸고 있는 다양한 요인들을 이해하고 그에 맞는 접근을 제공하기 위해 사회적 관계망과의 '대화'와 '상호지지체계'의 형성을 가장 우선시한다. 정서적이고 공감적인 지원을 바탕으로 하는 대화는 정신적 고통과 그로 인한 삶에서의 어려움까지 포괄적으로 이해할 수 있는 중요한 매개체이다.

여섯째, 때문에 생의학적 모델에서는 약물을 가장 강력한 치료수단으로 바라보지만, 대안적 모델에서는 약물을 가장 최후의 치료수단으로 바라본다. 생의학적 모델에서 약물은 정신장애 치료의 유일한 수단이고 약물에 대한 전문성은 의료진에게만 부여된다고 여겨지기 때문에, 약물 사용 여부와 종류, 복용량 역시 유일한 치료 주체인 의료진에 의해 모두 결정된다. 그에 따라 약물에 대한 당사자의 결정은 대체로 무시되거나 또 다른 의료 지식으로 억압되어, 정신장애인에 대한 약물 강요도 정당화되고 있다. 그러나 대안적 모델에서는 당사자를 포함한 다양한 치료 주체들이 약물과 관련한 모든 내용을 공동으로 합의하고 결정한다. 정신장애의 치료과정에서 약물이 어떤 영향을 미치는지에 대한 객관적인 평가가 선행되어, 약물을 최대한 유보하고자 하고 대안적인 접근을 우선시하고자 하는 노력이 뒷받침되기에 가능한 것이다. 오픈다이얼로그에서는 정신적 위기상황에서 무조건적으로 투여되는 약물은 당사자의 치료와 회복에 방해될 수 있기 때문에 안전한 분위기를 조성하는 것을 우선시하여 당사자의 발화를 경청한다(이용표 외, 2018). 소테리아 베른은 위기상황에서 당사자의 동의 없이 사용되는 약물이 오히려 정서적 긴장감을 높여 치료에 적합하지 않다고 여기기 때문에, 안전한 분위기의 자극이 최소화된 '소프트 룸'에서 직원과 24시간 '함께 하는 것(being with)'을 통해 정서적 긴장을 완화하도록 한다(CIompi & Hoffman, 2004). 당사자연구는 공동체의 오랜 경험에 의해 약물 복용만으로 정신장애를 치료할 수 없고 오히려 더욱 위험할 수 있음을 인식하여, 당사자연구의 결과와 당사자의 결정에 따라 정신약물을 사용하고 있다.

당사자연구, 소테리아 베른, 오픈다이얼로그의 핵심적인 요소는 '집단지지체계'이다. 수직적인 치료 관계에서 벗어난 원형의 집단지지체계는 정신장애에 관한 역할과 책임을 고르게 분담할 뿐만 아니라 그 문제를 바라보는 관점 역시 다각화한다. 집단지지체계의 구성원들의 속성 역시 주로 당사자에게 중요한 인물이거나 신뢰하는 인물들이기 때문에, 당사자는 치료 과정에서 진정으로 정서적인 안전감을 느낄 수 있다.

6. 결론

기존의 전통적인 의료모델에서는 당사자의 치료에 대한 자기결정을 존중하는 것과 동시에 적절한 치료를 받게 하는 것이 상충되는 가치로 여겨졌다. 당사자의 자기결정을 존중한다면 의료적인 치료를 받지 않을 확률이 높아지고, 의료적인 치료를 받게 한다면 당사자의 자기결정이 훼손될 확률이 높아지기 때문이다. 하지만 대안적 프로그램들은 당사자의 치료에 대한 자기결정을 존중하면서도, 정신장애인의 삶과 일상의 회복이라는 뚜렷한 목적성을 가진 적절한 치료를 받을 수 있도록 한다. 가치 상충의 문제를 해결할 수 있는 열쇠를 지닌 것이다.

아직도 우리사회에서는 정신장애인에 대한 치료에 있어서 여러 가치들이 충돌되고 있다. 일각에서는 정신장애인의 인권을 보장하기 위해 강제입원, 나아가서는 전반적인 입원을 최소화해야 한다고 주장하는 반면, 또 다른 단위에서는 입원 요건이 강화될수록 정신장애인에 대한 돌봄 부담은 가족에게 가중되어 가족의 인권이 침해된다고 호소한다. 누군가는 급속도로 발전한 정신약물이 그 효과가 뛰어나기 때문에 정신장애인이 무조건적으로 약물을 복용해야 한다고 주장하지만, 또 다른 누군가는 약물만이 능사가 아니라고 말한다. 이러한 충돌의 타협점을 찾기 위해서는 여러 가지 노력이 필요하겠지만, 충돌을 무력화시킬 수 있는 새로운 지대를 찾아나서야 할 필요도 있다. 그 해답을 바로 대안적 프로그램에서 찾을 수 있을 것이다.

앞서 제시한 대안적 프로그램들은 현재 시스템 내에서 상당히 급진적인 것으로 느껴질 수도 있다. '비약물치료' 혹은 '최소약물치료'라는 타이틀로 소개될 때에는 반정신의학의 일환으로 보여질 수도 있을 것이다. 그러나 대안적 프로그램들은 반정신의학적이거나 급진적인 것이 아니다. 그동안 정신의학의 과도한 억압과 지배는 비판하고 당사자의 자기결정을 존중할 수 있는 방안을 마련하되, 정신의학이 가지는 순기능적인 요소는 적절히 사용한다. 그렇기 때문에 상충하는 새로운 가치가 아니라 현 시스템에 대한 '대안'이 되는 것이다.

물론 제안된 대안적 프로그램의 적용방안을 우리 사회에서 실행하기 위해서는 제도적, 물질적 기반이 우선적으로 마련되어야 할 것이다. 무엇보다도 사회의 관점과 가치관의 전환이 이루어져야 한다.

참고문헌

권상옥 (2009). 의학적 시선에서 기술적 시선으로: 미셸 푸코의 [임상의학의 탄생] 을 중심으로. **의철학연구**, 7, 63-80.

김호현 (2016). 정신장애인대안공동체 연구. 장애의 재해석: 장애의재해석. 한국장애인재단 2016 논문집, 203-247.

남상희 (2004). 정신질환의 생산과 만성화에 대한 의료사회학적 접근. **한국사회학**, 38(2), 101-134.

박시성 (2007). 라깡의 담론과 현대의학. **현대정신분석**, 9(2), 33-63.

배진영, 이용표 (2020). 정신장애인의 약물중단 경험에 관한 연구. **사회복지연구**, 51(1), 41-82.

신권철 (2012). 정신질환자의 법적 지위: 배제에서 통합으로. 국내박사학위논문.

이용표 (2018). 일본 베델의 집은 정신장애인 대안공동체인가? **한국사회복지교육**, 42, 57-84.

이용표, 강상경, 김용득, 박경수, 박인환, 하경희 외 (2017). 지역사회 정신장애인 현황조사 및 지원체계 연구. 보건복지부.

이용표, 배진영 (2020). 대안 정신보건프로그램에 관한 연구: 정신장애인 취업활동 증진을 위한 비약물 접근을 중심으로. **직업재활연구**, 30(2), 21-52.

이용표, 송승연, 배진영 (2018). 핀란드 오픈다이얼로그에 관한 탐색적 연구. **한국장애인복지학**, 40, 291-319.

이진의 (2017). 정신장애인 '당사자연구' 참여경험에 관한 연구. 국내석사학위논문.

장혜경 (2006). 현상학적 태도로 조망한 정신분열 현상: 나와 세계의 모양새 짓기. 가톨릭대학교 사회복지학과 박사학위논문.

정영인, 박숙현 (2006). 항정신병약물의 개발사. **대한정신약물학회지, 17**, 283-290.

べてる しあわせ研究所 (2016). **베델의 집 렛츠! 당사자연구**. 이진의 역. 서울: EM 커뮤니티.

斉藤道雄 (2006). **지금 이대로도 괜찮아**. 송태욱 역. 서울: 삼인.

浦河べてるの家 (2008). **베델의 집 사람들**. 송태욱 역. 서울: 궁리.

Aaltonen, J., Seikkula, J., & Lehtinen, K. (2011). The comprehensive open-dialogue approach in western lapland: I. the incidence of non-affective psychosis and prodromal states. *Psychosis, 3*(3), 179-191.

Alanen, Y. O. (2009). Towards a more humanistic psychiatry: Development of need-adapted treatment of schizophrenia group psychoses. *Psychosis, 1*(2), 156-166.

Aldridge, M. A. (2012). Addressing non-adherence to antipsychotic medication: A harm-reduction approach. *Journal of Psychiatric and Mental Health Nursing, 19*(1), 85-96.

Alvarez-Jimenez, M., O'Donoghue, B., Thompson, A., Gleeson, J. F., Bendall, S., Gonzalez-Blanch, C., Killackey, E., Wunderink, L., & McGorry, P. D. (2016). Beyond clinical remission in first episode psychosis: Thoughts on antipsychotic maintenance vs. guided discontinuation in the functional recovery era. *CNS Drugs, 30*(5), 357-368.

Badre, N., Barnes, S. S., Lehman, D., & Steingard, S. (2020). 강압치료와 비판정신과의사. 장창현 역. **비판정신의학: 논쟁 그리고 임상적용**. 서울: 건강미디어협동조합.

Bo, S., Abu-Akel, A., Kongerslev, M., Haahr, U. H., & Simonsen, E. (2011). Risk factors for violence among patients with schizophrenia. *Clin*

Psychol Rev, 31(5), 711-726.

Boonstra, G., Burger, H., Grobbee, D. E., & Kahn, R. S. (2011). Antipsychotic prophylaxis is needed after remission from a first psychotic episode in schizophrenia patients: Results from an aborted randomised trial. *International Journal of Psychiatry in Clinical Practice, 15*(2), 128-134.

Bowtell, M., Ratheesh, A., McGorry, P., Killackey, E., & O'Donoghue, B. (2018). Clinical and demographic predictors of continuing remission or relapse following discontinuation of antipsychotic medication after a first episode of psychosis. A systematic review. *Schizophrenia Research, 197*, 9-18.

Breggin, P. (2013). *Psychiatric drug withdrawal: A guide for prescribers, therapists, patients and their families*. New York, NY: Springer.

Calton, T., Ferriter, M., Huband, N., & Spandler, H. (2008). A systematic review of the Soteria paradigm for the treatment of people diagnosed with schizophrenia, *Schizophrenia Bulletin, 34*(1), 181-192.

Carter, J. M., & Kamens, S. R. (2020). 정신과 진단 개념에 대한 이해 넓히기: DSM 비판을 위한 생태학적 모델. 장창현 역. **비판정신의학: 논쟁 그리고 임상적용**. 서울: 건강미디어협동조합.

Chen, E. Y., Hui, C. L., & Lam, M. M. et al. (2010). Maintenance treatment with quetiapine versus discontinuation after one year of treatment in patients with remitted first episode psychosis: Randomised controlled trial. *Bmj*, 341, c4024.

Ciompi, L. (1994). Affect logic: An integrative model of the psyche and its relations to schizophrenia. *The British Journal of Psychiatry, 164*(S23), 51-55.

Ciompi, L. (1997). The concept of affect logic: An integrative psycho-socio-biological approach to understanding and treatment of schizophrenia. *Psychiatry, 60*(2), 158-170.

Ciompi, L. (2014). The key role of emotions in the schizophrenia puzzle. *Schizophrenia Bulletin, 41*(2), 318-322.

Ciompi, L., & Hoffmann, H. (2004). Soteria berne: An innovative milieu therapeutic approach to acute schizophrenia based on the concept of affect-logic. *World Psychiatry, 3*(3), 140.

Ciompi, L., Dauwalder, H., Maier, C., Aebi, E., Trütsch, K., Kupper, Z., & Rutishauser, C. (1992). The pilot project 'Soteria Berne'Clinical experiences and results. *The British Journal of Psychiatry, 161*(S18), 145-153.

Engel, G. L. (2012). The need for a new medical model: A challenge for biomedicine. *Psychodynamic Psychiatry, 40*(3), 377-396.

Fazel, S., Gulati, G., Linsell, L., Geddes, J. R., & Grann, M. (2009). Schizophrenia and violence: systematic review and meta-analysis. *PLoS medicine, 6*(8), e1000120.

Fisher, D. B. (2017). Heartbeats of Hope. Massachusetts National Empowerment Center.

Gaebel, W., Riesbeck, M., & Wölwer, W. et al. (2011). Relapse prevention in first-episode schizophrenia--maintenance vs intermittent drug treatment with prodrome-based early intervention: Results of a randomized controlled trial within the german research network on schizophrenia. *The Journal of Clinical Psychiatry, 72*(2), 205-218.

Gitlin, M., Nuechterlein, K., & Subotnik, K. L. et al. (2001). Clinical outcome following neuroleptic discontinuation in patients with remitted recent-onset schizophrenia. *American Journal of Psychiatry, 158*(11), 1835-1842.

Harrow, M., Jobe, T. H., & Faull, R. N. (2012). Do all schizophrenia patients need antipsychotic treatment continuously throughout their lifetime? A 20-year longitudinal study. *Psychological Medicine, 42*(10), 2145-2155.

Huber, C. G., Schneeberger, A. R., & Kowalinski, E. et al. (2016). Suicide risk and absconding in psychiatric hospitals with and without open door policies: a 15 year, observational study. *The Lancet Psychiatry, 3*(9), 842-849.

Joseph, A. J. (2013). Empowering alliances in pursuit of social justice: Social workers supporting psychiatric-survivor movements. *Journal of Progressive Human Services, 24*(3), 265-288.

Kane, J. M., Rifkin, A., Quitkin, F., Nayak, D., & Ramos-Lorenzi, J. (1982). Fluphenazine vs placebo in patients with remitted, acute first-episode schizophrenia. *Archives of General Psychiatry, 39*(1), 70-73.

McCreadie, R. G., Wiles, D., Grant, S., Crockett, G. T., & Mahmood, Z. et al. (1989). The scottish first episode schizophrenia study: VII. two-year follow-up. *Acta Psychiatrica Scandinavica, 80*(6), 597-602.

Moncrieff, J. (2020). 정신과 약물치료에 대한 대안적 접근. 장창현 역. **비판정신의학: 논쟁 그리고 임상적용.** 서울: 건강미디어협동조합.

Morgan, C., Lappin, J., Heslin, M., Donoghue, K., Lomas, B., & Reininghaus, U. et al. (2014). Reappraising the long-term course and outcome of psychotic disorders: The AESOP-10 study. *Psychological Medicine, 44*(13), 2713-2726.

Mosher, L. R., & Bola, J. R. (2004). Soteria-california and its american successors: Therapeutic ingredients. *Ethical Human Psychology and Psychiatry, 6,* 7-24.

Mosher, L. R., & Menn, A. (1979). Soteria: An alternative to hospitalization for schizophrenia. *New Directions for Mental Health Services, 1979*(1), 73-84.

Pigott, H. E. (2011). STAR* D: A tale and trail of bias. *Ethical Human Psychology and Psychiatry, 13*(1), 6-28.

Räkköläinen, V., Lehtinen, K., & Alanen, Y. O. (1991). Need-adapted treatment of schizophrenic processes: The essential role of family-centered therapy meetings. *Contemporary Family Therapy, 13*(6), 573-582.

Rappaport, M., Hopkins, H. K., Hall, K., Belleza, T., & Silverman, J. (1978). Are there schizophrenics for whom drugs may be unnecessary or contraindicated? *International Pharmacopsychiatry, 13,* 100-111.

Scull, A. T. (2017). **광기와 문명: 성경에서 DSM-5까지, 문명 속의 광기 3000년의 역사.** 김미선 역. 서울: 뿌리와이파리.

Seikkula, J., & Alakare, B. (2007). Open dialogues. *Alternatives Beyond Psychiatry*, 223-240.

Seikkula, J., & Olson, M. E. (2003). The open dialogue approach to acute psychosis: Its poetics and micropolitics. *Family process, 42*(3), 403-418.

Shorter, E. (2009). **정신의학의 역사: 광인의 수용소에서 프로작의 시대까지.** 최보문 역. 서울: 바다출판사.

Silverstein, S.M., Pozzo, J. D., Roche, M., Boyle, D., & Miskimen, T. (2015). Schizophrenia and violence: realities and recommendations. *Crime Psychol Rev, 1,* 21-42.

Swanson, J. W., Holzer, C. E., Ganju, V. K., & Jono, R. T. (1990). Violence and Psychiatric Disorder in the Community: Evidence From the Epidemiologic Catchment Area Surveys. *Psychiatric Services, 41*(7), 761-770.

Whitaker, R. (2001). Mad in america: Bad science, bad medicine, and the enduring mistreatment of the mentally ill Basic Books.

Whitaker, R. (2010). *Anatomy of an epidemic: Magic bullets, psychiatric drugs, and the astonishing rise of mental illness in america.* new york, NY, US.

WHO (2021). Hospital-based mental health services: Promoting person-centred and rights-based approaches. https://www.who.int/publications/i/item/9789240025745

Wils, R. S., Gotfredsen, D. R., Hjorthøj, C., Austin, S. F., Albert, N., & Secher, R. G. et al. (2017). Antipsychotic medication and remission of psychotic symptoms 10 years after a first-episode psychosis. *Schizophrenia Research, 182*, 42-48.

Wunderink, L., Nieboer, R. M., Wiersma, D., Sytema, S., & Nienhuis, F. J. (2013). Recovery in remitted first-episode psychosis at 7 years of follow-up of an early dose reduction/discontinuation or maintenance treatment strategy: Long-term follow-up of a 2-year randomized clinical trial. *JAMA Psychiatry, 70*(9), 913-920.

Wunderink, L., Nienhuis, F. J., Sytema, S., Slooff, C. J., Knegtering, R., & Wiersma, D. (2007). Guided discontinuation versus maintenance treatment in remitted first-episode psychosis: Relapse rates and functional outcome. *Journal of Clinical Psychiatry, 68*(5), 654.

저/자/약/력

장애우권익문제연구소

장애우권익문제연구소는 장애우의 '완전한 사회참여와 평등실현'을 통해 장애우가 인간다운 존엄성을 가지고 비장애우와 함께 사는 아름다운 세상을 만들고자 1987년에 설립되었다. 장애우에 대한 차별과 부당한 인권 침해에 대한 투쟁과 함께 법과 제도의 제정 및 개정, 국민 인식 개선, 장애우정책 대안 제시 등을 중심으로 일하고 있다. 모든 장애인들이 친구적 연대의식을 가지고, 더 나아가 우리 사회가 장애우와 비장애우가 친구가 되어 사는 인간다운 사회가 되도록 노력하고 있다.

이용표

서울대학교 사회복지학 박사

현 장애우권익문제연구소 정신장애인사회통합연구센터 센터장

현 가톨릭대학교 사회복지학과 교수

염형국

전 공익인권법재단 공감 변호사

전 장애인법연구회 이사

전 대한변호사협회 인권위원

현 국가인권위원회 차별시정국장

강상경

미국 미시간대학교 사회사업학 및 사회심리학 박사

현 서울대학교 사회복지학과 교수

현 서울대학교 사회복지연구소장

현 미국 미시간대학교 Institute of Social Research 겸임연구교수

김도희

아주대학교 법학과 졸업

현 서울사회복지공익법센터 변호사

김문근

서울대학교 사회복지학 박사

현 대구대학교 사회복지학과 교수

현 경북정신건강복지사업지원단 위원

현 한국정신건강사회복지학회 이사

현 정신건강사회복지혁신연대 대표

배진영

가톨릭대학교 사회복지학 박사수료

현 장애우권익문제연구소 정신장애인사회통합연구센터 연구원

정유석

가톨릭대학교 일반대학원 사회복지학과 박사수료

전 한국정신장애인자립생활센터 사무국장

전 한국정신건강전문요원협회 사무총장

현 가톨릭대학교 사회복지대학원 강사

정제형

연세대학교 법학전문대학원 전문석사

현 재단법인 동천 변호사

조미연

전 서울지방변호사회 제96대 장애인인권소위원회 소위원장

현 공익인권법재단 공감 변호사

현 사)장애우권익문제연구소 정신장애통합지원센터 자문위원

현 송파정신장애동료지원센터 자문위원

하경희

서울대학교 사회복지학 박사

현 아주대학교 공공정책대학원 교수

홍선미

미국 컬럼비아대학교 사회복지학 박사

전 대통령 직속 정책기획위원회 포용사회분과 위원장

전 미국 New York State Psychiatric Institute Research Scientist

현 한신대학교 사회복지학과 교수

현 사회보장위원회 커뮤니티케어 전문위원회 위원장

감금 없는 정신보건

인권기반 법제와 프로그램의 대개혁

초판발행 2022년 3월 10일 **1판 1쇄** | 2023년 4월 10일 **1판 2쇄**

지은이 장애우권익문제연구소
이용표 염형국 강상경 김도희 김문근 배진영 정유석 정제형 조미연 하경희 홍선미

펴낸이 최용구 | **펴낸곳** 도서출판 **신정**

주소 (04316) 서울시 용산구 원효로 89길 19 (원효로1가)

전화 02)3211-4782, 0266(영업부), 3211-4783(편집부), 3211-4784(팩스)

이메일 shinjeong72@naver.com | **홈페이지** www.sjbook.co.kr

등록 2001년 5월 11일 제13-702호

기획마케팅 최용구 장만동 최충구 송대용 | **책임편집** 석기은 황가연

ISBN 978-89-5912-790-0 93330

정가 17,000원